Laila El Omari

Schattenmädchen
Das Geheimnis einer Familie

MIX
Papier aus verantwortungsvollen Quellen
FSC® C014496
FSC www.fsc.org

5 4 3 2 1
ISBN 978-3-649-61527-9

Hafenweg 30, 48155 Münster
Satz: Sabine Conrad, Rosbach
Umschlaggestaltung und Artwork: Eisele Grafik·Design, München, unter Verwendung eines Fotos von Mark Fearon /Arcangel Images, Nella /shutterstock.com und Susan Fox / Trevillion Images
Dieses Werk wurde vermittelt durch die
Literarische Agentur Thomas Schlück GmbH, Garbsen
Redaktion: Valerie Flakowski

Printed in Germany
www.coppenrath.de

Das @book erscheint unter der ISBN 978-3-649-61798-3

LAILA EL OMARI

Schatten Mädchen

DAS GEHEIMNIS EINER FAMILIE

COPPENRATH

Anreden

Pery-Aiyah: Herr, Master
Periya-Dorahi: Master (entspr. ind. Sahib)
Dorasani: Mistress (entspr. ind. Memsahib)
Sin-Aiyah: junger Herr
Sin-Amma: junge Herrin

Nuwara Eliya, 1895

1

Das abendliche Zwielicht gab den zwischen den Bäumen lauernden Schatten etwas Bedrohliches. Adrian war spät dran. Oder zu früh, je nachdem, wie man es sah. Er hatte darauf verzichtet, seine Ankunft anzukündigen, vermutlich erwartete man ihn erst in einigen Tagen auf *Leighs End*. Er hatte sich jedoch, seit er in Colombo vom Schiff gegangen war, nirgendwo lange aufgehalten, sondern war wie von Dämonen getrieben weitergereist. Aber ganz gleich, wie sehr er sich beeilte, die Bilder aus England verfolgten ihn unerbittlich: flehende blaue Augen, Verzweiflung. Und da war der Skandal, derentwegen sein Onkel nicht gerade unglücklich darüber war, ihn für eine Weile außer Landes zu wissen, sodass Adrian die geplante Reise früher angetreten hatte. *Bis du wieder zurück bist, werden sich die Gemüter beruhigt haben.* Allerdings hegte Adrian keinen Zweifel daran, dass sein Vormund, die alte Margery McFarlane, längst davon erfahren hatte, Skandale überholten einen zwangsläufig irgendwann.

Adrian hatte die Stille vergessen. Acht Jahre war er fort gewesen, hatte geglaubt, Ceylon nicht vermisst zu haben, und stellte nun fest, dass ein Teil von ihm sich nie vollständig gelöst hatte. Ein Rascheln ertönte neben ihm, und er zügelte seinen Wallach, ein englisches Vollblut, das ihm sein Onkel geschenkt hatte und an dem er so sehr hing, dass er es nicht in England hatte zurücklassen wollen. Das Pferd warf den Kopf hoch und tänzelte auf der Stelle, schien nervös. Inzwischen waren die Schatten aufeinander zugekrochen und zu Dunkelheit verschmolzen.

Wieder war das Rascheln zu hören, leise Stimmen, vom Wind zu ihm herübergetragen. Adrian stieg ab, legte seinem Pferd beruhigend die Hand auf die Nüstern und spähte in die Finsternis. Dann entdeckte er sie. Es dauerte einen Augenblick, bis er sie erkannte, zu lange war es her, seit sie sich zuletzt gesehen hatten.

»Du?«, fragte er schließlich.

Sie kam aus dem Unterholz, wirkte atemlos. Einige Haarsträhnen hatten sich aus ihrer Frisur gelöst. Wenige Sekunden hielt sich das Erschrecken in ihrem Blick, ehe es Erkennen wich. »Adrian?«

»Was machst du hier um diese Zeit?« Als hätte es dafür einer Erklärung bedurft.

»Ich bin spät dran«, antwortete sie vage.

»Bist du allein?«

Sie sah ihn unter halb gesenkten Lidern prüfend an. »Und wenn?«

»Dann würde ich sagen, es spricht nicht gerade für deinen Kavalier, dich abends allein durch den Wald gehen zu lassen.«

Sie schwieg.

»Wo um alles in der Welt ist deine Schwester?« Anne Cameron hatte die Hände in die Hüften gestemmt und wartete auf eine Antwort.

Maya signalisierte ihrer Mutter mit einem Schulterzucken, dass sie nicht die geringste Ahnung hatte und es sie auch nicht im Entferntesten interessierte, wo sich ihre ältere Schwester gerade aufhielt. Sie betrachtete im Spiegel das quittengelbe Grauen, in das ihre Mutter sie gezwungen hatte. Ihre Zofe lief um sie herum, zupfte hier und da etwas zurecht, als wäre dadurch noch was zu retten. Maya drehte sich leicht und begutachtete die Schleife, die auf ihrem Hinterteil thronte.

»Hat sie nichts gesagt?« Ihre Mutter rang die Hände, während Mayas elfjährige Schwester Lizzi an der offenen Tür stand. Mit ihrem blonden Haar und dem hellblauen Kleid sah sie aus wie eine Wasserelfe.

»Nein.« Ein klein wenig genoss Maya die Szene. Das unerlaubte Fernbleiben ihrer stets fügsamen älteren Schwester schien ihre Mutter wie aus dem Hinterhalt getroffen zu haben.

»Ihr erzählt euch doch sonst immer alles.«

Das war das Einzige, was Maya an der Sache wunderte, dass Irene ihr gegenüber gar nichts gesagt hatte.

»Und wenn ihr nun etwas passiert ist?«, murmelte Anne Cameron vor sich hin.

»Es hat sie sicher keiner aus ihrem Zimmer geholt und entführt. Sie wird spazieren sein und die Zeit vergessen haben.«

Für einen Augenblick war es, als überschatte eine schlimme Erinnerung das Gesicht ihrer Mutter, ein kurzes Weiten der Augen, ein leichtes Öffnen ihres Mundes, das rasche Luftholen. Dann jedoch fasste sie sich wieder. »Natürlich nicht, rede kein dummes Zeug.«

Abrupt wandte Anne Cameron sich um und wäre dabei fast über Irenes creme-rot gestromten Kater Maurice gestolpert, der die offene Zimmertür wohl als Einladung verstanden hatte. Sie stampfte mit dem Fuß auf, um das Tier zu verscheuchen. »Ksch.«

Ksch? Maurice schenkte ihr einen mitleidigen Blick und sprang mit einem eleganten Satz auf die Fensterbank.

»Ich erwarte dich gleich in der Halle, Maya«, sagte sie und nahm Lizzi mit sich hinaus.

Ihre Mutter hatte diese Abendgesellschaft, eine elegante Soiree, lange vorab geplant, hatte die Farben der Kleider für ihre Töchter bestimmt und war sorgsam darauf bedacht, dass alles so ablief, wie sie sich das vorstellte. Was Lizzi anging, konnte sie vermutlich einen Erfolg verzeichnen, die Kleine sah bezaubernd aus.

Maya entschied, dass auch noch so viel Herumgezupfe aus ihrem Kleid nichts Präsentables machen würde. Sie entließ ihre Zofe und erhob sich, um nicht zu spät in der Halle zu erscheinen. Ihre Mutter war wegen Irene schon unleidlich, sie wollte es nicht auf die Spitze treiben. Der Korridor führte von ihrem Zimmer aus in einem Bogen zu einer Galerie, von der aus sie die Eingangshalle überblicken konnte. Da stand ihre Großmutter, Margery McFarlane, hoch aufgerichtet ganz in Schwarz. Seit dem Tod ihres Ehemannes hatte man sie in keiner anderen Farbe mehr gesehen, sie lehnte selbst Violett ab, das immerhin als Halbtrauer galt. Daneben standen ihre Eltern, die Mutter fahrig und nervös, der Vater mit der Uhr in der Hand, die er eben zuklappte. Ihr zehnjähriger Bruder Edward, dessen blondes Haar ordentlich gescheitelt und geölt war, fuhr sich mit dem Finger unter den engen Kragen und zupfte am Halstuch herum. Maya hatte eben noch Zeit, ihren Platz neben Edward und Lizzi einzunehmen, als die ersten Gäste kamen. Die nächste halbe Stunde verbrachten sie damit, die immer selben Begrüßungsfloskeln zu wiederholen.

»Was ist der kleine Edward doch für ein hinreißendes Kind«, sagte die alte Mrs Carmichael, als sie mit ihrem Ehemann an ihnen vorbeiflaniert war.

»Wenn ich hier noch länger herumstehe, pinkel ich mir in die Hose«, murmelte das hinreißende Kind.

Lizzi und Maya kicherten.

»Edward!«, zischte ihre Mutter.

Diesen gänzlich unpassenden Moment wählte Irene, um die Halle zu betreten. Offenbar war sie durch den hinteren Eingang ins Haus gelangt. In ihrem zartgrünen Kleid wirkte sie wie den geheimnisvollen Tiefen des Dschungels entstiegen. Das rotbraune Haar, nur eine Spur dunkler als Mayas – deren eigenes ihr in ihrer Kindheit in seinem einst hellen Rostrot großen Kummer bereitet hatte –, war zu einer schlichten Frisur aufgesteckt.

Noch mehr Aufsehen als Irenes Erscheinung erregte allerdings ihre Begleitung, ein blonder junger Mann. Obwohl er ihr mit einigen Schritten Abstand folgte und offensichtlich um Diskretion bemüht war, bestand kein Zweifel daran, dass die beiden sich nicht erst hier begegnet waren.

»Irene«, keuchte ihre Mutter.

»Adrian«, schnappte ihr Vater.

Ihre Großmutter hüllte sich in Schweigen, während um sie herum das Gemurmel der Gäste anschwoll.

Von Nahem betrachtet, war Irene nicht so sorgfältig angekleidet, wie es zunächst den Eindruck gemacht hatte. Vielmehr schien sie ihr Kleid in aller Eile übergestreift zu haben, und auch ihre Frisur, wenngleich trotz der Schlichtheit elegant, wirkte hastig zusammengesteckt. Und dann war da diese verräterische Röte auf ihren Wangen.

Ausgerechnet Irene, die Sanfte und Berechenbare, war im Begriff, einen Skandal heraufzubeschwören. Maya schritt auf ihre ältere Schwester zu und hakte sich bei ihr ein.

»Du bist so spät dran«, sagte sie und wandte sich Adrian zu, »nur, weil du ihn persönlich empfangen musstest, aber es konnte ja keiner wissen, dass er erst jetzt ankommen würde.«

Ein zögerliches Lächeln erschien auf Irenes Lippen.

In diesem Augenblick trat Adrian auf ihre Eltern zu und neigte entschuldigend den Kopf. »Es tut mir leid. Ich habe mein Pferd gerade erst dem Stalljungen übergeben und werde mich nun zurückziehen und mich umkleiden, da mein Aufzug vermutlich mehr als unpassend für diesen Anlass ist.«

Niemandem konnte entgehen, dass er verstaubte Reisekleidung trug, aber worauf er hinauswollte, war offensichtlich. Keinesfalls hatte sich die elegante Irene in ihrem lichtgrünen Kleid mit Adrian Frost draußen herumgetrieben.

Ihre Eltern entspannten sich, nur ihre Großmutter wirkte unversöhnt, und der Blick, den sie Irene zuwarf, verhieß nichts Gutes. Immerhin stand der Ruf der Ältesten auf dem

Spiel. Wer würde sie heiraten, wenn man sich von ihr erzählte, sie habe einen heimlichen Liebhaber?

Als Adrian durch die Seitentür in den Ostflügel verschwunden war, zog Maya Irene mit sich in den Salon, um sich unter die Gäste zu mischen. Die beiden ältesten Schwestern, sechzehn und siebzehn Jahre alt, waren sich in der Familie am ähnlichsten und kamen beide nach ihrem Vater, von dem Irene auch die blauen Augen geerbt hatte, während die von Maya grau waren. Augen wie ein stürmischer Himmel, hatte ihr Vater einmal gesagt und es vermutlich als Kompliment gemeint.

»Wo warst du?«, fragte Maya.

»Das kann ich dir nicht sagen.«

Maya wollte insistieren, entschied sich jedoch dagegen, vielleicht, weil sie ahnte, dass es sinnlos wäre.

»Sie werden diese Geschichte nicht glauben«, sagte Irene, »aber trotzdem danke.«

»Möglicherweise werden sie das doch. Jeder weiß, dass Adrian wichtig für Papa ist, er wird ihn nicht verärgern wollen. Was läge näher, als ihm einen persönlichem Empfang zu bereiten?«

»Ja«, antwortete Irene, »vielleicht …«

Das Gerede über Irene und Adrian verstummte nach kurzer Zeit, aber die Missstimmung blieb, selbst als der Abend auf seinen Höhepunkt zusteuerte – oder das, was ihre Mutter als solchen auserkoren hatte.

Maya spielte mehr schlecht als recht Klavier, Lizzi sang dazu so schief, dass es nur einer Mutter gefallen konnte, und Edward verließ die gequälten Zuhörer mit den Worten, er bekäme gleich Ohrenbluten, was sein Vater mit einer Backpfeife quittierte.

»Wie unglaublich peinlich«, fauchte Anne Cameron, als sie ihre Kinder allesamt unter den Blicken der Leute in eine Ecke zog, die Ungestörtheit vorgaukelte.

Margery McFarlane bemühte sich, den Abend mit Geplauder aufzulockern, während Anne Cameron ihrem Ehemann gegenüber wiederholt betonte, die Soiree sei nicht mehr zu retten. Mit einem angestrengten Lächeln auf den Lippen ging Maya durch die Gästeschar, wechselte hier und da ein freundliches Wort und spürte die Last der Blicke auf sich. Dann bemerkte sie, dass die Leute zur Tür schauten.

Adrian Frost gab sich die Ehre. Elegant in Schwarz gekleidet mit einem weißen Hemd und einem grauen Halstuch betrat er den Salon.

Er sah unbestreitbar gut aus – das weizenblonde Haar stand in einem irritierenden Kontrast zu seinen grünbraunen Augen. Der Art, wie er sich bewegte, und dieser offen zur Schau getragenen Selbstsicherheit haftete eine Arroganz an, die nur in den Salons der englischen Oberschicht anerzogen worden sein konnte. Aber genauso kannte Maya ihn, er war früher schon unausstehlich gewesen. »Karottenhaar« hatte er sie immer genannt, was sie zur Weißglut getrieben hatte, und »Schlammauge« war das Vernichtendste gewesen, was ihr als Erwiderung darauf eingefallen war.

Sofort wurde er von den Anwesenden in Beschlag genommen und Maya wandte sich ab.

In der folgenden Stunde bemühte sich Sam Ewell, der Sohn eines Teehändlers, sehr ausgiebig um ihre Gunst, etwas zu ausgiebig für ihre Begriffe, und sie war mehr als einmal dazu gezwungen, allzu aufdringliche Avancen abzuwehren. Bis sie es schließlich leid war und ihm in sehr deutlichen Worten eine Abfuhr erteilte. Unglücklicherweise stand ihre Mutter in Hörweite und zitierte sie umgehend zu sich.

»Mr Ewell hat Beziehungen.«

»Mr Ewell hat vor allem seine Hände da, wo sie nicht hingehören.«

»Dergleichen lässt sich diskreter lösen.«

Ihr Vater bekam mit, dass etwas nicht stimmte, und nachdem Maya ihm von den Zudringlichkeiten erzählt hatte, lief er rot an vor Wut und sagte, Sam Ewell könne froh sein, beim Verlassen seines Hauses noch alle Zähne im Mund zu haben.

»Werde bitte nicht vulgär, Henry.« Ihre Mutter schaute sich verstohlen um.

»Wie löst man dergleichen denn diskret?«, fragte Maya, während sie mit Irene zusammen einem einigermaßen begabten Violinisten zuhörte. Edward zeigte es ihr wenig später, als er – gänzlich unabsichtlich, wie er versicherte – eine Ladung Zitronensorbet in Sam Ewells Schritt kippte.

Sobald die musikalische Einlage zu Ende war, trennten sich die Schwestern, und Maya schlenderte ziellos umher. Als sie an der Verandatür vorbeiging, war die Verlockung zu groß. Rasch blickte sie nach rechts und links und schlüpfte hinaus in die Dunkelheit. »Es war doch zu erwarten, dass sich ein Cameron-Mädchen den Frost-Erben angelt«, war das Letzte, was sie hörte, ehe sie die Tür hinter sich zuzog und damit das Stimmengewirr zurück in den Salon sperrte.

Die Nächte waren kalt im Februar, und Maya zitterte,

während sie bewegungslos zwischen üppigen Büschen und Zypressen im Garten stand. Das Haus gehörte zu einem der ersten, die hier in der Region gebaut worden waren, ein herrschaftliches Gut im seinerzeit modernen Tudorstil, der etwas wuchtig war und nur wenig Verspieltes hatte.

Jetzt begann die Ballsaison, die Zeit der abendlichen Gesellschaften, Picknicks und Ausflüge, die bis Mai dauerte, wenn der Monsun einsetzte. Vor einigen Tagen waren die ersten Feriengäste in der Stadt eingetroffen, Mitglieder der englischen Oberschicht, die für die nächsten Monate dem feuchtheißen, fiebrigen Klima der tiefer gelegenen Regionen entkommen wollten.

Aus dem Augenwinkel nahm Maya eine Bewegung wahr und bemerkte Maurice. Vor zwei Jahren war er in *Leighs End*, der Plantage der Camerons, aufgetaucht und hatte beschlossen hierzubleiben. Aus dem einstmals kleinen Kätzchen war ein Kater beachtlichen Ausmaßes geworden, und Lizzi war felsenfest davon überzeugt, dass er einen Tiger unter seinen Vorfahren haben musste.

»Es gibt keine Tiger auf Ceylon«, hatte Edward irgendwann entnervt angemerkt.

»Dann ist er eben auf einem Schiff aus Indien gekommen«, hatte Lizzi entgegnet.

Wie auch immer, Maurice führte sich auf, als wäre er selbst der Meinung, dass das Blut eines bengalischen Königstigers durch seine Adern floss. Maya war die Einzige, die sich nie für ihn hatte begeistern können und ihn meistens gar nicht beachtete, was er jedoch zum Anlass nahm, beständig ihre Nähe zu suchen, vermutlich, um sie zu ärgern.

Der Garten war einer von Mayas Lieblingsplätzen, hier konnte sie stundenlang verweilen und von einer Zukunft träumen, die gänzlich anders geartet war als jene, die ihre Eltern zweifellos für sie vorgesehen hatten. Irgendwann würde sie heiraten und selbst eine neue Generation Teepflanzer heranziehen. Sie saß in Ceylon fest, in einem Leben, das mit jedem Jahr enger wurde und ihr das Gefühl gab, es schnüre ihr die Luft ab.

»Denkst du, hier draußen werden sie dich nicht suchen?«

Die Männerstimme hinter ihr ließ sie zusammenfahren. Hastig drehte sie sich um.

Adrian lehnte an einer Säule der Veranda, die Hände in den Taschen, und betrachtete sie.

»Möglicherweise tun sie das«, entgegnete Maya. »Und dann stecke ich wohl in denselben Schwierigkeiten wie Irene.« Sie wartete darauf, dass er leugnete, mit ihrer Schwester zusammen gewesen zu sein.

»Das mag sein, aber da deine Mutter den, hm, Aufmerksamkeiten von Sam Ewell sehr zustimmend gegenübersteht, denke ich, es könnte schlimmer um dich bestellt sein.«

»So, denkst du? Und was, wenn es für die Leute so aussieht, als würde ich mir einen Mann mit meiner Schwester teilen?«

Adrians leicht anzügliches Lächeln trieb Maya das Blut ins Gesicht. Offenbar machte es ihm Spaß, den weltgewandten Mann herauszukehren, der sich mit der unerfahrenen Cameron-Tochter die Zeit vertrieb. Dabei war er gerade mal zwei Jahre älter als sie. Sie hob das Kinn. »Vielleicht gefällt mir Sam Ewell ja besser?«

»Ja, das war nicht zu überhören. Wie nanntest du ihn noch

gleich? Einen eitlen Geck, dessen Finger gewandter sind als sein Verstand? Um bei den freundlichsten Worten zu bleiben.«

Ein Maunzen ertönte und Maurice strich um sie herum. Adrian ging in die Hocke, streichelte den Kater und ließ zu, dass dieser den Kopf in seine Hand schmiegte. Eine Haarsträhne fiel Adrian in die Stirn, und als er sich wieder aufrichtete, wurde Maya bewusst, dass sie ihn anstarrte. Schnell wandte sie den Blick ab.

»Wo warst du mit meiner Schwester?«, fragte sie unvermittelt.

»Wollte sie es dir nicht sagen?«

»Nein, und ich kann mir nicht erklären, warum sie sich dem Verdacht aussetzt, mit dir zusammen gewesen zu sein.«

»Nun, vielleicht erscheint ihr der Verdacht einer Liebschaft mit mir weniger unheilvoll als das, was sie in Wahrheit hinausgetrieben hat.« Er schaute zum Haus, beobachtete durch die Verandatür die Menschen im erleuchteten Salon.

»Denken die Leute denn wirklich, ein Mädchen verfällt dir noch im Moment deiner Ankunft?«

Jetzt galt Adrians Aufmerksamkeit wieder ihr. »Absurd, nicht wahr?« Wieder dieses Lächeln und Maya spürte ein leichtes Flattern im Bauch. »Aber dennoch tun sie es«, schloss er.

»Und sollten sie uns beide hier sehen, würden …«

»Würden die älteren Männer sich ein klein wenig meiner Verführungskraft wünschen und die Frauen ihre Töchter nicht aus den Augen lassen«, spöttelte er. »Falls dir also an dem Erhalt deiner Tugend gelegen ist, sollte einer von uns lieber ins Haus zurückgehen.«

»Das wird wohl das Beste sein.« Maya raffte ihr Kleid, dann sah sie Adrian in die Augen. »Wieso bist du mir eigentlich nach draußen gefolgt, wenn du doch so gut um die Regeln der Gesellschaft weißt?«

»Was wäre das Leben, ohne etwas zu riskieren?«

Maya hob eine Braue. »Und? War es das Risiko wert?«

»Das wird sich zeigen.«

Nachdem Maya wieder im Haus verschwunden war, blieb Adrian auf der Veranda stehen und betrachtete die schwarzen Silhouetten der Berge vor einem mondhellen Himmel. Vielleicht hätte er England nicht verlassen und mit all dem hier abschließen sollen. Die Hälfte der Cameron-Ländereien gehörte ihm, aber er war auf das Geld von den Teeverkäufen nicht angewiesen, ihm würde das Frost-Vermögen ausgezahlt werden, sobald er volljährig war.

Leighs End war von dem Vater der alten Mrs McFarlane erbaut worden, ursprünglich als Höhenrefugium mit fünfzig Acre Wildnis, während die Familie in Kandy auf einer Kaffeeplantage lebte. Später, als der Kaffeerost die gesamte Ernte zerstört und die Familie beinahe in den Ruin gestürzt hatte, war Margery McFarlanes Vater bereit gewesen, einen Teil des Besitzes in Nuwara Eliya seinem Bruder zu verkaufen. Gleichzeitig gründete er eine Firma und fing an, Tee anzubauen, dessen Erlöse zur Hälfte an den Onkel seiner Frau gingen.

Nach dem Tod der Brüder war die Teeplantage an deren

Töchter gegangen, Margery McFarlane und ihre Cousine Ethel, Adrians Großmutter mütterlicherseits. Adrians Vater hatte bei seiner Heirat mit Ethels Tochter Isobel eigenes Vermögen mit in die Ehe gebracht, das nach seinem frühen Tod bereits überwiegend an Adrian vererbt worden war und seither in England treuhänderisch verwaltet wurde. Später war ihm auch der Anteil seiner Mutter zugefallen, was den Besitz an *Leighs End* beinhaltete. Er bekam eine monatliche Rente ausgezahlt, und ihm war eingeräumt worden, die Teefelder und seinen Teil des Hauses zu veräußern – wobei die Camerons an diesem das Vorkaufsrecht hatten –, das Geld würde sein Treuhänder zusammen mit dem Erbe bis zu seiner Volljährigkeit verwalten. Zudem hatte die Familie seiner Mutter immer noch die Vormundschaft über ihn.

Den Verkauf seiner Teefelder hätte er über einen Anwalt regeln können, denn auch wenn die alte Margery McFarlane offiziell sein Vormund war, zweifelte er nicht daran, dass es ihr lieber gewesen wäre, wenn er nicht zurückgekommen wäre. Sie war dennoch freundlich zu ihm, schließlich versprach sie sich von seiner Anwesenheit, dass *Leighs End* wieder komplett in den Besitz der Camerons überging. Mr Thomas Montgomery, ein benachbarter Pflanzer, hatte seine Fühler ebenfalls ausgestreckt, als er gehört hatte, dass Adrian seinen Anteil veräußern wollte. Das Gebiet, das ihm gehörte, schloss an die Montgomery-Ländereien an und würde sie um ein gutes Stück vergrößern. Zwar spielte Adrian keineswegs mit dem Gedanken, an ihn zu verkaufen, aber es konnte nicht schaden, ein weiteres Eisen im Feuer zu haben.

Seine Eltern hatten seinerzeit dafür gesorgt, dass die Vormundschaft und die Verwaltung seines Vermögens nicht an ein und dieselbe Person fielen, und so war sein Vormund aus der Familie seiner Mutter bestimmt worden, während sein finanzielles Erbe von einem Onkel väterlicherseits verwaltet wurde. Gelegentlich mochte das etwas lästig sein, aber im Großen und Ganzen gab es Adrian eine Freiheit in seinen Entscheidungen, die er ansonsten möglicherweise nicht gehabt hätte, wenn sein Vormund auch noch über sein Erbe zu bestimmen hätte. Sein Vater war Teehändler gewesen, eine Laufbahn, die Adrian nicht einzuschlagen gedachte. Er wollte Medizin studieren und Arzt werden.

Aber um diese Dinge würde er sich später kümmern, wenn es an der Zeit war, nach England zurückzukehren. Adrian mochte die Stille vergessen haben, die Dunkelheit über den Bergen und den Duft der Zypressen. Aber *sie* hatte er nicht vergessen, und er würde dafür sorgen, dass es auch sonst keiner tat.

Es war Ella Chadwicks erster Auftritt in Nuwara Eliya. Zwar logierte sie schon seit zwei Tagen im *Grand Hotel*, aber bisher hatte sie noch niemand zu Gesicht bekommen. An diesem Abend jedoch hatte ein Bekannter ihres Mannes sie zu einem Abendessen eingeladen, das er und seine Frau gaben. Schon beim Betreten des kleinen Salons, in dem sich die Gäste vor dem Essen einfanden, wusste Ella alle Blicke auf sich gerichtet. Sie trug ein silbrig-blaues Kleid, recht hochgeschlossen und im Rücken gerafft, sodass der Rock hinten ein wenig gebauscht war und elegant floss, während er sich vorn teilte, sodass das tiefblaue Unterkleid darunter zum Vorschein kam. Ihr dunkles Haar war in einen schlichten Knoten aufgesteckt. Ella verstand sich darauf, aufwendig betriebener Eleganz einen Anflug von Beiläufigkeit zu geben.

Mit einem Blick hatte sie die Leute bereits eingeteilt in jene, die ihr abwartend gegenüberstanden, jene, die ihr mit Ablehnung begegneten, aber wussten, sie konnten sie nicht ignorieren, und jene, die darauf bestehen würden, sie als Nächstes einzuladen.

Sie hatte genau zum richtigen Zeitpunkt die Soiree betreten, nicht so früh, dass man annehmen konnte, sie hätte sich an diesem Abend nicht einer anderen Gesellschaft anschließen können, aber auch nicht so spät, dass es unhöflich gewesen wäre. Ella Chadwick lächelte und neigte kaum merklich den Kopf. Von Colombo über Kandy bis ins Hochland war sie überall willkommen geheißen worden. Der Name ihres Mannes öffnete ihr jede Tür.

2

Maya liebte den Duft der Teeblätter. Schon als kleines Mädchen hatte sie im Kontor ihres Vaters gesessen und die verschiedenen Aromen eingeatmet. Noch lieber jedoch war sie die Hänge entlanggelaufen, über die sich die weitläufigen Teegärten erstreckten, hatte inmitten der grünen Üppigkeit die Arme ausgebreitet und sich vorgestellt, wie es sein musste, nie wieder in die Enge des Hauses zurückkehren zu müssen.

Als sie dann von ihrem Vater in die Kunst des Reitens eingeführt worden war, hatte sie eine neue Art der Freiheit entdeckt, die sie in einer Schnelligkeit vorantrug, die sie vorher nicht gekannt hatte. Bharati war das Geburtstagsgeschenk ihres Vaters gewesen, im Jahr zuvor, als sie fünfzehn geworden war, eine Mischlingsstute aus feingliedrigem Araber und trittsicherem Gebirgspony. Seither gehörten die morgendlichen Ausritte zu Mayas festem Tagesablauf, und da ihr Vater diese ausdrücklich billigte, konnte weder ihre Großmutter noch ihre Mutter ihr diese verbieten.

Oft zog es sie in die Kiefernwälder, deren Wege wie in stetes Dämmerlicht getaucht waren, feucht und modrig, dunstig und geheimnisvoll, die Ausläufer des Dschungels in den tieferen Ebenen. Ihr Großvater hatte sie manchmal auf Ausflüge in die Wälder und die steilen Bergwege hinauf mitgenommen und aus den ausgedehnten Wanderungen eine Art Abenteuerspiel gemacht. Gelegentlich war Irene dabei gewesen, aber je älter sie geworden war, umso mehr hatte sich ihre Mutter dagegen gesperrt. Sie sagte stets, das gehöre sich nicht mehr. Sie wollte auch Maya daheimbehalten, ihr Großvater jedoch, der ihr im Gegensatz zu ihrer Großmutter mit Zuneigung begegnet war, hatte sich durchgesetzt. Dabei war er nicht einmal ihr leiblicher Großvater gewesen, dieser war mehrere Jahre vor Mayas Geburt gestorben. Frederic McFarlane war der zweite Ehemann ihrer Großmutter, und seit er nicht mehr lebte, war die alte Frau noch unleidlicher geworden. Er war in dem Jahr, als Adrian Ceylon verlassen hatte, erkrankt und kurz darauf gestorben. Aber an seine Geschichten erinnerte sich Maya noch, an manchen Tagen war es, als hörte sie seine erzählende Stimme im Rascheln der Blätter und im leisen Rauschen des Windes zwischen den Felsen.

»So sehr ich das Reiten schätze«, sagte Anne Cameron, als Maya nach einem ausgedehnten Ausritt die Eingangshalle betrat, »aber alles mit Maß und Ziel. Eine Dame kehrt nicht derartig erhitzt heim.«

»Es tut mir leid, Mutter«, rang Maya sich ab. »Ich mache mich rasch frisch.« Sie ging durch den Korridor zu ihrem Zimmer und sah Maurice vor der Tür sitzen. Dieses Mal war das Zimmermädchen achtsam gewesen. Dafür scheiterte Mayas Versuch, das Zimmer zu betreten, ohne den Kater hineinzulassen. Sie hatte die Tür kaum geöffnet, da flitzte Maurice auch schon an ihr vorbei und machte einen Satz auf die Kommode neben dem Bett. Maya ignorierte ihn. Sie ging in das angrenzende Badezimmer, wusch sich die Hände und spritzte sich kaltes Wasser in das Gesicht. Vor Kurzem hatte ihr Vater die Badezimmer mit Boilern für heißes Wasser ausgestattet, sodass Maya, wann immer es ihr beliebte, ein Bad nehmen konnte, bei dem das heiße Wasser direkt aus dem Hahn floss. Sie wollte der Versuchung widerstehen, da sie sonst das Frühstück verpasste – und was das anging, war ihre Großmutter streng. Wer zu spät kam, musste bis zum Mittagessen warten. Aber dann ließ sie sich doch Wasser ein, beobachtete den aufsteigenden Dampf und dachte an den im Morgennebel liegenden Wald. Sie verriegelte die Tür, entkleidete sich und ließ sich in die Wanne gleiten. Mit geschlossenen Augen legte sie den Kopf zurück und lauschte dem leisen Tröpfeln, mit dem der letzte Rest Wasser aus dem Hahn lief.

Als Maya ihr Bad beendet und sich ein cremegelbes Tageskleid angezogen hatte, band sie ihr offenes Haar mit einem Schal in der Farbe ihres Kleides im Nacken zusammen und schlüpfte hinaus auf den Korridor. Glücklicherweise begegnete ihr dort niemand. Sie eilte die Treppe hinunter, ließ das Frühstückszimmer links liegen – sie wusste, dass inzwischen abgeräumt wurde – und schlich zur Küche, um sich dort mit einer Tasse Tee und etwas süßem Brot zu versorgen. Dann steuerte sie die Bibliothek an, um nach einem neuen, spannenden Buch zu suchen. Sie stellte den Tee auf einen kleinen Tisch, legte das Brot daneben und schob die Leiter am Regal entlang bis zu jener Stelle, an der ihr die Suche am erfolgversprechendsten schien. Eine Stunde später jedoch – der Tee war längst kalt geworden – war sie immer noch nicht fündig geworden. Viele der Bücher hier hatte sie schon gelesen, andere wiederum interessierten sie nicht. Also nahm sie sich den hinteren Teil der Bibliothek vor, wo die älteren Ausgaben standen. Maya stieg auf die Leiter und besah sich die Titel. Sie griff nach einem Buch, blies den Staub vom Deckel und las den Titel. *Banshee Castle.* Behutsam schlug sie es auf und entdeckte auf der ersten Seite eine verblasste, kaum noch lesbare Widmung. *Frohes Fest, kleine Hester. Dein Vater.*

Hester. Eine Erinnerung stieg in Maya auf, etwas Dunkles aus der Vergangenheit, verschwiegen und verboten. Schlagartig breitete sich eine Gänsehaut auf ihren Armen aus. Mit leicht zittrigen Fingern schob sie das Buch zurück und zog weitere hervor. In einigen waren Glückwünsche zum Geburtstag, in anderen stand in Kinderschrift der Name eingetragen. *Hester Cameron.* Und es waren allesamt Bücher in der Art, wie sie und Irene sie lasen, einige waren sogar identisch. Edward hatte die Kinderbücher ihres Vaters geerbt – die auch von Irene und ihr verschlungen worden waren. Diese hier jedoch hatte man in eine Ecke verbannt und dem Vergessen preisgegeben.

Ihr Vater hatte eine Schwester gehabt, von der niemand sprach. Aber warum hatte man ihre Bücher verwahrt, wenn man ihren Namen am liebsten aus der Familien-Chronik gestrichen hätte? Sie war vor etlichen Jahren verschollen, davongelaufen oder einem Verbrechen zum Opfer gefallen – das wusste niemand. So hatte es Irene jedenfalls aufgeschnappt, offiziell wurde nie darüber geredet. Und Irene hatte Maya davon erzählt. Waren diese Bücher eine Art verborgener Erinnerungsschatz, von dem man gelegentlich zehrte, wenn der Verlust zu schmerzhaft zu werden drohte?

Als Maya das Buch zurückstellte, stießen ihre Finger gegen etwas Hartes. Sie stutzte, legte das Buch ins Regal über sich und sah in den Hohlraum zwischen Büchern und Regalrückwand, wo sie eine flache Schachtel entdeckte. Vorsichtig zog sie sie hervor und setzte sich auf die oberste Sprosse der Leiter. Dann legte sie sich das Kästchen auf den Schoß und öffnete es in der atemlosen Spannung, die jemand empfindet, der dabei ist, ein Geheimnis zu lüften. Aber zu ihrer Enttäuschung enthielt es nur einige vergilbte Fotografien.

Ganz oben lag ein Familienfoto: Es zeigte ihre Großmutter – noch deutlich jünger –, ihren leiblichen Großvater und zwei Kinder, das Mädchen ungefähr so alt wie Lizzy, der Junge ein paar Jahre älter. Auf einem anderen Bild war das Mädchen ungefähr in Mayas Alter. Sie hatte rabenschwarzes Haar, dennoch war da eine nicht zu leugnende Ähnlichkeit zwischen ihnen. Ein Lächeln umspielte die Mundwinkel des Mädchens, als könne es nur mit Mühe ernst bleiben. Auf einem anderen Foto war sie als junge Frau zu sehen, das Lächeln war verschwunden, ihr Blick hatte etwas Sehnsüchtiges und schien sich irgendwo in der Ferne zu verlieren. War sie irgendwann dem Ruf ihres Herzens gefolgt? Ich wünschte, ich wäre so mutig, dachte Maya. Das vorletzte Bild zeigte ihre Tante mit einer jungen dunkelhaarigen Frau. Sie saßen auf einem altmodischen Sofa. Und zuletzt fiel Mayas Blick auf eine Fotografie ihrer Eltern, vermutlich frisch verheiratet. Ihre Mutter trug ihre blonden Locken elegant aufgesteckt, das Haar ihres Vaters, das so viel Ähnlichkeit mit Mayas und Irenes hatte, war länger, als es der damals herrschenden Mode entsprochen hatte. Offenbar schlummerte in ihrem Vater ein kleiner Rebell. Maya musste grinsen. Ihre Eltern hielten sich an den Händen und lächelten glücklich. Daneben standen Hester und ein anderes Paar, die unbekannte junge Frau vom Foto zuvor und ein blonder Mann, der frappierende Ähnlichkeit mit Adrian hatte. Er hatte den Arm um die Taille der Frau gelegt und lächelte übermütig. Nur Hester Cameron wirkte sehr ernst.

In diesem Moment fiel die schwere Tür der Bibliothek ins Schloss und Maya zuckte zusammen. Das Kästchen entglitt ihr, polterte zu Boden und die Fotos verteilten sich auf den dunklen Holzdielen. Schritte näherten sich. Kurz darauf tauchte Adrian vor ihr auf. Er sah erst sie an, dann die Fotos zu seinen Füßen.

»Verfolgst du mich?«, fragte sie in einem Ton, von dem sie hoffte, dass er spöttisch klang.

»Wohl kaum.« Er ging in die Hocke und sammelte die Bilder auf. Sein Blick verharrte bei dem Gruppenfoto. Schweigend richtete er sich auf und gab ihr die Fotos zurück, das Bild mit seinen Eltern und das mit seiner Mutter und Hester behielt er jedoch zurück.

»Woher hast du die?«

»Hier stehen alte Bücher von Papas Schwester, die Schachtel war dahinter.«

Adrian nickte und schob die beiden Fotos in seine Rocktasche. Maya wollte protestieren, aber die Art, wie er sie ansah, ließ sie innehalten.

»Ist da noch mehr?«

Maya zuckte mit den Schultern. »Ich weiß es nicht, gefunden habe ich nur die eine Schachtel.«

Mit gerunzelter Stirn schritt Adrian die Buchreihen ab. Schließlich seufzte er, nahm eine Brille aus seiner Brusttasche und setzte sie auf, was ihn deutlich ernster wirken ließ. Er zog einige Bücher hervor, blickte dahinter und legte dann die Hand auf die Leiter.

»Komm mal runter, ich sehe selbst nach.«

Aber Maya dachte gar nicht daran, ihm die spannende Suche allein zu überlassen, und erhob sich, um die Regale noch einmal zu durchforsten. Sie schob ein paar Bücher auseinander und reckte sich, um an das oberste Regalbrett gelangen zu können.

»Hübscher Unterrock«, bemerkte Adrian.

Maya fuhr so rasch herum, dass sie mit einem Fuß von der Leiter abrutschte. Sie verlor den Halt, die Bücher fielen ihr aus der Hand, als sich mit einem Mal zwei Hände um ihre Taille legten und sie hielten.

Eilig stieg Maya die Leiter hinunter, mit heftig klopfendem Herzen, heißen Wangen und einem Kribbeln – genau dort, wo Adrian sie berührt hatte.

»Flegel«, fauchte sie und schnappte sich die Bücher, die Adrian aufgehoben hatte und ihr hinhielt.

»Lizzi?«, ertönte da eine Stimme hinter ihnen und Irene erschien in der Tür zur Bibliothek.

»Lizzi ist nicht hier«, antwortete Maya. Ohne Adrian weiter zu beachten, stieg sie die Leiter wieder hoch und stellte die Bücher zurück ins Regal. Dann nahm sie die Schachtel an sich.

Irene wirkte irritiert, als sie Adrian sah, dann tauschten beide einen eigentümlich vertrauten Blick, und sie wurde rot.

Mit der Schachtel in der Hand kletterte Maya die Leiter hastig hinunter. »Lasst euch nicht stören«, schnappte sie und eilte an ihnen vorbei. Sie ließ die Tür der Bibliothek lauter ins Schloss fallen als nötig und lief durch den breiten Korridor zur hinteren kleinen Halle, die in den Wintergarten führte. Dann kam ihr ihre Reaktion plötzlich albern und kindisch vor. Adrian hatte Irene immer schon gemocht, da war es doch naheliegend, dass sie sich als Erwachsene auch noch mochten oder sogar mehr als das. Der Gedanke versetzte Maya einen Stich. Lag es daran, dass Irene nicht wie sonst mit ihr über ihre Gefühle sprach? Oder steckte etwas anderes dahinter?

»Warum sitzt du hier ganz allein?«

Maya blickte auf, als sie die Stimme ihres Vaters hörte. »Ach, nur so«, antwortete sie. Sie hielt die Schachtel mit den Fotos auf dem Schoß.

»Was hast du da?« Ihr Vater ließ sich auf einem Sessel neben ihr nieder und betrachtete interessiert das hellblaue Kästchen, auf dessen verblichenem Rankenmuster Mayas Hand ruhte. »Das kommt mir bekannt vor.«

Maya reichte es ihm. Er hob den Deckel, hielt inne und starrte schweigend auf das oberste Bild. Hester Cameron als junge Frau. Dann, ganz behutsam, legte er den Deckel vor sich auf ein kleines Tischchen und griff nach den Fotos, wobei seine Hand leicht zitterte. Stumm sah er sich Bild für Bild an.

»Wo hast du die gefunden?«, fragte er schließlich, ein kaum hörbares Beben in der Stimme.

»Ich habe in der Bibliothek einige Mädchenbücher entdeckt und das Kästchen stand dahinter.«

Ihr Vater nickte, schob die Fotos sorgsam übereinander und legte sie zurück, dann schloss er den Deckel.

»Das ist deine Schwester, nicht wahr? Hast du wirklich nie wieder von ihr gehört?«

Er zögerte, dann schüttelte er den Kopf. Maya öffnete den Mund zu einer weiteren Frage, aber er kam ihr zuvor. »Sie ist fort, belass es dabei. Und untersteh dich, deine Großmutter nach ihr zu fragen. Sie hat es nie wirklich verwunden. Es wundert mich, dass es diese Fotos überhaupt noch gibt. Versteck sie gut und sorg dafür, dass sie sie nicht findet, sonst vernichtet sie sie dieses Mal.«

»Wenn der Verlust ihrer Tochter sie so getroffen hat, sollte Großmutter dann nicht froh über jede Erinnerung sein?«

»Du kennst deine Großmutter. Die Schande darüber, dass ein Mann im Spiel gewesen sein könnte, wiegt für sie schwerer als persönliche Gefühle. Aber offenbar ist der Schmerz da, sonst hätte sie die Fotos nicht aufbewahrt, wenn auch versteckt und vermutlich seit vielen Jahren nicht angesehen.«

»Es könnte doch auch sein, dass deine Schwester entführt wurde oder dass man sie ermordet hat.«

Ihr Vater schwieg eine Weile. »Manchmal ist es besser, die Dinge einfach ruhen zu lassen.«

Widerwillig gab Maya nach und nahm sich vor, anderweitig herauszufinden, was passiert war. Sie dachte an die Fotos, die Adrian nun hatte.

»Was ist eigentlich mit Adrians Eltern?«, fragte sie weiter.

»Sein Vater ist kurz nach seiner Geburt gestorben, durch

die fehlgeleitete Kugel eines Wilderers auf Leopardenjagd. Und seine Mutter …«, wieder dieses Zögern, »was aus seiner Mutter geworden ist, weiß keiner. Sie war eines Tages weg, vermutlich ein Unfall. Vielleicht ist sie in einen Abgrund gestürzt, sie hatte eine Schwäche für abgelegene Spazierwege mit Blick auf die Schluchten.«

»Wann war das?«

Für einen Moment schien es, als wolle er nicht antworten, dann sagte er: »Kurz nachdem meine Schwester verschwunden ist.« Er hob die Hand, als ahne er Mayas nächste Frage bereits. »Man hat diesen Zusammenhang durchaus hergestellt, aber Isobel Frost hatte einen zweijährige Sohn, und ich kann mir nicht vorstellen, dass sie Adrian einfach zurückgelassen hat. Obwohl es Fälle dieser Art ja gibt. Aber warum hätte sie das tun sollen? Auf ihren Sohn verzichten und auf das Vermögen der Frosts? Da ist ein spätabendlicher Spaziergang, auf dem sie verunglückt ist, schon wahrscheinlicher.«

Maya stellte sich einen zwei Jahre alten, pausbäckigen Jungen vor, der nicht verstand, warum seine Mutter nicht zurückkam, und ihr wurde die Brust eng. Dann drängte sich dieses Kind als nunmehr junger Mann in ihre Gedanken, und sie fragte sich, ob er Irenes Hand hielt. Ob er Irene küsste? Wie es wohl war, von ihm geküsst zu werden? Sie spürte, wie ihr Wärme in die Wangen stieg. Da wurde ihr bewusst, dass ihr Vater sie ansah, und ihr Gesicht wurde brennend heiß. Hastig erhob sie sich.

»Ich gehe noch ein wenig lesen«, sagte sie, griff nach dem Kästchen und verließ den Wintergarten.

Schnell schob Maya die Schachtel mit den Fotos in eines der oberen Regale ihres Kleiderschranks. »Davon lässt du die Pfoten, oder es passiert etwas«, drohte sie Maurice, der zu ihren Füßen saß und sie beobachtete. Dann eilte sie in den Speisesaal, um ihre Mutter und ihre Großmutter nach dem verpassten Frühstück nicht wieder zu verärgern. Als sie am Boudoir ihrer Mutter vorbeikam, hörte sie ihren Vater mit erhobener Stimme sprechen. Stritten ihre Eltern miteinander? Obwohl sie wusste, dass Lauschen zutiefst ungehörig war, verlangsamte sie ihre Schritte, dann blieb sie stehen. Bruchstückhaft konnte sie dem Gespräch folgen.

»... habe sie gesehen.« Ihre Mutter.

»Das ... nichts zu sagen ...«

»Aber ... und ich dulde nicht ... ganz allein.«

Die Antwort ihres Vaters verstand Maya nicht.

»Nicht *er*!«

»Ich will ... nicht verärgern ... Möglichkeit Geschäftsbeziehung erneuern ... Chadwick.«

Eine Tür fiel ins Schloss. Maya fuhr herum und sah ihre Großmutter auf sich zukommen. Sie zwang sich zu einem Lächeln, das ihre Großmutter wohlwollend erwiderte. Artig wartete Maya auf sie, und als ihre Großmutter neben ihr war, hörte sie ebenfalls die streitenden Stimmen, hielt kurz inne, runzelte die Stirn und ging dann an Mayas Seite zur Treppe.

Chadwick. Maya kannte den Namen, auch wenn sie noch klein gewesen war, als vor elf Jahren die überraschende Nachricht gekommen war, dass der große Teehändler Oliver Chadwick keinen Tee mehr von *Leighs End* beziehen würde, was fortan immer wieder Thema war. Für Henry Cameron war dies beinahe der Weg in den finanziellen Ruin gewesen, und er hatte es nur mühsam geschafft, die Plantage über Wasser zu halten, indem er neue Handelswege aufgetan hatte. Wirklich erholt hatte sich *Leighs End* von diesem Rückschlag aber nie.

Irene saß bereits bei Tisch und starrte finster auf ihren leeren Teller. Sie blickte kurz auf, als Maya und die Großmutter den Speisesaal betraten, grüßte einsilbig und verfiel wieder in Schweigen. Schritte polterten die Stufen hinunter, dann stürmten Edward und Lizzi durch die Halle und balgten sich wie junge Hunde. Ein scharfer Tadel ihrer Großmutter ließ sie zusammenfahren. Rasch strichen sie ordnend über Kleidung und Haare – bei Lizzi ein hoffnungsloses Unterfangen, denn ihre langen Locken hatten sich aus den Nadeln gelöst.

»Elizabeth, du gehst in dein Zimmer und lässt dir dein Haar richten, wie sich das für eine junge Dame gehört«, befahl ihre Großmutter. »Und falls das Essen bis dahin schon aufgetragen wurde, musst du bis zum Abendessen warten.«

»Aber das ist ungerecht!«, protestierte Lizzi. »Edward darf hierbleiben.«

»Keine Widerrede.« Ihre Großmutter wandte sich an ihren Enkel. »Und du, junger Mann, wirst deine Schwester künftig nicht mehr durchs Haus jagen.«

Irene erhob sich. »Lizzi, ich helfe dir bei den Haaren.« Sie nahm ihre Schwester an die Hand und zog sie durch die Halle, als habe sie es eilig, ihrer Familie zu entkommen.

Lizzi betrat nach ein paar Minuten wieder den Salon, aber dafür blieb Irene dem Essen fern. So saß Maya nun in ungemütlichem Schweigen neben ihrer kleinen Schwester, während Edward und ihre Großmutter ihr gegenüber Platz genommen hatten. Ihr Vater hatte das Haus verlassen – im Zorn, wie die laut zukrachende Haustür nahelegte –, ihre Mutter ließ sich das Mittagessen aufs Zimmer bringen, und so bestritt ihre Großmutter die Tischkonversation allein.

»Edward, schlürf nicht so.«

»Lizzi, wenn du weiterhin so krumm sitzt, bekommst du einen hässlichen Buckel.«

»Maya, nimm den Ellbogen vom Tisch.«

»Lizzi! Sollte ich noch einmal sagen müssen, dass du gerade sitzen musst, gehst du auf dein Zimmer!«

Die drei Geschwister atmeten auf, als ihre Großmutter sich erhob und ihnen damit die Erlaubnis gab, den Tisch zu verlassen. Edward rannte hinaus, Lizzi, den vorhergehenden Tadel offenbar noch im Ohr, folgte ihm etwas langsamer und Maya wartete höflich auf ihre Großmutter. Sie hatte das Gefühl, die Wogen ein wenig glätten zu müssen, immerhin tat Irene das oft genug für sie.

»Möchtest du einen Tee, Großmutter?«

»Ja bitte, mein Kind. Lass ihn mir in meinen Salon bringen.« Sie wirkte müde und auf einmal sehr alt. »Weißt du, was mit Irene los ist?«

»Nein.«

Forschend taxierte ihre Großmutter sie. »Man könnte meinen, ihr hättet die Rollen getauscht.«

Darauf wusste Maya nichts zu sagen und so schwieg sie. Ihre Großmutter schien jedoch keine Erwiderung zu erwarten, sondern ging zu ihrem privaten Salon. Maya ließ unterdessen in der Küche Tee zubereiten und trug einem Dienstmädchen auf, diesen in den Salon der alten Dorasani zu bringen. Danach verließ sie das Haus, um zu sehen, ob sie ihrem Vater im Kontor helfen konnte, was ihr für den Rest des Tages die sinnvollste Beschäftigung zu sein schien.

Als sie die Tür zum Arbeitszimmer ihres Vaters aufstieß, war dieses leer. Eine Teekanne, aus deren Tülle Dampf aufstieg, verriet jedoch, dass er in Kürze erwartet wurde. Maya nahm eine Tasse von der Anrichte und goss sich Tee ein, kupferfarben mit einem leicht herben, kräftigen Aroma. Sie nippte daran. Tee aus dem Dimbula-Distrikt, aus Bogawantalawa, dem goldenen Tal.

Stimmen waren zu hören, begleitet von Schritten, dann öffnete sich die Tür, und Mayas Vater betrat den Raum in Begleitung seines Verwalters Ramon Varathan, einem jungen Inder mit englischen Wurzeln, der vor zwei Jahren zu ihnen gekommen war. Da er bestens ausgebildet war, hatte ihr Vater ihn eingestellt. Obwohl Ramon Varathans Großvater mütterlicherseits ein englischer Offizier war und sein Vater ein hoher Beamter in Indien, waren ihm selbst als Eurasier alle Türen verschlossen, denn gesellschaftlich gehörte er weder zu den Indern noch zu den Engländern. Maya mochte ihn, und sie wusste, dass viele Frauen ein klein wenig für ihn schwärmten, denn auf eine etwas düstere Art war er wirklich attraktiv. Allerdings kam eine englische Ehefrau für einen Mann seiner Herkunft nicht infrage, ebenso wenig wie eine indische aus besseren Kreisen. Kein Vater würde einen solchen gesellschaftlichen Abstieg seiner Tochter dulden.

Henry Cameron hielt im Gespräch inne, als er Maya bemerkte. »Ist etwas passiert?«

»Nein, ich wollte fragen, ob ich dir helfen kann.«

»Heute nicht.« Er konnte seine Übellaunigkeit nur schwer verbergen.

Seufzend stellte Maya ihre Tasse ab und bemerkte den eigenartigen Blick, mit dem Ramon sie bedachte. Dann jedoch wandte er sich abrupt ab und setzte sein Gespräch mit ihrem Vater fort. Für die Männer war sie bereits nicht mehr anwesend und so verließ Maya das Arbeitszimmer. Als sie aus dem Kontor trat, sah sie Irene das Haus verlassen, gefolgt von ihrer Mutter. Irene hatte den Kopf zurückgeworfen und ging zügig über den Hof, ihre Mutter rief etwas und eilte ihr nach, hielt sie am Arm fest. Irene fuhr herum, sagte etwas, worauf ihre Mutter antwortete. Dann wandte Anne Cameron den Kopf, erblickte Maya und ließ von Irene ab. Diese drehte sich rasch um, lief über den Hof und verschwand zwischen den Zypressen, die die Teefelder säumten.

3

Mochte man den Montgomerys auch mit einigem Misstrauen begegnen, so waren sie doch die nächsten Nachbarn und deren einzige Tochter Helen noch dazu in Mayas Alter. Also kam man gar nicht umhin, sich von Zeit zu Zeit zur *tea time* zu besuchen oder sich gegenseitig zu geselligen Abenden einzuladen. Maya mochte Helen, sie war erfreulich unkompliziert. Noch dazu war sie ihre einzige Freundin im näheren Umkreis, die meisten anderen Teefarmer, mit denen sie regelmäßig in Kontakt standen, hatten entweder Töchter, die wesentlich jünger oder deutlich älter waren, oder Söhne.

Helen war nachmittags in Begleitung ihres Vaters nach *Leighs End* gekommen. Sie würden Tee trinken und später gemeinsam ausreiten. Wenn sie zu zweit waren, konnten sie sich sogar etwas weiter von *Leighs End* entfernen, als sie es normalerweise durften, ohne dass ihre Eltern ihnen einen Stallburschen als Begleitung mitschickten. Zuerst allerdings machte Helen es sich auf dem Sessel in jenem kleinen Salon gemütlich, in dem die Schwestern ihre Besuche empfingen. Maya nippte an einer Tasse heißem Tee und genoss das leicht fruchtige Aroma. Es war Tee aus ihrer eigenen Pflückung, Highgrown in einer Farbe von zartem Orange.

Von ihrem Platz aus konnte sie in den Garten sehen und bemerkte Irene, die durch das hintere Tor auf das Haus zukam, kurz vor der Terrassentür zum Salon zögerte und einen anderen Weg einschlug. Als wolle sie Maya und Helen nicht begegnen.

»Was ist mit ihr los?«, fragte Helen prompt.

Maya zuckte mit den Schultern. »Das weiß ich auch nicht, sie erzählt es mir nicht.«

Von Lizzi, die es wiederum von geschwätzigen Dienstboten hatte, wusste Maya, dass ihre Mutter Irene und Adrian in der Bibliothek erwischt hatte – mit zusammengesteckten Köpfen. Eine Situation, die so eindeutig schien. »Adrian sagte, er habe auf keinen Fall eine Heirat im Sinn«, hatte Lizzi zu berichten gewusst. »Ist das nicht furchtbar ungalant?«

Nun ja, wenn er das in dem Zusammenhang *so* gesagt hatte, dann war es das zweifellos. Und es würde Irenes Stimmung erklären. Aber warum redete sie nicht mit ihr? Sie sprachen doch sonst über alles.

Helen lehnte den Kopf zurück, und ihr volles schwarzbraunes Haar bildete einen reizvollen Kontrast zu dem goldfarbenen Samtbezug, der mit Blumen bestickt war, die nur wenige Nuancen dunkler waren. Das weiche Licht der Nachmittagssonne malte durch die Zweige der Bäume und die Farne auf der Terrasse ein Rankenmuster auf den Boden, das den Saum von Helens Kleid berührte.

Maya hätte gerne mit Irene über die Fotos gesprochen, die sie gefunden hatte, aber dazu war es bisher nicht gekommen, und so erzählte sie Helen davon. Die hörte aufmerksam zu, dann trat jenes Funkeln in ihre Augen, das sich immer zeigte, wenn sie aus ihrer Langeweile gerissen wurde.

»Und hast du weiter nachgeforscht?«, fragte sie.

»Ich habe mich noch einmal in der Bibliothek umgesehen, aber mehr war da nicht.«

Helen schüttelte den Kopf. »Weißt du vielleicht, welches Hesters Zimmer war? Vielleicht finden wir dort noch was.«

»Nein, keine Ahnung. Aber es ist ganz sicher eins, das wir nutzen, oder eines der Gästezimmer. So viele Möglichkeiten gibt es da ja nicht, immerhin gehört eine Hälfte des Hauses Adrian.«

Mit einem leisen Klirren stellte Helen ihre Tasse auf dem Tisch ab und lehnte sich leicht vor. »Aber man könnte ja mal danach suchen, nicht wahr?« Übermut färbte ihre Stimme.

»Ich hatte den Einfall durchaus schon …«, antwortete Maya vage. Aber irgendwie waren in den letzten beiden Wochen immer andere Dinge wichtiger gewesen und Irenes seltsames Benehmen beschäftigte sie derzeit stärker als das Schicksal einer vor vielen Jahren verschollenen Tante.

»Nun komm schon.« Helen erhob sich. »Wo fangen wir an?«

»Ich dachte, wir reiten noch aus.«

»Das können wir auch ein anderes Mal. Los, das Abenteuer ruft!«

Maya setzte ihre Tasse ab und stand ebenfalls auf. »Der Westflügel ist ein reiner Gästebereich, ich denke, dort wird sie ihr Zimmer nicht gehabt haben. In dem Korridor, wo Edward schläft, war mein Vater früher untergebracht. Auf derselben Etage liegen auch unsere Zimmer, also die von Irene,

Lizzi und mir. Einen Korridor weiter gibt es einige leer stehende Zimmer, die nur für Besuche von Verwandten genutzt werden.« Außenstehende wollte ihre Mutter nicht in der Nähe der Familie wissen, das hatte ihrer Meinung nach etwas Provinzielles, als stünde ihnen nicht genug Platz zur Verfügung. »Ich wüsste nicht …«

»Ach was, wir schauen einfach nach«, fiel ihr Helen ins Wort und Maya gab nach.

Auf dem Weg zur hinteren Treppe, die sich bogenförmig aus dem Eingangsbereich zur Gartenseite erhob, begegneten sie Adrian, der eben von einem Ausritt zurückzukehren schien. Er hielt eine Gerte in der Hand, mit der er beim Gehen gedankenverloren gegen seinen Stiefel klopfte. Als er die Mädchen sah, blickte er kurz auf, grüßte mit einem angedeuteten Lächeln und lief die Treppe hoch, immer zwei Stufen auf einmal nehmend.

»Er sieht gut aus«, bemerkte Helen.

»Hmhm.« Maya war von ihm in den frühen Morgenstunden geweckt worden. Ihr Schlaf war von unruhigen Träumen durchzogen gewesen, und sie hatte erst nicht sagen können, ob der Hufschlag Teil ihres Traumes gewesen war oder ob sie ihn wirklich gehört hatte. Dann war sie aufgestanden und hatte aus dem Fenster geschaut. Ein Dienstbote war mit einer Laterne in der Hand über den Hof gegangen, auf Adrian zu, der eben aus dem Sattel geglitten und nach einem kurzen Wortwechsel im Haus verschwunden war. Zu gerne hätte sie gewusst, was er die ganze Nacht in der Stadt getrieben hatte.

Die beiden Mädchen gingen die Treppe hinauf und folgten der sanften Biegung des Korridors.

»Vielleicht sollten wir die Suche euren Räumlichkeiten beginnen, kann ja sein, dass sie eins eurer Zimmer hatte«, schlug Helen vor.

»Auf keinen Fall werden wir bei Irene oder Lizzi herumstöbern. Bei mir ist das okay, aber versprich dir nicht allzu viel davon.«

Sie betraten Mayas Zimmer und Helen sah sich um.

»Ich wüsste ehrlich gesagt nicht, was wir hier finden sollten.«

Unbeirrt tastete Helen die Wand ab, als könne es irgendwo eine verborgene Tapetentür geben, war jedoch – Maya hatte es nicht anders erwartet – erfolglos.

»Jetzt hilf doch ein bisschen mit.«

Lustlos schloss Maya sich der Suche an. »Glaub mir, ich kenne jeden Winkel dieses Raums in- und auswendig.«

»Die Möbel sind auf jeden Fall alt.«

»Das sind die in Irenes Zimmer auch.«

»Du hast es vermutlich komplett eingerichtet übernommen und nie Grund gehabt, es auf Verstecke abzusuchen, nicht wahr?«

»Richtig«, murmelte Maya.

Allerdings blieb die Suche nach bewegbaren Fußleisten und losen Dielenbrettern ebenfalls ohne Erfolg, und Maya, die den Boden unter dem Bett abgeklopft hatte, erhob sich niesend und schüttelte Staubflusen von ihrem Kleid.

»Ich glaube, hier ist was«, kam es dumpf aus dem Ankleidezimmer.

»Was tust du da in meinem Kleiderschrank?«, fragte Maya, als sie den angrenzenden Raum betrat.

»Manchmal kann man die Böden lockern, in meinem geht das. Ich glaube, hier lässt sich was bewegen.« In Helens Stimme schwang Triumph mit – nach Mayas Dafürhalten gänzlich unangemessen, wenn man bedachte, dass sie gerade bis zur Hüfte in fremder Wäsche steckte. Maya lehnte sich mit verschränkten Armen an den Türrahmen und lauschte dem Knirschen, das aus dem Schrankinnern kam. Dann knackte es laut und Helen kam aus dem Schrank gekrochen.

»Ups.« Mit hochrotem Kopf wandte sie sich Maya zu. »Das kann man bestimmt wieder reparieren.«

»Jetzt wird mir klar, warum du dich so gut mit Maurice verstehst.«

Helen stand auf und strich ihr Kleid glatt. »Auf jeden Fall ist da nichts.«

»Ach was?«

»Nun komm schon, einen Versuch war es wert, oder?« Helen erhob sich und glättete ihr Kleid. »Und du bist dir sicher, dass wir nicht mal einen kurzen Blick in Irenes Zimmer werfen können?«

Maya schüttelte entschieden den Kopf.

Helen zuckte nur mit den Schultern. »Na, dann auf zu den Pferden.«

»Ramon?« Henry Cameron kam aus dem Kontor gelaufen und stieß auf dem Hof beinahe mit Maya zusammen, die sich nach einem ausgedehnten Ausritt eben von Helen verabschiedet hatte. »Entschuldige, Liebes.« Flüchtig berührte er ihre Schulter. »Ramon?« Er stemmte die Hände in die Hüften. »Wo steckt der Kerl?«

»Vorhin habe ich ihn dort gesehen.« Maya deutete vage zu dem südlichen Hang, über den sich ein Teil der Teefelder erstreckte.

Ihr Vater kratzte sich am Kopf und seufzte. »Nun gut, dann muss ich später …« Der restliche Satz verlor sich in einem Murmeln, während er gedankenverloren zurück zum Kontor ging.

Vor dem Haus pflückte Maya ein paar Zweige mit dunklen, aromatischen Blättern und atmete den Duft ein, als sie das Haus betrat.

»Wo willst du um diese Zeit noch hin, junge Dame?«

Maya blickte irritiert auf, in der Annahme, ihre Mutter habe sie gemeint. Dann bemerkte sie Irene, die in einen schlichten dunkelblauen Rock und eine blassrosa Bluse gekleidet am untersten Treppenabsatz verharrte. Um die Schultern hatte sie eine zum Rock passende Stola gelegt, in deren Enden sich ihre Fäuste krallten.

»Ich brauche ein wenig frische Luft«, antwortete sie.

Ihre Mutter durchquerte die Halle, ohne Maya zu beachten. »Ein ziemlich großer Umweg, um in den Garten zu gelangen.«

Irene löste sich aus ihrer Starre. »Ich möchte spazieren gehen, nicht in den Garten.«

»Um diese Zeit ganz sicher nicht mehr.«

»Warum nicht? Maya kommt gerade erst heim, und ich bin mir sicher, dass du sie nicht hättest suchen lassen, wäre sie jetzt noch draußen.« Ein flüchtiger Blick streifte Maya, und sie bildete sich ein, eine unterschwellige Feindseligkeit darin zu lesen, von der sie hoffte, dass sie nicht ihr, sondern dem Misstrauen ihrer Mutter galt.

»Wir könnten doch zusammen gehen«, schlug sie vor.

»Na, besten Dank, kleine Schwester«, höhnte Irene. »Ich brauche keine Aufpasserin.«

Verletzt schwieg Maya und senkte den Blick auf die Zweige in ihren Händen. Irenes Schuhe klapperten auf den hölzernen Treppenstufen und setzten dann ihren stetigen Rhythmus auf dem Marmorboden fort, als ihre Schwester die Halle durchquerte.

»Bleib stehen!«, rief Anne Cameron und eilte hinter ihr her. Irene jedoch war schneller, erreichte die Tür und lief hinaus, gefolgt von ihrer Mutter, die in ihrem steifen Kleid erstaunlich schnell war. Maya starrte ihnen ungläubig nach und ging dann zur offenen Tür, um auf den Hof zu schauen. Ihre Mutter hatte Irene eingeholt, hielt ihren Arm fest und schüttelte sie, dann stieß sie sie unsanft zum Haus. »Du gehst jetzt in dein Zimmer«, sagte sie sehr ruhig.

In diesem Augenblick nahm Maya eine Bewegung im Schatten wahr, den der Ostflügel des Hauses warf, und sie fragte sich, ob Adrian schon länger dort gestanden und die Szene beobachtet hatte, oder ob er gerade erst heimgekehrt war. Hatte er womöglich auf Irene gewartet? Er trat näher, aber ehe er etwas sagen konnte, fuhr Anne Cameron zu ihm herum.

»Du kommst mir gerade recht!«

»Halt ihn da heraus«, zischte Irene. »Das geht ihn überhaupt nichts an.« Sie drehte sich jäh weg und rannte zurück zum Haus. An der Tür hielt sie kurz inne und sah Maya an. »Hast du die Vorstellung genossen, ja?« Dann stürmte sie an ihr vorbei, die Röcke so weit angehoben, wie es gerade noch anständig war, und kurz darauf waren ihre Schritte auf der Treppe zu hören.

Adrian schaute ihr nach, nickte Anne Cameron höflich zu und blickte Maya an. »War es denn nett mit Helen?«, fragte er im Plauderton.

Das war jetzt nicht sein Ernst, dachte Maya irritiert. Sie nickte, dann verabschiedete er sich auch schon und schlug den Weg zum Eingang in den Ostflügel ein, der seitlich gelegen und vom Haupteingang nicht zu sehen war. Ihre Mutter kam ihr schweigend entgegen, und nur ihre zusammengepressten Lippen und das leise Beben ihrer Nasenflügel zeugten davon, wie mühsam sie ihren Zorn hinunterkämpfte.

Zwar war Irene beim Abendessen erschienen, aber es herrschte eisiges Schweigen am Tisch. Aus irgendeinem Grund war auch ihr Vater in schlechter Stimmung, und Maya vermutete, dass er und ihre Mutter sich erneut gestritten hatten.

Nach dem Essen zogen sich alle rasch zurück, und Maya überlegte, was sie mit dem begonnenen Abend anfangen sollte. Für Lizzi und Edward war Bettgehzeit, Irene brauchte sie gar nicht erst aufzusuchen und in die Bibliothek zog es sie ebenfalls nicht. Der Gedanke daran brachte jedoch auch den an ihre verschollene Tante zurück. Und plötzlich hatte sie ein Foto genau vor Augen. Das, auf dem Hester Cameron zusammen mit Adrians Mutter auf einem altmodischen Sofa abgelichtet worden war. Dieses Foto musste im ehemaligen Damensalon entstanden sein, der auf dem Korridor der Mädchenschlafzimmer lag und damals für die Besuche der Töchter des Hauses eingerichtet worden war. Heute wurde dieser Raum kaum genutzt, aber zu Hesters Zeiten war das bestimmt anders gewesen. Maya entschied, nicht den Weg zu ihrem Zimmer einzuschlagen, sondern einen Blick in den alten Salon zu werfen.

Auf den ersten Blick gab er nichts preis. Die Möbel waren sicher noch dieselben, aber die Wände waren in einem zarten Rosé tapeziert, einer Farbe, die sich in einer etwas dunkleren Nuance in den neu bezogenen Sesseln wiederfand. Schwere burgunderrote Vorhänge sperrten die abendliche Dunkelheit aus und inzwischen hatte der Raum auch elektrisches Licht. Eine spanische Wand stand in einer Ecke, offenbar ohne jeden Zweck, einfach nur, weil sie schön aussah. Es roch nach Wachs und altem Holz. Mayas Blick tastete die dunklen, polierten Dielen ab, glitt an den Wänden entlang, blieb kurz am Paravent hängen und kehrte dann zur Tür zurück, neben der sie nach wie vor stand. Sie schloss sie hinter sich und ging zu den Vorhängen, hob diese auf der Suche nach einem geheimen Versteck an. Auch die Fußleisten – Maya hoffte inständig, dass niemand auf die Idee kam, diesen selten genutzten Raum ausgerechnet jetzt zu betreten, wo sie auf dem Boden herumkroch – bargen keine Geheimnisse. Sie entdeckte nichts Außergewöhnliches, auch nicht in der Kommode und dem Sekretär aus Rosenholz. Schließlich schob sie den schweren Paravent ein Stück zur Seite und erstarrte.

Dahinter verbarg sich eine Tapetentür, in die ein zierlicher silberner Knauf eingelassen war. Versuchsweise drehte sie daran und die Tür öffnete sich ohne jeden Widerstand.

Vor ihr erstreckte sich ein langer Gang, der in tiefer Dunkelheit lag. Das vom Paravent gedämpfte Licht des Zimmers verfing sich an Mayas Gestalt, sodass sie einen geisterhaft langen Schatten warf, der mit der Finsternis verschmolz. Kurz zögerte sie, bevor sie die Hand ausstreckte und sie an der Wand entlanggleiten ließ, die sich kühl und glatt anfühlte. Sie trat einen Schritt vor, dann noch einen, die Düsternis schluckte sie, sie konnte keine Hand mehr vor Augen sehen. Ihr erster Impuls war umzukehren, aber dann sagte sie sich, dass hier wohl kaum irgendwas sechzehn Jahre lang gelauert hatte, nur um sie jetzt anzufallen. Blieb zu hoffen, dass sie nicht über Mäuse oder sonstiges Ungeziefer stolperte. Sie spürte, wie sich Spinnweben um ihr Gesicht legten, und wischte sie eilig fort, da glitten ihre Finger über etwas, das eilig davonhuschte, und sie zuckte zurück. Irgendwann war der Gang abrupt zu Ende und Maya stieß mit der Schuhspitze gegen eine Wand. Sie tastete sie mit ihren Fingern ab und fand einen schmalen Spalt, wo sie eine Tür vermutete. Als sie darüberstrich, konnte sie auf Ellbogenhöhe einen kleinen Griff ertasten. Während sich die Tür auf ihrer Seite jedoch ohne Weiteres hatte öffnen lassen, schien diese entweder verschlossen zu sein oder zu klemmen. Maya stemmte sich mit all ihrer Kraft dagegen, bis die Tür auf einmal überraschend nachgab. Ein lautes Poltern folgte, dann ein Klirren, und Maya stolperte in einen hell erleuchteten, ihr vollkommen unbekannten Salon. Irritiert sah sie sich um und fuhr dann erschrocken zusammen.

Adrian saß auf einem Sessel und schaute sie durch seine Brillengläser interessiert an. Auf seinem Schoß lag ein Buch, das er nun zuschlug, als wolle er Maya signalisieren, dass seine gesamte Aufmerksamkeit nun ihr galt. »Ich nehme an, du hast eine Erklärung dafür?«

Maya spürte, wie ihr die Hitze ins Gesicht schoss, und als sie die Tür weiter aufschob, um in den Raum zu treten und sich nicht wie ein kleines Mädchen in der Tür herumzudrücken, hörte sie es unter ihren Füßen knirschen. Vorsichtig senkte sie den Blick und bemerkte die Scherben auf dem Boden. Vor der Tür hatte ein Tischchen aus schwerem dunklem Holz gestanden, das umgekippt war, und darauf, allem Anschein nach, eine Vase.

»Ähm …« Maya räusperte sich. »Ich habe im alten Damensalon eine Tapetentür entdeckt und dahinter diesen Geheimgang.«

Um Adrians Mundwinkel zuckte es. »Ah ja. Ein Geheimgang also?«

»Ich wusste nicht, dass er zu dir führt.«

»Du willst mir ernsthaft weismachen, dass du den Gang heute erst bemerkt hast?«

Mayas weiterer Rechtfertigungsversuch blieb ihr in der Kehle stecken. »Du kennst ihn?«

»Ja, es ist mitnichten ein *Geheimgang*, sondern war damals angelegt worden, um den Ost- und Westflügel durch eine Abkürzung miteinander zu verbinden.«

»Seit wann weißt du davon?«

»Seit meiner Kindheit. Erinnerst du dich noch an deine beiden schrecklichen Cousinen, wie hießen sie noch mal? Die, die ständig behaupteten, im Damensalon würde es spuken?« Adrian grinste.

»Also das ist doch …« Maya musste lachen. »Sie waren so überzeugt davon, dass ihre Mutter sie regelrecht ausgeschimpft hat, weil sie wie kleine Kinder an Geister glaubten.«

Die beiden Cousinen – Dora und Mabel – waren zu der Zeit schon fünfzehn gewesen und dabei unerträglich arrogant und herablassend. Und sie hatten sich einen Spaß daraus gemacht, sie und Irene zu ärgern und Adrian wie ein unerwünschtes Findelkind zu behandeln.

»Und dann deine Tante«, erinnerte sich Adrian. »Die war entsetzlich, beinahe schlimmer als die Mädchen.«

»Stimmt.« Mayas Augen weiteten sich und sie lachte ungläubig. »Das mit der Handarbeit, die an den unmöglichsten Orten wieder auftauchte, und der Maus, die nur sie sehen konnte und die verschwunden war, sobald sie einen Dienstboten schickte, um sie zu töten …«

»Das war auch ich.« Adrian neigte den Kopf, als nehme er eine Anerkennung entgegen. »Ich war wirklich gut. Leider setzte dein Vater meiner Laufbahn als Illusionist ein jähes Ende. Eines Tages, als ich gerade durch den Gang zurückkehrte, erwartete er mich bereits in diesem Salon – mit einem Rohrstock in der Hand, und er hat keinen Zweifel daran gelassen, dass er ihn zu benutzen weiß.« Adrian verzog das Gesicht, als leide er immer noch Schmerzen.

Maya lachte schallend.

»Das gefällt dir, ja? Ich konnte einen ganzen Abend lang nicht sitzen.« Adrian stand auf und ging zu der zerbrochenen Vase. Er hob eine große Scherbe auf und drehte sie zwischen den Fingern. »Ich glaube, die ist nicht mehr zu retten. Bedauerlich, sie hat meiner Mutter gehört. Aber ich bin wohl selbst schuld, was stelle ich den Tisch auch vor diese Tür.«

Ein schlechtes Gewissen machte sich in Maya breit. »Das tut mir leid.«

Mit einer flüchtigen Geste winkte Adrian ab und ließ die Scherbe fallen. »Sei's drum. Du solltest jetzt allerdings zurückgehen. Wenn deine Mutter erfährt, dass du allein bei mir bist, wird sie das endgültig davon überzeugen, dass ich es auf die Unschuld ihrer Töchter abgesehen habe.« Er ließ Maya keine Zeit zu antworten, sondern fügte hinzu: »Ach ja, da du heute sicher noch in den Spiegel schauen wirst, solltest du wissen, dass ich schon Schlimmeres gesehen habe. Du musst dir also nicht in einer schlaflosen Nacht den Kopf darüber zerbrechen, was ich wohl gedacht haben könnte.« Er grinste.

Wieder spürte Maya, wie ihr das Blut ins Gesicht stieg.

»Was Spinnen angeht, keine Sorge, die sind harmlos.« Adrian griff an ihr vorbei in den Gang und nahm eine Lampe aus einer Nische, deren Docht er entzündete. Es zischte, dann erhellte ein milchiges Licht den Korridor. »So ist es komfortabler, auch wenn ich dich damit vermutlich um das Gefühl bringe, ein Abenteuer zu erleben.« Mit einem Zwinkern verabschiedete er sich.

Als Maya den Gang betreten hatte, hörte sie, wie die Tür hinter ihr ins Schloss gedrückt wurde. Sie eilte zurück in den Salon, wobei sie schaudernd ganzen Schleiern von Spinnweben auswich. Dann löschte sie das Licht, stellte die Lampe in die dafür vorgesehene Nische, schloss die Tapetentür und kam hinter dem Paravent hervor. Ein großer Spiegel an der Wand gegenüber ließ sie erschrocken zusammenfahren. Entsetzt betrachtete Maya sich, die Haare, in denen sich Spinnweben verfangen hatten, ihr Gesicht mit den schwarzen Schlieren – offenbar von ihren Händen, mit denen sie sich an den Wänden entlanggetastet und dann immer wieder über

Wangen und Stirn gestrichen hatte –, das grau benetzte Kleid mit dem staubigen Saum. Und zu allem Unglück bemerkte sie dann auch noch, wie sich etwas auf ihrem Kopf bewegte, und sah, wie sich zwei schwarze Spinnenbeine von den Haaren auf ihre Stirn zubewegten. Hektisch warf sie den Kopf hin und her, hielt ihn nach unten und fuhr sich mit den Händen durch das Haar. Schließlich fiel das kleine Tier zu Boden und krabbelte weg, offenbar genauso erschrocken.

Maya richtete sich auf und schüttelte sich.

»Bah, ist das widerlich.« *Was Spinnen angeht, keine Sorge, die sind harmlos.* Ja, besten Dank auch! Vermutlich saß Adrian in seinem Salon und bog sich vor Lachen bei der Vorstellung, wie sie die Spinne auf ihrem Kopf entdeckte.

Ehe Maya den Raum verließ, spähte sie vorsichtig in den Korridor hinaus, dann lief sie zu ihrem Zimmer, verharrte dort jedoch vor der verschlossenen Tür und schaute zu Irenes Zimmer hinüber. Einen Augenblick lang zauderte sie. Schließlich ging sie zu ihr, klopfte an die Tür und trat ein, ohne eine Antwort abzuwarten. Irene lag bekleidet auf dem Bett und hielt Maurice im Arm, den sie auf die Decke setzte, als sie sich aufrichtete. Sie schien verärgert von Mayas plötzlichem Eintreten, aber jeder Tadel erstarb ihr auf der Zunge, als sie ihre Schwester erblickte. Entgeistert riss sie die Augen auf und fing an zu lachen.

»In meinem Haar saß eine Spinne«, sagte Maya und musste sich unwillkürlich ein weiteres Mal schütteln. Nicht auszudenken, wenn davon noch mehr auf ihrem Kopf herumkrabbelten. Sie musste unbedingt baden, aber erst würde sie sich von ihrer Zofe das Haar auskämmen lassen.

Irenes Lachen ging in ein Glucksen über. »Es ist lieb von dir, dass du alles tust, um mich aufzuheitern.«

»Freut mich, dass es dich glücklich macht.« Maya hatte das Gefühl, überall auf ihrem Körper würde es kribbeln und jucken. »Ich habe etwas entdeckt.«

»Das ist nicht zu übersehen.«

»Wusstest du, dass es im alten Damensalon einen Gang zum Ostflügel gibt?«

Irenes Grinsen wich Interesse. »So? Nein, das wusste ich nicht.«

»Nun, wie auch immer. Die Tür ist hinter dem Paravent und du kommst in Adrians Salon wieder raus. In einer Nische steht sogar eine Lampe.«

»Warum erzählst du mir das?«

»Einfach nur so.« Maya wandte sich ab und wollte das Zimmer verlassen, aber Irene hielt sie zurück. Sie hatte den Kater wieder in die Arme genommen und schmiegte die Wange an seinen Kopf, als suche sie Trost.

»Es tut mir leid, dass ich so garstig zu dir war.«

»Ist nicht schlimm.« Die beiden Schwestern tauschten ein Lächeln, dann trat Maya auf den Korridor und ging in ihr Zimmer, wo sie nach ihrer Zofe läutete.

4

Ella wusste, dass man sie beobachtete, darauf wartete, dass sie sich auf jene pikanten kleinen Affären einließ, die ihr die angesehenen Herren der Gesellschaft – gleich ob verheiratet oder nicht – so unverhohlen wie unverschämt anboten.

»Ist es Ihre erste Reise nach Ceylon?« Ihre Gastgeberin Mrs Waters reichte ihr eine Tasse Tee.

»Ja.« Das war es in der Tat. »Und bei der Gelegenheit möchte ich die Teepflanzer, mit denen wir zusammenarbeiten, gerne persönlich kennenlernen.« Ella bemerkte, wie es im Gesicht ihrer Gastgeberin bei dem Wort »wir« zuckte. *Wir*, nicht *mein Mann*. Sie hob die Teetasse an die Lippen. Indischer Tee aus Darjeeling, die feine Note war unverkennbar, ebenso die zarte goldgelbe Farbe. Ein hervorragender First Flush.

»Es ist also eine Art, hm, Geschäftsreise?« Mrs Waters gab sich Mühe, es nicht so klingen zu lassen, als sei es irgendwie unpassend. Aber Ella konnte ihr keinen Vorwurf machen, sie entstammte einer Generation, in der so etwas höchst ungewöhnlich war.

»Ja«, antwortete Ella, »so könnte man es nennen.« Sie stellte die Tasse ab. »Ich würde auch gerne eine Reise durch Indien unternehmen, aber meine Kinder sind noch zu klein, um sie allzu lange allein zu lassen.«

Mrs Waters entspannte sich, und Ella erkannte, dass sie das Richtige gesagt hatte. Bei diesem Thema konnte ihre Gastgeberin wieder mitreden. »Die Zeit muss man genießen, sie wachsen so schnell.« Sie nahm die silberne Platte mit den kleinen, süßen Gebäckstücken und bot sie Ella an. Diese griff danach, hielt das Gebäck zwischen den Fingerspitzen und biss vorsichtig davon ab. Ein kurzer Blick zu ihrer Gastgeberin sagte ihr, dass sie die Prüfung bestanden hatte. Mochte man auch einiges recht fragwürdig finden – *Geschäftsreise!* –, so bewiesen die Tischmanieren doch ganz klar: Ella Chadwick stammte aus einem guten Stall und war ihnen ebenbürtig. Erziehung ließ sich nicht verleugnen.

»Die Einladung zu meiner kleinen Gesellschaft heute Abend haben Sie erhalten? Ich hoffe sehr, Sie begrüßen zu dürfen.«

Ella nickte. »Natürlich, ich freue mich darauf.« Es waren sogar drei Einladungen bei ihr eingegangen, und es hatte sie einige diskrete Fragen gekostet, um zu entscheiden, welche davon sie annahm.

»Ich werde Sie einigen sehr interessanten Leuten vorstellen«, versprach Mrs Waters.

Ein kleines Lächeln spielte um Ellas Mundwinkel. »Davon bin ich überzeugt.«

Es war typisch. Wenn zwei Einladungen zur selben Zeit kamen, nahmen ihre Eltern die an, die versprach, interessant zu werden, während Irene und Maya mit ihrer Großmutter zu der anderen gehen mussten, damit man niemanden brüskierte. An diesem Abend jedoch hatte sich Adrian bereit erklärt, die Mädchen zu begleiten, da er wusste, dass Margery McFarlane Mrs Waters nicht ausstehen konnte. Das versöhnte Maya ein klein wenig mit der aufgezwungenen Geselligkeit. Sie hatte ihm sein mit gespielter Unschuld vorgebrachtes Interesse nach ihren kleinen Begleitern – tatsächlich waren beim Kämmen zwei weitere Spinnen aus ihrem Haar gefallen – am Morgen nach dem Geheimgang-Fund verziehen. Und auf seine Frage, ob er nun damit rechnen müsse, dass als Nächste Lizzi abends in seinem Salon auftauchen würde, hatte sie nur mit einem Schulterzucken reagiert.

Ihre Mutter hatte Irene und Maya zwei Kleider ausgesucht. Als Ältere hatte Irene zuerst wählen dürfen und sich für ein Kleid in einem satten dunklen Grün entschieden, dessen geschlitzter Rock hellgrün unterlegt war. Sie würde hinreißend aussehen. Maya hätte dieselbe Wahl getroffen, aber für sie blieb das Kleid aus bronzefarbener Seide. Nach dem quittengelben vom letzten Mal war das jedoch durchaus akzeptabel.

Eine Stunde vor dem Aufbruch kniete Maya vor ihrem Schrank und suchte nach passenden Schuhen. Sie wusste, dass sie welche besaß, die Frage war nur, wo. Natürlich könnte sie ihre Zofe rufen, aber irgendwie widerstrebte es ihr, bei einer so simplen Sache auf fremde Hilfe angewiesen zu sein. Ihre Großmutter entschied über die Zeit ihrer Nahrungsaufnahme, die Köchin darüber, was sie aß, ihre Zofe hielt Hof im Ankleidezimmer, und über alles andere entschied ihre Mutter. Es war an der Zeit, dass Maya anfing, ihr Leben selbst in die Hand zu nehmen, und wenn es auch nur darum ging, ein simples Paar Schuhe zu finden.

Während sie in ihrem Schrank herumkramte, spürte sie auf einmal einen brennenden Schmerz am Daumen und zuckte zurück. Sie hatte sich die Haut aufgeschürft und ein langer Splitter steckte direkt unter dem Daumengelenk. Natürlich, die geborstene Holzlatte, die hatte sie vollkommen vergessen. Zähneknirschend entfernte sie den Splitter und tupfte mit einem Taschentuch das Blut ab. Dann beugte sie sich erneut vor und tastete vorsichtig den Schrankboden ab. Da war die Bruchstelle wieder, das geborstene Brett war deutlich zu fühlen. Gleich am nächsten Morgen würde sie Bescheid geben, damit ein Dienstbote kam und es reparierte. Aber wie sollte sie das ihrem Vater erklären?

Vorsichtig versuchte sie, das Brett wieder so weit runterzudrücken, dass es vorn, wo Helen es hochgebogen hatte, nicht mehr vorstand, eventuell würde man dann einfach altersschwaches Holz vermuten. Während Maya daran herumdrückte, spürte sie, dass das Brett, auf dem sie ihre andere Hand aufstützte, locker war. Die Altersschwäche war wohl gar nicht so weit hergeholt. Sie richtete sich auf und betrachtete das Ergebnis ihrer Bemühungen kritisch. Ja, man konnte in der Tat denken, dass es einfach nachgegeben hatte. Sie würde gar nichts dazu sagen. Allerdings hatte sich das Brett daneben jetzt darunter verkeilt. Sie schob von der anderen Seite ihre Finger in den Spalt, hob es an und musste an Helen denken. Rasch ließ sie ihre Hand in den Hohlraum darunter gleiten. Nichts, sie hatte es ja gewusst!

Als sie den Schrank verließ, erregte jedoch etwas anderes ihre Aufmerksamkeit. Vorn unter dem Schrankboden auf der rechten Seite war eine Kerbe, nur klein, aber dennoch deutlich zu erkennen. Maya beugte sich vor und betrachtete die Stelle genauer. Das Holz stand etwas vor, als hätte jemand den Block herausgetrennt und wieder eingefügt. Sie fuhr mit der Hand darüber und versuchte, ihre Finger in den Spalt zu bekommen. Nach einigen Anläufen – und einem abgerissenen Nagel – schaffte sie es, das Stück Holz herauszuziehen. Dahinter kam ein Hohlraum zum Vorschein. Nun war Mayas Forscherdrang angestachelt. Sie fuhr mit der Hand in das Loch und tastete es ab. Da stießen ihre Fingerspitzen gegen etwas, das sich wie brüchiges Leder anfühlte, und ihr Herz machte einen Satz.

Behutsam zog sie die Hand zurück, in der sie ein ledergebundenes Büchlein hielt. Ein Tagebuch, dachte sie atemlos und schlug es auf. Nein, korrigierte sie sich beim Querlesen der ersten Seiten, kein richtiges Tagebuch, sondern eines, in dem Hester Cameron alltägliche Dinge festgehalten hatte, kleine Szenen, die Maya so bekannt vorkamen.

Abendessen ohne Henry. Was das angeht, ist Mama gnadenlos, wer zu spät erscheint, bekommt nichts. (Ich vermute allerdings, Henry lässt sich gerade von der Köchin füttern.) Also sitze ich da und lausche den Gesprächen zwischen Mama und Papa, die immer wieder unterbrochen werden von Sätzen wie: »Hester, sollen künftige Bewerber denken, du hättest ein Rückenproblem?« Oder: »Hester, weißt du nicht, wie unschön ein junges Mädchen aussieht, das bei Tisch einen Buckel macht?« Papa nickt dann immer sehr ernsthaft, aber sobald Mama wegschaut, zwinkert er mir zu mit diesem Lass-sie-reden-Blick.

Maya grinste und blätterte weiter.

Henry umwirbt die kleine Anne Caruthers. Ist das sein Ernst?

Offenbar hatte Hester Mayas Mutter nicht gemocht. Weitere kleine Episoden folgten, undatiert, aber Maya wusste, dass ihr Großvater gestorben war, kurz nachdem ihr Vater seinen dreiundzwanzigsten Geburtstag gefeiert hatte. Ihre Großmutter hatte drei Jahre später erneut geheiratet, das war eineinhalb Jahre vor Mayas Geburt gewesen. Also mussten die Einträge um 1877 liegen. Nein, noch früher, rechnete sie zurück. Ihre Eltern hatten da ja gerade erst geheiratet. 1873 oder so mochte hinkommen.

»Hester, kein Mann möchte eine Frau, die so wild reitet.« Ich weiß, wann ich den Mund zu halten habe, aber ich hatte einfach nicht anders gekonnt. »Mrs Williamson sagt, die Männer mögen gerade diese Frauen besonders.« Ich glaube, mir zerspringt der Kopf von Mamas Ohrfeige. Aber ihr Blick war es mir wert.

Maya kannte Mrs Williamson, die mit ihren achtundfünfzig Jahren zwei Ehemänner überlebt und den dritten in Aussicht hatte. Ihre Mutter konnte sie nicht ausstehen, weil sie nie aufgehört hatte, »Anni-Kindchen« zu ihr zu sagen. Ihre Großmutter fand sie schlicht und ergreifend skandalös und schockierend.

Maya blätterte weiter, lächelte bei einigen Episoden, lachte bei anderen, die ihr nur allzu vertraut waren. Dann las sie den letzten Eintrag, wenige Sätze am oberen Rand einer ansonsten kaum beschriebenen Seite, und ihre Kehle schnürte sich zusammen: *Nacht für Nacht für Nacht. Ich kann nicht mehr anders, als der Stille zu lauschen. Ich sterbe.* Und am unteren Ende der Seite stand, ganz zart, kaum lesbar: *Und wieder wird es Nacht.*

Es war knapp, sehr knapp, aber Maya schaffte es in letzter Sekunde in die Eingangshalle, wo Irene und Adrian bereits warteten. Wie anzunehmen, sah das grüne Kleid entzückend an ihrer älteren Schwester aus. Sie selbst hatte keine Zeit gehabt, einen Blick in den Spiegel zu werfen, zu lange hatte Hesters Buch sie gefangen genommen. In diesem Augenblick wollte sie nichts lieber als mit jemandem reden. Stattdessen musste sie auf eine Gesellschaft gehen und den ganzen Abend Konversation betreiben und lächeln. Das würde sicher schiefgehen.

Ihre Mutter betrat zusammen mit ihrem Vater und ihrer Großmutter die Halle und musterte ihre Töchter. Irene lächelte sie anerkennend zu. Dann wanderte ihr Blick zu Maya, kühlte sich ab und das Lächeln glitt von Anne Camerons Gesicht. Auch wenn Maya keine andere Reaktion erwartet hatte, tat die Missachtung ihrer Mutter jedes Mal aufs Neue weh. Ein knappes Nicken des Einverständnisses, ihre Mutter war zufrieden mit ihrem Aussehen, dann wandte sie sich wieder an Irene.

»Pünktlich um Mitternacht seid ihr zurück. Adrian weiß Bescheid.«

»Ja, Mama«, antwortete Irene.

»Gut.« Ihre Mutter nickte. »Viel Spaß, amüsiert euch.« Maya spürte, wie ihr Vater ihren Arm berührte.

»Du siehst hinreißend aus«, sagte er nur für sie hörbar. Dankbar lächelte Maya ihn an. Vor der Tür verabschiedete er sich mit einem Kuss auf die Wange von seinen Töchtern und mit Handschlag von Adrian.

Die beiden Kutschen standen bereits im Hof und Adrian half erst den Schwestern in das für sie vorgesehene Gespann, stieg dann selbst ein und nahm ihnen gegenüber Platz. Nachdem er den Kutschschlag geschlossen hatte, zogen die Pferde mit einem Ruck an. Maya hing ihren Gedanken nach und starrte genau wie Irene aus dem Fenster.

»Ich habe selten eine unterhaltsamere Fahrt erlebt«, unterbrach Adrian irgendwann das Schweigen.

»Mich wundert, dass Mama uns überhaupt gemeinsam ausgehen lässt.«

»Wir haben doch Maya als Aufpasserin dabei«, antwortete Adrian. »Vielleicht glaubt sie mir aber auch einfach, dass ich keinerlei Heiratsabsichten hege.«

»Das macht dich in ihren Augen sicher nur noch gefährlicher.« Ein kleines Lachen hatte sich in Irenes Stimme geschlichen. »Aber ich nehme an, Papa konnte sie endlich davon überzeugen, dass ich dir nicht rettungslos verfallen bin.«

Maya, die immer noch unter dem Eindruck von Hesters Tagebuch stand, hörte dem Geplänkel lediglich mit halbem Ohr zu. Also war Irene nicht in Adrian verliebt, aber das erklärte weder die Heimlichkeit noch ihr seltsames Verhalten. Maya lehnte den Kopf seitlich an die Kutschwand und starrte weiter in die Dunkelheit.

Es war kein langer Weg bis zur Plantage der Waters, aber es hatte für Maya stets etwas Mystisches und gleichsam Unheimliches, in völliger, mondlichtberaubter Dunkelheit über die stillen Wege zu fahren. Um sie herum war alles Vertraute eine schwarze Masse, in der sich Berge nicht von Teefeldern unterscheiden ließen und keine Horizontlinie auszumachen war, so, als verschmelze alles in einer Finsternis. *Und wieder wird es Nacht.* Maya wollte über Hesters Buch sprechen, aber sobald sie den Mund öffnete, brachte sie kein Wort heraus.

Die Kutsche hielt auf dem Hof vor dem hell erleuchteten Herrenhaus, wo bereits etliche andere Gefährte standen. Adrian half den Schwestern beim Aussteigen und Maya zog sich in der abendlichen Kühle den breiten Schal enger um die Schultern. Die drei strebten auf den säulenbestandenen Eingang zu, gingen die Stufen zur vorderen Veranda hoch und traten zusammen mit anderen Gästen durch die weit geöffnete doppelflügelige Haustür in die Eingangshalle.

»Adrian Frost!« In Mrs Waters' Stimme schwang ehrliche Freude mit. »Wie lange ist es her? Sieben Jahre?«

»Acht«, korrigierte ihr Mann, der neben ihr stand und Adrian die Hand drückte, bevor seine Frau diese mit beiden Händen umfasste und Adrian ein warmes Lächeln schenkte.

»Mein lieber Junge. Und in so reizender Begleitung.« Ihr anerkennender Blick streifte Irene und Maya, dann ließ sie Adrians Hand los, um die Mädchen zu begrüßen.

»Ich hoffe, wir sehen dich öfter«, sagte Mr Waters, und Adrian versprach es, ehe er die Schwestern in einen großen Salon führte, in dem jemand das stete Rauschen von Stimmen mit leisem Klavierspiel untermalte. Das warme Licht des Kronleuchters schimmerte auf dem Schmuck an Handgelenken, Hälsen und im Haar der Damen, seidene Kleider raschelten beim Gehen, Männer in elegantem Schwarz standen beieinander und führten angeregte Gespräche und zwischen den Gästen liefen weiß gekleidete tamilische Dienstboten umher und boten Getränke an.

Halbherzig hielt Maya nach Helen Ausschau, aber sie vermutete, dass diese ihren Vater zu jener Einladung begleitete, der auch Mayas Eltern gefolgt waren. Zu ärgerlich. Irene wurde sogleich von einer Freundin in Beschlag genommen und Adrian von einigen jungen Männern begeistert beiseitegezogen. Maya nutzte die Gelegenheit, sich durch die Menge treiben zu lassen, lächelte mal hier, mal dort und wechselte gelegentlich einige Worte.

Sie sah Mrs Williamson im Gespräch mit einer ihr unbekannten Frau. Maya hatte sich bisher nicht besonders für Mrs Williamson interessiert, aber seit Hesters Buch betrachtete sie einige Leute mit anderen Augen und stellte sich vor, wie die Schwester ihres Vaters mit ihnen gesprochen, vielleicht auch gelacht und Geheimnisse ausgetauscht hatte. Sie alle hatten sie gekannt. Ob sie sie ebenso zu vergessen suchten, wie ihre eigene Familie es tat?

»Unterhältst du dich gut?« Adrian war unbemerkt zu ihr getreten.

»Wonach sieht es aus?«

In dem Moment winkte ihm ein Bekannter zu, und Adrian machte Anstalten, wieder zu gehen. Schnell schob Maya ihre Hand in seine Armbeuge und zwang ihn damit, bei ihr zu bleiben.

»Untersteh dich, mich einfach hier stehen zu lassen, ich langweile mich zu Tode.«

»Dir ist schon klar, wie das gerade auf andere wirken könnte, hm?«

Maya zuckte mit den Schultern. »Dann haben sie sich wenigstens etwas zu erzählen. Man wird sagen, dass eine Cameron-Tochter ein großartiger Fang ist, selbst für einen Frost. Und dass man das ja schon lange geahnt habe.«

Er hob eine Braue, blieb aber anstandslos bei ihr. Mit dem Kinn deutete Maya auf die fremde Frau, die sie zuvor an der Seite von Mrs Williamson gesehen hatte und die sich nun mit einigen älteren Damen unterhielt. Sie trug ein atemberaubendes dunkelrotes Kleid, das der herrschenden Mode einen winzigen Schritt voraus war. Der Rock lag glatt um die Hüften und fiel in leichter Glockenform abgestuft in mehreren Lagen, die hinten zu einer Tollfalten gerafft wurden. »Wer ist das?«

»Ich glaube, das ist Ella Chadwick.«

»Ist sie verwandt mit *dem* Chadwick?«

»Seine Ehefrau, wenn mich nicht alles täuscht.«

Maya wandte sich ab, um der Frau gar nicht erst Anlass zu geben, sich zu ihnen zu gesellen. Sie hatte nicht das Verlangen danach, ihr zu begegnen, erinnerte sie sich doch noch zu gut an den Schlag, den ihr Mann ihrem Vater versetzt hatte. Adrian sah das natürlich anders, denn obwohl ihm die Hälfte der Teefelder gehörte und ihn die Gewinneinbußen ebenfalls betrafen, so mochte die Summe, die stetig an seinen Treuhänder angewiesen wurde und somit in das Frostvermögen floss, zwar deutlich geringer sein als früher, es war jedoch für ihn nur ein zusätzliches, zu vernachlässigendes Einkommen. Maya konnte gut verstehen, dass ihr Vater die Teefelder unbedingt zurückkaufen wollte, denn auf diese Weise konnte er möglicherweise mit deutlich mehr Gewinn wirtschaften. Das hatte Maya seinen Büchern entnehmen können, wenn sie ihm gelegentlich half, die Zahlen zu übertragen, weil er immer sagte, ihre Schrift sei so viel schöner und lesbarer als seine. Dass sie verstand, was sie da tat, ahnte er wohl nicht.

Adrians Lippen verzogen sich zu einem kleinen sardonischen Lächeln und er ging geradewegs auf die Frau zu. Da Mayas Hand immer noch in seiner Armbeuge lag und er den Arm zudem so an den Körper presste, dass sie sich nur mit einiger Mühe hätte befreien können, hatte sie die Wahl, ihm scheinbar freiwillig zu folgen oder sich würdelos mitzerren zu lassen. »Na warte«, presste sie zwischen den Zähnen hervor.

»Ich bin dir noch was schuldig, immerhin hast du meinen Salon zum öffentlichen Durchgangsort gemacht.«

Die Damen unterbrachen ihr Gespräch und wandten sich ihnen zu. Mrs Chadwicks Blick ruhte erst auf Adrian, dann auf Maya, wo er etwas länger verharrte. Ein Lächeln erschien auf ihren Lippen. Selbst Maya konnte bei aller Abneigung nicht leugnen, dass sie überaus attraktiv war.

»Adrian Frost«, stellte Adrian sich vor, »und Maya Cameron.« Er deutete auf Maya und gab ihren Arm frei. Mit einem mörderischen Blick entzog sie sich ihm.

»Ella Chadwick.« Die Frau hatte eine angenehme, etwas dunkle Stimme. »Es ist mir ein Vergnügen.«

»Uns ebenfalls«, antwortete Adrian mit einstudierter Höflichkeit. Maya nickte nur, was man mit gutem Willen als Bestätigung deuten konnte.

»Ah, da ist ja Lewis!«, rief Adrian plötzlich. Ein alter Freund aus Kindertagen. Er legte Maya die Hand auf den

Arm und neigte sich ihr vertraulicher zu, als in der Öffentlichkeit angebracht war. »Ich nehme an, du wirst dich auch ohne mich bestens amüsieren.« Mit einem Zwinkern wandte er sich ab und ging zu Lewis Jellay, der seinerseits eine Gruppe junger Männer stehen ließ, um ihn zu begrüßen.

Ella Chadwick schaute Maya interessiert an, und man konnte förmlich sehen, wie sie ihre Schlüsse zog, als ihr Blick Adrian folgte.

»Wir sind verwandt«, beeilte Maya sich zu sagen. »Er ist so was wie ein Cousin.« Na ja, nicht so ganz, aber ein anderer Verwandtschaftsgrad fiel ihr nicht ein für das, was er war.

»Ach, in der Tat?«, erwiderte Ella Chadwick. »Sie tragen ein sehr hübsches Kleid«, versuchte sie die Konversation auf ein anderes Thema zu lenken.

»Vielen Dank«, antwortete Maya mechanisch.

»Sie sind in Begleitung Ihrer Schwester und Mr Frost hier?«

»Ja, meine Eltern sind anderweitig eingeladen.«

»Nun, dann hoffe ich, dass ich das Vergnügen ein anderes Mal haben werde.«

Dieses vorgetäuschte Interesse an ihr und die zweifellos geheuchelte Freundlichkeit machten Maya auf einmal wütend, auch wenn sie dergleichen zur Genüge kannte. Aber an diesem Abend war sie dafür einfach nicht in Stimmung. »Warum um alles in der Welt sagen sie so etwas, wo doch mein Vater Ihrem Ehemann nicht mehr gut genug ist, um Geschäfte mit ihm zu tätigen, und das, obwohl unser Tee eine hervorragende Qualität hat.«

Für einen Moment wirkte Mrs Chadwick überrumpelt, dann wandelte sich ihr Erstaunen in Belustigung. »Das sind geschäftliche Dinge zwischen Ihrem Vater und meinem Mann, die hier schwerlich hingehören und von denen Sie wohl auch mitnichten etwas verstehen.«

»Ach, bitte, ich bin doch kein Kind mehr! Was denken Sie denn, worüber die Männer sich die ganze Zeit unterhalten?«

»Maya, benimm dich!«, sagte Mrs Forrester, eine der Damen, mit denen sich Mrs Chadwick zuvor unterhalten hatte.

Ella Chadwick neigte den Kopf und das leichte Heben ihrer Mundwinkel hatte etwas Spöttisches. »Ich kann den Wunsch durchaus nachvollziehen, zu den Erwachsenen gehören zu wollen, ich war selbst nicht anders. Aber einige Dinge versteht man nur, wenn man auch die Reife erwachsener Menschen hat, Miss Cameron. Belassen wir es dabei.«

Die Umstehenden, die dem kleinen verbalen Gefecht gelauscht hatten, lachten nachsichtig, und Maya spürte brennende Hitze in ihren Wangen. Sie wandte sich hastig ab und verließ in raschen Schritten den Salon. Tränen – Zorn und Scham gleichzeitig geschuldet – trübten ihr den Blick, und erst, als sie im Korridor war, fielen ihr unzählige schlagfertige und vernichtende Antworten ein, anstatt wie ein beleidigtes Kind das Weite zu suchen. *Die Reife erwachsener Menschen.* Den Beweis, dass ihr diese fehlte, hatte sie soeben geliefert. Maya ging zur Tür und verließ das Haus. Sie würde bis zur Heimfahrt in der Kutsche warten.

Ella schloss die Tür zur Bibliothek hinter sich und versuchte, sich zu sammeln. Der Abend wühlte sie stärker auf, als sie es erwartet hatte. Sie dachte an Mayas Tränen, die diese trotz ihrer eiligen Flucht nicht hatte verbergen können und an denen sie schuld war. *Armes Kind, ich war doch genauso. Aber das Leben ist nun einmal eine harte Schule.* Oliver hatte sie vor der Reise gewarnt, wenngleich er nicht versucht hatte, sie ihr auszureden.

»Tu, was du tun musst.« Er hatte ihr Männer zu ihrem Schutz mitgegeben, die sich stets diskret im Schatten hielten. Aber vor den Geistern, die jählings vor ihr auftauchten und Bilder längst vergangener Zeiten heraufbeschworen, konnten sie sie nicht schützen. Ella sank auf einen Sessel und presste die Hände an die Schläfen, als könne sie damit die peinigenden Gedanken zurückdrängen.

Hinter ihr öffnete sich leise die Tür, dann hörte Ella Schritte auf dem Holzboden. Unwillig über die Störung blickte sie auf. »Mr Gibney.« Sie erhob sich.

»Ich habe Sie hier hinein verschwinden sehen«, sagte er. »Ist Ihnen nicht wohl?« Er kam näher.

»Mir geht es gut, haben Sie Dank für Ihre Besorgnis.« Sie straffte sich, strich ihr Kleid glatt und machte Anstalten, an ihm vorbeizugehen, aber er versperrte ihr den Weg.

»Ich habe den ganzen Abend gehofft, Sie mal allein anzutreffen.«

Ella unterdrückte ein ungeduldiges Seufzen. Nicht schon wieder. Mr Gibney hatte zwei erwachsene Töchter, und seine Ehefrau hatte sich vor einer halben Stunde mit ihr, Ella, unterhalten, eine reizende Dame, jene Art von Ehefrau, die Männer wie Nigel Gibney, Stützen der Gesellschaft, an ihrer Seite haben wollten.

»Lassen Sie mich vorbei, ehe die Angelegenheit anfängt, peinlich zu werden«, sagte Ella.

Er wich nicht zur Seite, sondern machte gar den plumpen Versuch, ihre Arme zu umfassen, was Ella durch einen geschickten Schritt zur Seite zu verhindern wusste.

»Vor mir brauchen Sie nicht die Spröde zu spielen. Wir wissen doch alle, was man sich erzählt.«

»So, was erzählt man sich denn?«

»Dass Sie auf der Suche nach Abenteuern sind.«

Nun, so konnte man es natürlich auch auslegen. »Wobei es natürlich nur eine Art von Abenteuer gibt, auf die jede Frau brennt, nicht wahr?« Ella zauberte ein Lächeln auf ihre Lippen und wich erneut mit katzenhafter Eleganz seiner Hand aus. Inzwischen schien er der Meinung zu sein, sie spiele ein Spiel, denn er erwiderte ihr Lächeln mit einer Selbstsicherheit, für die sie ihm am liebsten eine verpasst hätte. Aber diese Zeiten waren vorbei, sie war eine Dame und keine Frau von der Straße.

»Haben Sie keine Angst, dass man uns erwischen könnte?«

»Im Risiko liegt doch erst das Vergnügen.«

Ella umrundete ihn in sicherem Abstand, legte den Kopf schief und lächelte weiterhin. »Ich muss ja an meinen Ruf denken.«

»Nun, dann vielleicht eines der anderen Zimmer?«

Sie schüttelte den Kopf. »Noch gefährlicher. Dazwischen liegt ein Korridor voller Dienstboten.« Mit einem Nicken deutete sie auf das Sofa. »Machen Sie es sich doch einstweilen gemütlich, ich gehe und hole den Schlüssel für diesen Salon.« Ihr Lächeln wurde verschmitzt und sie senkte die Stimme zu einem vertrauensvollen Flüstern. »Einer der Dienstboten wird mir da sicher weiterhelfen können.«

Mr Gibney grinste anzüglich, dann löste er sein Halstuch, zog seinen Rock aus und warf beides achtlos über einen Sessel. »Ich hoffe, Sie lassen mich nicht zu lange warten.«

»Aber nicht doch.« Ella zwinkerte ihm zu, dann wandte sie sich ab und ging zur Tür. »Ich bin gleich wieder da.« Kaum hatte sie die Tür hinter sich geschlossen, stieg ihr die Zornesröte ins Gesicht. Sie steuerte den Salon an, wo sie recht schnell Mrs Gibney ausfindig machte. »Ihrem Mann ist nicht wohl, er hat sich in die Bibliothek zurückgezogen.«

Mrs Gibney riss erstaunt die Augen auf. »Oh, tatsächlich?« Sie fragte jedoch nicht weiter nach, sondern eilte sofort aus dem Salon.

Ella sah ihr nach, bevor sie sich wieder unter die Gäste mischte.

»Kannst du dir vorstellen, dass ich mir Sorgen mache, wenn du auf einmal verschwindest?«

Maya war bei dem plötzlichen Aufreißen des Kutschenschlags, dem Adrians zornbebende Stimme folgte, zusammengefahren, fing sich aber sofort wieder. »Nein, kann ich nicht«, antwortete sie patzig. »Es geht dich überhaupt nichts an, wo ich bin, solange ich pünktlich zur Heimfahrt wieder auftauche.«

»Denkst du, ja? Ich bin für dich und Irene verantwortlich.«

»Mach dich bitte nicht lächerlich.«

Er griff nach ihrem Arm und zerrte sie aus der Kutsche, was sie trotz vehementer Gegenwehr nicht verhindern konnte. Sie geriet ins Stolpern und wäre gestürzt, hätte er sie nicht aufgefangen.

»Das tust du besser nie wieder!«, zischte sie.

»Was sollte denn dieser Auftritt vor allen Leuten? Bist du von Sinnen?«

Maya schwieg und befreite sich mit einer Drehung. »Lass mich, und nun geh, du kannst mich nicht zwingen, wieder mit hineinzukommen.«

Er hob die Brauen. »Aber natürlich kann ich das.« Dann seufzte er und fuhr freundlicher fort: »Die Leute haben das sicher morgen wieder vergessen.«

Lautes Stimmengewirr an der Tür ließ ihn verstummen und beide wandten sich zum Haus. Eine Frau löste sich aus einer Gruppe mehrerer Menschen, die ganz offensichtlich versuchten, sie zurückzuhalten. Im Näherkommen erkannte Maya Mrs Gibney.

»Margareth!«, rief eine Männerstimme, aber Mrs Gibney lief weiter. Der Mann folgte ihr.

»Ich habe dir doch gesagt …«

»Kein Wort mehr!« Ihre Stimme klang schrill. »*Wie schnell das ging, liebe Ella*«, äffte sie mit tiefer Stimme. »Und wie du da mit geschlossenen Augen auf dem Sofa lagst. Du widerst mich an.«

»Das war ein Missverständnis. Ella Chadwick hat mich …«

»Aufs Sofa gezwungen? Um mich hernach bloßzustellen?«

»Das hast du mit deinem Auftritt ganz allein getan. Dergleichen löst man diskret.«

Sie wollte sich umdrehen und weiterlaufen, aber er war schneller und packte ihren Arm. Außer sich vor Wut fuhr sie zu ihm herum, was in einer sehr würdelosen Rangelei endete, die er schließlich mit einer Ohrfeige beendete, die Mrs Gibney fast zu Boden gehen ließ. Von der Tür her war ein Aufraunen zu hören. Jemand rief Mr Gibney zur Mäßigung, aber es war Adrian, der zu ihm ging und seine erneut erhobene Hand ergriff.

»Das reicht nun.« Er stieß den älteren Mann von sich. »Mrs Gibney, sollen wir Sie heimfahren?«

Die Frau schluchzte und schüttelte den Kopf. Inzwischen hatte sich ihr Ehemann wieder gefangen. »Was erlaubst du dir, du unverschämter Bengel?« Ohne ein weiteres Wort nahm er den Arm seiner Frau und zog sie hinter sich her, dann bellte er seinem Kutscher zu, einspannen zu lassen.

»Willst du nichts tun?«, fragte Maya.

»Was soll ich tun? Das Gesetz ist auf seiner Seite, von mir wird er sich nichts sagen lassen.« Er umfasste Mayas Ellbogen, behutsam dieses Mal. »Komm, gehen wir rein. Du brauchst nichts mehr zu befürchten, ein Skandal löst den nächsten ab.«

In der Halle sahen sie Mrs Chadwick, die gänzlich ungerührt schien, und Mrs Waters, die angesichts des misslungenen Abends in Tränen ausbrach und wortreich getröstet wurde. Adrian wechselte ein paar Worte mit Mr Waters, dann schickte er Maya zurück zur Kutsche.

»Hast du nicht gerade gesagt …«

»Ja, habe ich. Du warst im Haus, hast dein Gesicht gewahrt, und nun gehen wir, weil ich Szenen nicht ausstehen kann. Warte in der Kutsche, ich suche Irene.«

Folgsam verabschiedete Maya sich von ihren Gastgebern und verließ die Soiree, ohne Mrs Chadwick, die nach wie vor neben Mrs Waters stand und sie zu beobachten schien, eines weiteren Blickes zu würdigen. Als sie auf die Veranda trat, merkte sie, wie die Stimmung umgeschlagen hatte. So sehr man es genoss, Skandale in aller Breite zu erörtern, so konnte man doch nicht dulden, dass diese Fremde die hier ansässigen Leute öffentlich brüskierte. Mochte man dem mondänen Gast auch nicht von Angesicht zu Angesicht Vorwürfe machen, denn immerhin war sie die Frau von *dem* Chadwick, so war man unter sich weniger zurückhaltend.

»... erst Henry Camerons Tochter öffentlich bloßgestellt, dann ...«

»... ist ja nicht so, dass Margareth Gibney nicht weiß, woran sie ist.«

»... das mag alles stimmen, eine Fremde ist sie dennoch.«

»... kann doch nicht einfach ...«

»... und Adrian Frost ... ein wahrer Gentleman.«

»... aber ja, er ist immerhin einer von *den* Frosts.«

Maya blieb nicht stehen, sondern ging weiter zur Kutsche, bis die Worte nur noch einem gleichförmigen Raunen glichen. Sie hatte gerade Platz genommen, als Adrian mit Irene zurückkehrte.

»Ich habe schon gehört, dass du dich danebenbenommen hast«, sagte Irene, kaum, dass sie saß. Es klang jedoch nicht vorwurfsvoll, sondern wie ein Kompliment. »Was untersteht sich diese Person?«

»Ja«, spottete Adrian, »was untersteht sich diese *Fremde*, sich Mayas Unverschämtheiten zu verbitten und William

Gibney bloßzustellen, nachdem dieser ihr offenbar Avancen gemacht hat.«

Irene sagte nichts darauf, aber Maya spürte, wie ihre Schwester kurz ihre Hand drückte. Der Rest der Fahrt verlief schweigend, und Adrian sah seine Rolle als schützender Begleiter beendet, sobald sie die Eingangshalle betreten hatten. Er wünschte eine gute Nacht und verschwand in Richtung des Ostflügels. Irene ihrerseits machte keine Anstalten, zu Bett zu gehen, sondern wandte sich zur Tür.

»Mama und Papa werden vor den Morgenstunden nicht zurück sein, das sind sie nie, wenn sie zu den Melvilles fahren.«

»Und wo willst du nun hin?«

»Ein wenig an die frische Luft.« Irene öffnete die Tür und schlüpfte hinaus.

Für einen Moment überlegte Maya, ob sie ihre Neugier stillen und ihr folgen sollte, unterließ es dann. Ihr raschelndes Seidenkleid war nicht gerade die beste Bekleidung für eine nächtliche Verfolgung, außerdem widerstrebte es ihr, ihrer Schwester nachzuspionieren. Für Irene würde dieser Vertrauensbruch sehr schwer wiegen. Also ging Maya hoch in ihr Zimmer. Sie wollte Licht machen, ließ es dann jedoch und stellte sich ans Fenster. Hinauszublicken konnte schwerlich jemand als Spionieren bezeichnen. Von Irene war jedoch nichts zu sehen, in ihrem dunklen Kleid verschmolz sie mit der Dunkelheit.

5

Natürlich verbreiteten sich die skandalösen Neuigkeiten wie ein Lauffeuer, und so manch einer bedauerte, nicht zu Mrs Waters' Soiree gegangen zu sein – ihre Gesellschaften wurden in der Regel gemieden, da ihnen der Ruf anhaftete, von ermüdender Langeweile zu sein. Obwohl man es in ihrer Gegenwart tunlichst vermied, darüber zu sprechen – immerhin waren die Dinge, die die Gibneys betrafen, mitnichten für die Ohren junger Mädchen bestimmt –, bekam Maya dennoch das ein oder andere mit.

Dass ihre Großmutter davon redete, wie »unsere Maya vor allen Leuten brüskiert« wurde, empfand sie als nahezu lächerlich. Sie wäre doch die Erste gewesen, die Maya für ihr ungehöriges Benehmen zur Ordnung gerufen hätte, ungeachtet der Anwesenheit anderer. Ihr Vater jedoch schien sogar ein wenig stolz auf Maya, auf ihre Loyalität, auch wenn »man ein derartiges Verhalten natürlich nicht dulden kann«.

Selbst Helen ließ sich von dem allgemeinen Gerede anstecken, während ihr Hauptinteresse – wie auch das der anderen weiblichen Gäste der vergangenen Tage – nicht Mrs Chadwick galt. »Und Adrian ist Mrs Gibney sofort zur Hilfe geeilt?«, war eine sich ständig wiederholende Frage. Ja, war er, und Maya fand das auch großartig, aber musste das bei jeder jungen Frau theatralische Seufzer und kuhäugige Verzückung hervorrufen?

Zu Gesicht bekam ihn allerdings keiner, denn Adrian blieb lieber für sich, nur gelegentlich sah Maya ihn von seinen Ausritten heimkommen. Meist verließ er das Haus schon früh, besuchte Freunde oder trieb sich bis in die Morgenstunden in der Stadt herum. Unterdessen ging Mayas Leben in seinen stetigen Bahnen weiter, die sie nun als umso eintöniger empfand, während sie beobachtete, welche Freiheiten Adrian für sich beanspruchte, in deren Genuss sie vielleicht niemals kommen würde.

Seit Maya Hesters Buch gefunden hatte, stellte sie sich vor, wie ihre Tante an ihrem Fenster gestanden und hinausgeblickt hatte. Ob sie irgendwann beschlossen hatte, dass es nun genug der Eintönigkeit war? Der gleichförmigen Tage, die andere für sie planten, während sie wie ein Möbelstück mal hierhin, mal dorthin gerückt wurde? Erzogen dazu, schmückendes Beiwerk für einen der Plantagenherren zu werden und ihre Töchter zu ebensolchen Püppchen zu erziehen? Maya stellte sich einen stetigen Marionettenreigen vor von Mädchen mit starren Gesichtern, auf die das immerwährende Lächeln eingeschnitzt war. Bei diesem Gedanken überlief sie ein Schauder.

Das Buch lag sorgsam verborgen in seinem Versteck im Schrank. Nicht auszudenken, was geschehen würde, fiele es ihrer Mutter oder gar ihrer Großmutter in die Hände. Sie hätte gerne mit jemandem darüber gesprochen, aber Irene schien sich in ihre eigene Welt zurückgezogen zu haben, und Helen erzählte sie es nicht zur Strafe für deren schmachtenden Blick, wenn sie Adrians Namen sagte, und diese entnervende Art, das »A« zu Beginn seines Namens so weich dahinzuhauchen.

Mayas morgendlichen Ausritte waren die einzige Abwechslung, und Maya riskierte immer öfter, das Frühstück zu verpassen, weil sie diesem winzigen Ausbruch einfach nicht widerstehen konnte. An diesem Morgen schlug sie nach längerer Zeit mal wieder den Weg zum Bach ein. Nebelreste hingen wie Spinnweben über den Teegärten, während das fahle Morgenlicht nur zögernd den Weg über die Berge fand. Im grau bestäubten Grün wirkten die *Longhis*, die traditionellen Gewänder der Pflückerinnen, wie bunte Punkte, die in einen grünen Teppich gewebt waren. Tamilische Frauen, die in aller Frühe ihr Tagwerk begannen. Es waren stets die Tamilen, die auf den Feldern arbeiteten, die Singhalesen, das seit Urzeiten in Ceylon ansässige Volk, verweigerten sich von jeher, selbst wenn man sie besser bezahlt hätte als die Tamilen. »Zu faul«, sagte Mayas Großmutter. »Zu stolz«, sagte ihr Vater. Von Anfang an gärten Konflikte zwischen den aus Südindien stammenden Tamilen und den Singhalesen, und die Engländer, die die Singhalesen, das Löwenvolk, zugunsten der Tamilen stets benachteiligten – vor allem in Bezug auf die Vermittlung von Bildung –, sorgten dafür, dass der Zwist konfliktreich blieb.

Langsam ritt Maya zwischen den Teegärten entlang und beobachtete die zierlichen Silhouetten der Pflückerinnen. In

Nuwara Eliya wurde ganzjährig geerntet, erlesener High-Grown, der auf Feldern wuchs, die umgeben waren von wilder Minze, Zypressen und Eukalyptus, deren Duft sich im Aroma des Tees wiederfand. Flink bewegten sich die Hände der Pflückerinnen, deren Aufmerksamkeit nicht den Blüten galt, sondern den Endknospen eines Zweiges. Bei der Feinpflückung wurden immer die beiden jüngsten Blättchen und eine Knospe gepflückt, *two leaves and a bud*, das stetig gleiche Pflückmuster, denn die älteren Blätter würden die Qualität des Tees verderben. Die Ernte wanderte in die Körbe auf dem Rücken der Frauen. Ein wenig abseits standen tamilische Männer, weiß gekleidet mit Turban und Weste, und überwachten die Ernte. Bharatis Hufschlag wurde von der feuchten Erde geschluckt, und der kühle Wind, der in den Blättern rauschte, mischte sich mit dem Gesang murmelnder Frauenstimmen.

Am Bachufer sammelten sich die Reste nächtlicher Dunkelheit in den Schatten und weißer Dunst füllte die Lücken im Geäst der Sträucher. Es roch nach feuchter Erde. Steinchen knirschten unter den Pferdehufen, als Bharati den leicht abfallenden Weg entlangschritt. Am Bach angekommen, saß Maya ab und schlang die Zügel um einen Ast. Sie berührte die Nüstern der Stute, was diese mit einem dunklen, bebenden Laut beantwortete.

Maya setzte sich auf einen flachen Felsen, ungeachtet dessen, dass die feuchte Kälte durch ihren Rock drang. Sie verschränkte die Arme vor dem Bauch und neigte sich leicht vor, starrte auf das von einem milchigen Schleier überzogene Wasser und dachte an Hester. Es war, als begleite ihre Tante sie, seit sie deren Fotos gefunden hatte. Dieses Lächeln, das dem ihren so ähnlich war. Ob sie auch hier gesessen hatte? Ob in diesen stillen Momenten in ihr der Gedanke gereift war, das alte Leben einfach abzustreifen und, befreit von der engen Hülle, die Flügel auszubreiten? Nicht mehr Hester Cameron von *Leighs End* zu sein, sondern nur Hester?

Maya fragte sich, ob sie den Mut zu so einem Schritt jemals aufbringen würde. Und gleichzeitig fand sie den Gedanken beängstigend, von einem Tag auf den anderen ohne jede Spur einfach zu verschwinden. Es war gar nicht so, dass sie Irene, Lizzi, Edward, ihrem Vater, ja, sogar ihrer Mutter für immer den Rücken zukehren wollte. Aber dennoch … Die Welt hatte so viel zu bieten, im Gegensatz zu Ceylon, wo sie bloß die Frau eines Plantagenbesitzers werden konnte oder die eines Händlers aus Colombo, wenn sie weit hinauswollte und das Hochland im Tausch gegen die Stadt an der Küste verließ. Dimbula, Uva, Kandy – ihre Welt war überschaubar.

Ein leises Rascheln im Gebüsch ließ sie aufblicken. Dann hörte sie das Klackern kleiner Steinchen, die die sanfte Uferböschung hinabrollten. Sie sah sich um, hörte ein Schlittern und schließlich tauchte die schlanke Gestalt eines Mannes in ein paar Metern Entfernung auf. Ramon Varathan ging vor dem Bach in die Hocke, schöpfte mit den Händen etwas Wasser heraus und ließ es durch seine Finger rinnen. Einen Augenblick lang fragte sich Maya, ob er sie bemerkt hatte, dann sagte er, ohne sich ihr zuzuwenden: »Ein schöner Morgen, nicht wahr, Miss Maya?«

Er sprach sie stets als Engländerin an, nannte sie und ihre Schwestern nie Sin-Amma, Edward nicht Sin-Aiyah, ihren Vater nicht Pery-Aiyah oder ihre Mutter Dorasani. Ihre Großmutter sprach er überhaupt nie an, denn auch sie tat stets so, als gäbe es ihn nicht, was wohl in gewisser Weise stimmte, denn in ihre Weltordnung passten keine Mischlingskinder. Langsam richtete Ramon Varathan sich auf und drehte sich zu ihr um. Maya mochte sein Lächeln und die Anmut, mit der er sich bewegte.

»Ein Unwetter zieht auf, Sie sollten besser heimreiten und sich vorsehen.«

Maya schaute in den Himmel, dann sah sie Ramon Varathan wieder an, wollte ihm widersprechen, blieb jedoch angesichts der Art, wie er sie beobachtete, dieses leicht forschenden Blickes, stumm. Er deutete mit dem Kinn kaum merklich in Richtung des Hauses. »Reiten Sie heim und sehen Sie sich vor«, wiederholte er.

Eine diffuse Unruhe streifte sie, nur flüchtig, aber ein Gefühl des Unbehagens blieb zurück, das sich nicht ignorieren ließ. Maya ging zu Bharati und löste die Zügel. Sie drehte sich noch einmal zu Ramon Varathan um, aber dieser hatte sich bereits abgewandt und ging den Weg zurück, den er gekommen war.

In dem Augenblick, in dem Maya das Haus betrat, wusste sie, dass etwas nicht stimmte. Zögernd schloss sie die Tür hinter sich und lief durch die Halle, wollte die Treppe hoch, als sie Lizzi bemerkte, die mit Edward hinter einer Säule kauerte, wo sie sich immer versteckten, wenn sie was ausgeheckt hatten. Lizzi kaute auf ihrer Unterlippe herum. Als sie Maya sah, richtete sie sich auf.

»Großmutter und Papa streiten sich im kleinen Salon. Ich glaube, sie haben irgendetwas in deinem Zimmer gefunden.«

Maya erstarrte. Ohne ihre Geschwister weiter zu beachten, ging sie zum Salon ihrer Großmutter und hörte schon auf dem Korridor die erregten Stimmen. Sie stieß die Tür auf. Ihre Großmutter stand nahe dem Kamin, mit roten Flecken auf den Wangen, die vermutlich nicht der Hitze des flackernden Feuers geschuldet waren. In der Hand hielt sie ein kleines Buch mit fleckigem Einband. Mayas Blick blieb an den schmalen Fingern hängen, die sich um das dunkle Leder krallten wie eine weiße Spinne.

»Woher hast du das?« Die Worte waren Maya über die Lippen gekommen, bevor sie richtig nachdenken konnte.

Ihr Vater hatte die Hände in die Seiten gestemmt und sah sie an. Vor ihm lag die Schachtel mit den Fotos, die er ihr zur Verwahrung überlassen hatte. Hesters Fotos. Hesters Buch.

»Woher *ich* das habe?«, geiferte ihre Großmutter. »Was unterstehst du dich, dies hier zu verstecken.« Sie deutete auf die Fotos. »Und hast du womöglich auch davon gewusst?« Sie hielt das Buch hoch.

»Du warst an meinem Schrank? Wie kommst du dazu?«

Margery McFarlane machte ein Geräusch, als schnappe sie nach Luft. Aber noch ehe sie Worte artikulieren konnte, sagte Mayas Vater: »Ich habe zwei Diener in dein Zimmer geschickt, um den Schrank auszubessern. Sie haben die Bretter entfernt, das Buch gefunden und es Anuja gegeben.«

»Und sie hat es mir gebracht«, schloss Margery McFarlane. Anuja war Mayas Zofe, jedoch keine jener vertrauten Dienerinnen, sondern eine, vor der jedes Wort mit Bedacht gewählt werden musste. Offenbar hatte sie gedacht, das Buch enthalte pikante Geheimnisse.

»Kennst du das Tagebuch?«, fragte Henry Cameron.

Maya nickte.

»Und du hast es mir nicht gezeigt?« Ihre Großmutter wies mit dem Buch auf sie.

»Ich hatte nicht den Eindruck, dass es für deine Augen bestimmt war. Du hättest es nicht lesen dürfen.« Maya ging zu dem kleinen Tisch, auf dem die Schachtel mit den Fotos stand, und sah ihren Vater vorwurfsvoll an. »Und niemand hat das Recht, meinen Schrank zu durchsuchen.«

»Das war ich nicht«, antwortete er. »Aber es stimmt, das Recht hat niemand.«

»Fortwährend stärkst du ihr für jede Unverschämtheit den Rücken«, beklagte sich die alte Frau. »Kein Wunder, dass es ihr an Respekt mangelt.«

Maya hob das Kinn und blickte ihre Großmutter herausfordernd an. »Was nützt dir das Buch? Es steht nichts darin, was dir sagt, wo sie ist, außer vielleicht, dass sie dir in der Tat davongelaufen ist. Das täte jede Tochter.«

Ihre Großmutter war mit zwei Schritten bei ihr und schlug ihr so heftig ins Gesicht, dass Maya der Kopf dröhnte. Sie taumelte und ihr Hut fiel zu Boden.

»Mutter!« Ihr Vater hob den Arm und fing die zweite Ohrfeige ab. Abrupt wandte ihre Großmutter sich um und ging zum Feuer, neigte sich vor, und als Maya begriff, was sie vorhatte, stürzte sie an ihrem Vater vorbei, griff nach dem Arm ihrer Großmutter, stieß sie vom Kamin weg und entriss ihr das Buch. Dann stürmte sie aus dem Salon.

»Maya! Henry, hol sie zurück!«

Maya rannte, ohne sich umzublicken, durch den Korridor, durchquerte die hintere Halle und lief, so schnell sie nur konnte, die Treppe nach oben. Hinter sich hörte sie dumpf die Stimme ihrer Großmutter.

»Henry, du lässt mich augenblicklich los und folgst dieser missratenen Brut!«

Ohne innezuhalten, hetzte Maya weiter, an Irenes Zimmer vorbei, vorüber an ihrem eigenen und kam schließlich taumelnd und außer Atem vor dem alten Damensalon zum Stehen. Sie zögerte kurz, sah sich um, ging hinein und schloss die Tür schnell wieder hinter sich. Sie steuerte sofort den Geheimgang an, machte Licht und schöpfte auf dem Weg zum Ostflügel langsam wieder Atem, auch wenn in ihrem Kopf ein dumpfer Schmerz pochte und ihr das Blut in den Ohren rauschte. Während sie in einer Hand das Buch und die Lampe hielt, presste sie die andere auf ihre Brust, spürte ihr heftig pochendes Herz. Am Ende des Ganges blieb sie stehen und lauschte. Sie wusste nicht, wo Adrian sein Frühstück serviert wurde. Auf keinen Fall wollte sie riskieren, einem Dienstboten zu begegnen, der dann sicher nichts Besseres zu tun hatte, als ihrer Großmutter von dem geheimen Gang zu berichten, was unweigerlich dazu führen würde, dass die Tapetentür in kürzester Zeit zugemauert würde, und was sie, was Adrian betraf, in ernsthafte Erklärungsnot bringen würde. Es war jedoch still, und so öffnete sie die Tür, die dieses Mal von keinem Hindernis versperrt wurde.

Der Salon war leer. Blasses Licht malte fahle Schatten in den Raum. Maya lehnte sich mit dem Rücken an die Wand, und allmählich ging ihr Atem wieder ruhiger, auch wenn ihr Herz mit unverminderter Heftigkeit schlug. Sie sah sich im Raum um, suchte nach einem möglichen Versteck, und ihr Blick blieb an jenem Sessel hängen, in dem Adrian bei ihrem letzten Besuch gesessen und gelesen hatte. Im Kamin waren Holzscheite geschichtet, um ihn später beheizen zu können, und ganz schwach hing noch der Geruch des letzten Feuers in der Luft, eine Spur rauchigen Holzes, den auch die frische Morgenluft nicht zu vertreiben vermocht hatte.

In diesem Augenblick wurde die Tür geöffnet und Adrian betrat den Salon. Er schien nicht erstaunt, sie hier zu sehen. »Irene war bei mir und hat erzählt, dass deine Großmutter irgendetwas in deinem Zimmer gefunden hat und dass es Streit gab. Ich weiß nicht, warum sie dachte, mich davon in Kenntnis setzen zu müssen, denn helfen kann ich dir mitnichten. Ich bin dennoch in die Halle gekommen, weil ich dachte, es kann nicht schaden zu wissen, um was es geht, immerhin hast du die Fotos deiner Tante gefunden, nicht wahr?« Er kam näher. »Und dann berichteten mir Edward und Lizzi, dass du nach oben gerannt und seither verschwunden seist. Da war mir klar, wohin du geflohen bist. Auch wenn ich nicht gerade behaupten kann, dass es mir gefällt.« Er umfasste ihr Kinn und drehte ihren Kopf leicht, sodass er ihr Gesicht im Licht sehen konnte. »Es ist schon besser, man wird die Rötung gleich nicht mehr sehen. Mit Backpfeifen kenne ich mich aus.«

Maya stiegen Tränen in die Augen und sie wandte sich ab.

»Nicht doch.« Er streichelte ihr leicht über die Schulter, ließ seine Hand dann ihren Arm hinuntergleiten und umfasste ihre Finger, die das Buch hielten.

»Darum also ging es?«

Sie nickte, während ihr war, als weiche jedes Gefühl aus ihrem Arm, um sich in der Wärme unter seiner Hand auf ihrer Haut zu sammeln. Seine Berührung löste sich und damit ihre Finger, die das Buch umschlossen. Im nächsten Moment sah sie es in seinen Händen, im übernächsten war es in seiner Rocktasche verschwunden.

Ihre Lippen formten einen schwachen Protest, den er mit seinen nächsten Worten erstickte. »Hast du schon gefrühstückt?«

Verwirrt über die profane Frage, die so gar nicht zu dem Aufruhr in ihrem Innern passen wollte, starrte sie ihn an, dann schüttelte sie den Kopf.

»Komm mit, sie tischen mir immer mehr auf, als ich essen kann.« Er ließ ihr den Vortritt und zögernd ging sie zur Tür, trat auf den Korridor und musste sich erst orientieren. Natürlich kannte sie den Ostflügel, das Haus zu erforschen hatte zu ihren Kinderspielen gehört, zudem waren Irene und sie gelegentlich hier gewesen, um Adrian zu ärgern, wenn sie glaubten, er hatte es mal wieder verdient. Schon sehr früh hatte er mit seiner Amme allein den Ostflügel bewohnt.

»Links«, half er ihr weiter. »Die zweite Tür.«

Sein Frühstückszimmer war ein kleiner Raum und entsprach einem der Gästezimmer im Westflügel. Offenbar ließ er die untere Etage ungenutzt. Ein Feuer prasselte im Kamin und vertrieb die morgendliche Kühle. Adrian zog einen Stuhl zurück und Maya ließ sich an dem runden Tisch nieder. In Reitkleidung zu essen, hätte ihre Mutter ihr niemals erlaubt. Adrian setzte sich ihr gegenüber hin, griff nach dem Brotkorb und reichte ihn ihr. Mayas Befangenheit verlor sich, sie nahm sich süße Butter und Kompott, bestrich großzügig eine Scheibe knusprig geröstetes Weißbrot und merkte erst jetzt, wie hungrig sie war. Adrian schenkte ihr Tee ein, dunkelrot und kräftig.

»Den Appetit hat es dir jedenfalls nicht verschlagen«, bemerkte er.

»Ein Gentleman würde dergleichen niemals aussprechen.« Ohne zu zögern, griff Maya nach einer weiteren Scheibe Brot. Das Essen half ihr, sich zu sammeln und wieder zur Ruhe zu kommen. Der kräftig-malzige Assam-Tee tat sein Übriges dazu. Schweigend aß sie, ignorierte Adrians Belustigung, als sie zur dritten Scheibe Toast griff und sich zum Nachtisch ein Stück Gebäck nahm. Sie beendete das Frühstück mit einer weiteren Tasse Tee, die Adrian ihr großzügig einschenkte, und seufzte zufrieden.

»Noch ein paar Plätzchen?«, bot er höflich an.

Sie hob abwehrend die Hand. »Nein, ein weiterer Bissen und mir platzt das Mieder.« Im nächsten Augenblick wurde ihr bewusst, dass jene Antwort, die sie Irene stets spaßeshalber gab, in Adrians Gegenwart ganz und gar unangebracht war. Hitze stieg ihr in die Wangen. Vorsichtig schaute sie ihn an.

Adrian machte keine Anstalten, sein breites Grinsen zu verbergen. »Wie auch immer«, sagte er. »Da mir dieser zweifellos reizvolle Anblick verwehrt bleibt, sehr zu meinem Bedauern, ist es wohl das Beste, wenn du mich nun so langsam wieder verlässt.«

Mit einem Schulterzucken überspielte Maya ihre Verlegenheit. »Ich glaube nicht, dass man mich hier suchen wird.«

»Das ist sicher richtig, aber irgendwann musst du dich deinen Eltern und deiner Großmutter stellen. Warum also nicht gleich?«

Maya hob erneut die Schultern und starrte auf den Tisch mit den Frühstücksresten. Das angenehme Gefühl von Sättigung verflog, und auf einmal war es, als würde etwas Bleischweres sie niederdrücken. Sie öffnete den Mund, um sich Adrian mitzuteilen, schwieg dann aber, weil sie sich nur zu gut vorstellen konnte, wie er sich darüber in Bezug auf ihr vorhergehendes Essen mokieren würde. Als sie ihm in die Augen sah, wirkte er jedoch ernst und keineswegs spöttisch.

»Falls du dich gerne noch ein wenig verstecken möchtest, nur zu. Aber du solltest, wenn du schon so mutig voranpreschst, auch stark genug sein, dich den Konsequenzen zu stellen.«

Maya nickte ein wenig verzagt, dann holte sie tief Luft, hielt sie einen Moment an und stieß sie schließlich in einem langen Atemzug aus. Anschließend straffte sie sich und stand auf. »Du hast recht, ich sollte es hinter mich bringen.« Doch der feste Ton entglitt ihr. Adrian nickte ihr aufmunternd zu und erhob sich ebenfalls. Schweigend begleitete er sie zurück in den Salon bis zur Tapetentür.

»Das Buch.« Sie streckte die Hand aus. »Gibst du es mir zurück?«

Kurz wirkte es, als würde er darüber nachdenken. »Nein.«

Mayas Ankleidezimmer sah aus, als hätte jemand in blindem Zorn darin gewütet. Ihr Schrank stand weit auf und alles war herausgerissen und zu Boden geworfen worden. Maya starrte auf den bunten Haufen Kleider, Blusen, Röcke, Unterröcke, Mieder und Strümpfe. Ihr Blick flog zu der Kommode, in der ihre Leibwäsche aufbewahrt wurde. Diese wirkte jedoch unberührt.

Sie hörte, dass die Tür geöffnet wurde und kurz darauf wieder ins Schloss fiel, dann näherten sich Schritte. »Ich wollte es aufräumen lassen«, sagte ihr Vater, als er das Ankleidezimmer betrat.

»War das Großmutter?«

»Nun, ich sicher nicht.«

Erschöpft ließ Maya sich auf einen Stuhl fallen. Ihr Ankleidezimmer wirkte auf einmal abstoßend auf sie, und der Gedanke daran, wie ihre Großmutter in ihrer Kleidung herumgewühlt hatte, ließ einen heftigen Abscheu in ihr aufflammen.

»Wo warst du?«

Maya antwortete nicht.

Ihr Vater setzte sich nun ebenfalls und betrachtete den Kleiderberg. »Du könntest es dir leicht machen und dich bei ihr entschuldigen.« Mit einem Ruck fuhr Maya hoch, aber ehe sie etwas entgegnen konnte, hob er beschwichtigend die Hand. »Natürlich war es nicht richtig, was sie getan hat, dass sie das Buch an sich genommen hat, immerhin hätte es dein Tagebuch sein können. Und sie hätte mit dir reden müssen, ehe sie deinen Schrank durchsucht. Aber mir kam es vor, als sei sie nicht mehr sie selbst gewesen. Sie war außer sich. Ich habe erst davon erfahren, als einer der Dienstboten zu mir kam und mir erzählte, wie sie in deinem Zimmer wütete.«

Maya würde sich nicht entschuldigen und ihr Vater sah ihr diese Entschlossenheit zweifellos an.

»Sie hätte dich nicht schlagen dürfen. Aber es war ebenso wenig richtig von dir, ihr das Buch wegzunehmen, es gehörte ihrer Tochter, Maya.«

»Und warum wollte sie es in den Kamin werfen?«

»Wollte sie das wirklich? Gib es ihr zurück, ihr ist so wenig von Hester geblieben.«

Wieder schwieg Maya und schüttelte bloß den Kopf.

»Nun gut.« Ihr Vater erhob sich, blieb dann aber an der Tür stehen und drehte sich noch einmal zu ihr um. »Ich werde dich nicht bestrafen, ich denke, du und deine Großmutter habt euch beide nichts geschenkt. Was deine Großmutter getan hat, war falsch. Trotzdem dulde ich eine solche Respektlosigkeit ihr gegenüber nicht, das weißt du.«

»Das Buch war nicht für Großmutters Augen bestimmt.«

»Für deine doch ebenso wenig, nicht wahr?«

Kurz nachdem ihr Vater gegangen war, erschien Maurice, entweder hatte er vor der Tür auf seinen Moment gewartet, oder aber er war schon die ganze Zeit hier gewesen. Er wälzte sich ein wenig in dem bunten Kleiderberg herum, streckte sich und blieb wie unabsichtlich mit den Krallen in einem Rock hängen, dann machte er einen Satz auf den Stuhl, auf dem Henry Cameron zuletzt gesessen hatte, und sah Maya an, den Kopf schief gelegt. *Was für ein dummes Versteck.*

Er putzte sich das Fell und fuhr mit der Pfote über seine Nase. Wieder war die Tür zu hören, dann Schritte, dieses Mal jedoch die einer Frau und kurz darauf erschien Mayas Zofe Anuja im Ankleidezimmer. Angesichts der Unordnung stieß sie einen tiefen Seufzer aus. Sie sah Maya an.

»Ich räume das auf, Sin-Amma.«

»Lass es liegen, Anuja, und verschwinde.«

Die Frau sah sie erstaunt an. »Sin-Amma?«

»Ich brauche keine Zofe, die mich hintergeht.«

»Aber Dorasani Margery hat gesagt …«

»Das interessiert mich nicht.«

Tränen stiegen in Anujas Augen. »Aber Sie können mich nicht einfach auf die Straße setzen.«

»Das habe ich nicht zu entscheiden, Anuja. Ich möchte dich nur nicht mehr als Zofe. Geh endlich und schick jemanden, der aufräumt, denn du wirst hier nichts mehr anrühren.«

Die Tamilin drehte sich um und verließ mit raschen Schritten das Zimmer. Maurice neigte lauschend den Kopf. *Schwere Entscheidungen gehören zum Erwachsenwerden.*

»Hast du dich mit Adrian abgesprochen?«

Der Kater wandte sich ab und sprang vom Sessel aus in den Kleiderberg, wo er sich inmitten der Seide zusammenrollte und einschlief.

Adrian wusste, dass Edward mit zwölf ebenfalls in England aufs Internat gehen würde. Dass er selbst schon mit zehn fortgeschickt worden war, hatte er Margery McFarlane zu verdanken und ihrem Ehemann Frederic, wobei Adrian in Letzterem die treibende Kraft vermutete. Warum er ihn unbedingt hatte loswerden wollen – denn diesen Eindruck hatte er immer erweckt –, hatte Adrian nicht erfahren. Im Nachhinein war er dankbar für diese Entscheidung, denn irgendwie war *Leighs End* nie wirklich seine Welt gewesen. Während man hier in ihm stets das mutterlose Kind gesehen hatte, war er in England der Frost-Erbe. Und vor allem war er *Adrian*, der seine eigenen Entscheidungen traf. Zwar musste er sich nach wie vor offiziell dem Willen seines Vormunds beugen und konnte über sein Geld nur insoweit verfügen, wie es sein Treuhänder gestattete, aber bisher hatte ihm niemand in seine Angelegenheiten hineingeredet.

Er hatte mit neun Jahren angefangen, immer drängender nach dem Verbleib seiner Mutter zu fragen, hatte das Thema gegenüber Besuchern erwähnt und keine Ruhe gegeben, gleich, wie oft Frederic McFarlane ihn deshalb zurechtgewiesen und ihm gesagt hatte, dass er es irgendwann einmal gut sein lassen sollte. »Man hat sie gesucht«, so seine Worte, »wochenlang, monatelang, aber sie ist verschwunden, genau wie meine Stieftochter. Glaubst du, dass du Jahre später herausfindest, wonach wir alle vergeblich geforscht haben? Als Kind?«

»Ja«, murmelte Adrian nun, während er Hester Camerons Buch durchblätterte, »das glaube ich. Und ich bin inzwischen kein Kind mehr.«

Er konnte nicht behaupten, dass er Margery McFarlanes Ehemann vermisste. Ein unausstehlicher Patriarch. Nur Maya hatte der alte Mann gemocht, warum auch immer. Vielleicht, weil den kleinen Wildfang nicht einmal die eigene Mutter zu mögen schien. Möglicherweise hatte in all der Kälte doch etwas Wärme geschlummert, die nur Maya hervorzulocken vermocht hatte. Und nun? Auch Maya war kein Kind mehr, wahrhaftig nicht. Sie war hübscher als Irene, auch wenn man das nie gedacht hätte, als sie noch Kinder gewesen waren.

Von seiner Mutter existierten zu seinem Bedauern keine alten Tagebücher, es gab nur wenige Briefe, die sie von Verwandten und Freundinnen bekommen hatte, eine nichtssagende Korrespondenz. Er hatte sich Aufschluss von Hester Camerons kleinem Buch erhofft, aber außer einigen belanglosen Szenen, in denen sie seine Mutter erwähnt hatte, stand nichts darin, das für ihn von Interesse gewesen wäre. In einem der letzten Einträge wurde sogar sein Vater erwähnt.

Henry hat einen Freund aus England zum Essen eingeladen, Raymond Frost. Mama ist schon den ganzen Tag aufgeregt. Sie hat mich bereits auf die Seite gezogen und mir mit einem unmissverständlichen Blick gesagt: »Einer von den *Frosts und noch nicht gebunden.« Die ganze Tischgesellschaft ist hingerissen von ihm, und für einen Moment dachte ich, er würde mich sehen. Vielleicht hat er das auch, aber ich war in dem Augenblick aus dem Rennen, als Isobel uns die Ehre gab.*

6

Vermutlich diente der Ausflug dem Wunsch, den Familienfrieden wiederherzustellen. Maya war dies jedoch gleich, sie hüllte sich während der Fahrt in die Stadt in Schweigen und ließ Lizzis und Edwards fröhliches Geplapper an sich vorbeirauschen. Irene legte ihr mitfühlend die Hand auf den Arm, drängte ihr jedoch kein Gespräch auf. Sie würden einen Tag in der Stadt verbringen und Freunde ihrer Eltern treffen.

Der Eklat zwischen ihr und ihrer Großmutter war nicht wieder zur Sprache gekommen und ihr Vater hatte nach dem Streit die Fotos an sich genommen. Maya hätte sie gerne zurückgehabt, aber bei ihm waren sie sicher besser aufgehoben, denn ihre Großmutter würde schwerlich seine Schränke danach durchwühlen. Adrian hatte ebenfalls kein weiteres Wort über ihren Besuch bei ihm und über das Buch verloren, und weil Maya wusste, dass es bei ihm in Sicherheit war, beließ sie es zunächst dabei, auch wenn es sie ärgerte, mit welcher Selbstverständlichkeit er es einbehalten hatte.

Der Blick aus dem Fenster offenbarte in den frühen Morgenstunden dichten Nebel, der die Häuser und Teegärten wie in graues Tuch hüllte. Je länger sie fuhren, umso lichter wurde der Dunst, bis er sich schließlich wie zarte Gaze spinnwebartig an Zweigen und Büschen verfing. Wolkenfetzen trieben an einem strahlend blauen Himmel und die ersten Sonnenstrahlen berührten den hügeligen grünen Teppich und drängten die Schatten der Zypressen langsam zurück.

Nuwara Eliya, Stadt des Lichts, war eine *Hill Station*, ein Erholungsort für die englische Oberschicht Ceylons, die hier der drückenden Hitze der tiefer gelegenen Regionen der Insel zu entkommen versuchte. In einem Talkessel gelegen, war die Stadt von Bergen umgeben und Nadelwälder bildeten schattige Inseln.

Irene beugte sich vor und zupfte die Decke zurecht, die sie Lizzi als Schutz gegen die Morgenkühle um die Schultern gelegt hatte. Ihre kleine Schwester war so zappelig vor Aufregung, dass die Decke immer wieder herunterrutschte.

»Papa und ich frühstücken im *Hill Club*«, sagte Edward.

»Ich komme mit!«, rief Lizzi.

Edward maß sie mit einem flüchtigen Blick. »Das ist ein *Herren-Club*, da dürfen nur Männer hin.«

»Na, dann musst du wohl auch draußen bleiben«, giftete Lizzi ihn an, »du wirst schließlich erst in einigen Jahren einer.«

»Gar nicht wahr!«

»Hört auf zu streiten«, befahl Irene, was die beiden nicht beeindruckte. Maya schloss die Augen und versank tiefer in ihrem Sitz, versuchte, das Geplapper zu ignorieren. Rumpelnd fuhr die Kutsche dahin, begleitet vom gleichmäßigen Getrappel der Pferdehufe.

Die Kutschen fuhren in die Stadt ein. Da die Engländer die Ersten gewesen waren, die das Hochland von Nuwara Eliya besiedelt hatten, war der hier entstandenen Stadt ein britisches Gepräge aufgedrückt worden, dem sie den Namen Klein-England verdankte. Für die Singhalesen war Nuwara Eliya von besonderer Bedeutung, sie schienen eine Art ehrfürchtige Scheu vor dem hoch gelegenen Tal mit seinen zahlreichen Wasserläufen zu haben, sodass die Engländer nach Eroberung des letzten singhalesischen Königreichs in Kandy unberührtes Land vorgefunden hatten, das sich perfekt als Domizil für die reiche Gesellschaftsschicht eignete. Und natürlich waren die Anbaubedingungen für Tee optimal, galt der Highgrown doch als edelster Tee des Landes.

Die Kutschen hielten vor dem im Tudorstil errichteten *Grand Hotel*, wo sie zusammen mit Freunden aus Colombo frühstücken würden. Maya hatte nur wenig Lust dazu und bemühte sich auch nicht, den Anschein zu erwecken, es wäre anders. Als sie die Kutsche verließ, bemerkte sie Adrian, der ihnen auf dem Pferd gefolgt war. Er saß in lässiger Eleganz im Sattel und wartete darauf, dass Edward zu seinem Vater in die Kutsche von Mr Baker, einem Teepflanzer aus dem Uva-Distrikt, stieg, damit sie zum *Hill Club* fahren konnten.

Sie trafen im Speisesaal auf eine Freundin von Mayas Mutter, Ellen Righetti, und auf Mrs Baker nebst ihren langweiligen Töchtern, die beide vom Alter her näher an Lizzi waren als an Irene und Maya. Das Frühstück zog sich unter dem Geplauder der Frauen in die Länge, während Maya sich vorstellte, was passieren würde, wenn sie ihrem Drang nachgab, vor Langeweile laut zu schreien. Irene wirkte abwesend, und

Lizzi hampelte auf ihrem Stuhl herum und stieß schließlich eine der Baker-Töchter grob an, was ihr einen scharfen Verweis von ihrer Mutter und Großmutter einbrachte.

»Aber ich …«, machte Lizzi mehrfach den Versuch einer Verteidigung, der jedes Mal mit knappen Worten abgeschnitten wurde.

Maya, die den Eindruck hatte, dass Lizzi selbst für ihre Verhältnisse zu zappelig war, rückte ein Stück vom Tisch weg und beobachtete ihre kleine Schwester. Dann bemerkte sie, dass sich die Töchter von Mrs Baker einen Spaß daraus machten, Lizzi unter dem Tisch zu ärgern, die eine, indem sie sie immer wieder gegen den Knöchel trat, die andere mit kleinen Kniffen. Mit einem ebenso unschuldigen Gesicht wie die beiden Baker-Töchter legte Maya der neben ihr sitzenden unter dem Tisch die Hand auf den Arm und kniff so fest zu, dass das Mädchen mit einem Schrei hochfuhr und sie von sich stieß. Maya riss in gespielter Empörung die Augen auf, und nun war es an Mrs Baker, ihre Tochter heftig zu tadeln.

»Aber Maya hat mich gezwickt«, verteidigte sich das Mädchen.

»Warum wohl sollte sie so etwas tun?«, schimpfte ihre Mutter. »Und nun hört auf, euch so albern zu benehmen, alle drei!«

»Das ist das Alter«, sagte Anne Cameron.

Daraufhin schwieg das Mädchen, Lizzi hörte auf herumzuzappeln und am Tisch herrschte abgesehen vom Geplauder der Frauen Ruhe.

Nach dem Frühstück erhielten Irene und Maya die Erlaubnis, ein wenig spazieren zu gehen, und so schlenderten sie gemeinsam durch die Straßen. Es war eine typisch englische

Stadt mit Golfclub und Pferderennbahn. Eine Kirche und ein botanischer Garten kombinierten den konservativen englischen Geist mit der wilden Blütenpracht des Orients. Entlang des Ufers eines kleinen, künstlich angelegten Sees reihten sich säulenbestandene Villen mit Giebeldächern und Rosengärten. Es gab Fuchsjagden, Kricket und Polo. Spazierwege führten um den See herum, und ein wenig erhöht thronte der 1867 von einem der damaligen Kaffeepflanzer errichtete aristokratisch anmutende *Hill Club*, der, ebenso wie das *Grand Hotel*, an der Westseite des Golfplatzes lag. Als die Schwestern außer Sichtweite ihrer Mutter waren, blieb Irene stehen.

»Kann ich dich um etwas bitten? Ich würde gerne jemanden treffen, und Mama denkt ja, ich sei mit dir unterwegs.«

»Wen?«

Irene schüttelte kurz den Kopf. »Das kann ich dir nicht sagen.«

»Herrje, Irene!«

Rasch legte ihre Schwester Maya die Hand auf den Arm. »Es ist nicht so, dass ich dir nicht traue, aber es ist sicherer für mich, wenn niemand etwas weiß.«

»Irgendwann wirst du es ihnen ohnehin erzählen müssen.«

»Ja«, antwortete Irene vage. »Irgendwann …«

Frustriert verschränkte Maya die Arme vor der Brust und nickte zur Straße hin. »Na, dann los.«

»Es macht dir doch nichts aus, ein wenig allein zu sein?«

»Nein, und selbst wenn, hätte ich nun ein schlechtes Gewissen, dich nicht gehen zu lassen.«

Irene gab ihr einen Kuss auf die Wange. »Du bist die Beste. Ich bleibe nicht lange weg.«

»Schon gut. Treffen wir uns wieder hier?« Sie standen vor dem aus rosafarbenen Backsteinen errichteten Postamt nahe dem Stadtzentrum.

»Ja, sagen wir in, hm, einer Stunde?«

Maya nickte, und während sie ihrer Schwester nachsah, empfand sie das Alleinsein mit einem Mal als ungemein befreiend. Sie war noch nie ohne Begleitung in der Stadt gewesen und in ihr keimten die wildesten Gedanken auf. Sie könnte nun alles tun, was sie wollte – in verbotenen Gassen flanieren, Geschäfte aufsuchen, fliehen ... Ja, dachte Maya, wie sähe so eine Flucht überhaupt aus? Zunächst Richtung Kandy in die Wälder, dann stetig bergab. Sie stellte sich vor, wie sich Bäume und Sträucher um sie herum verdichteten, spürte die dampfige Hitze im düsteren Dschungelgrün, das jeden Lichtstrahl schluckte. Und dann? Dann käme sie irgendwann in Kandy an, das Kleid zerrissen, dreckig und verschwitzt. Und irgendjemand, der ihren Vater kannte, würde sie aufgreifen und heimschicken. Das wäre dann das Ende vom Lied.

Nun, wenigstens konnte sie jetzt ein klein wenig Freiheit atmen und allein die Stadt erkunden. Sie schlenderte durch die Straßen, sah sich die Auslagen der Geschäfte an, erkundete ein paar Gassen und beendete ihren Rundgang am Golfplatz, jedoch nicht auf der Seite des Hotels, sondern des *Hill Clubs*. Dahinter befand sich der geborstene Grabstein des Elefantenjägers William Thomas Rogers, der es zu zweifelhaftem Ruhm gebracht hatte. Ihm wurde nachgesagt, mehrere hundert Elefanten getötet zu haben, früher einmal, als es diese hier noch so zahlreich gegeben hatte.

»Ohne Begleitung unterwegs?«

Maya fuhr herum. »Sam! Sie haben mich erschreckt.«

Sam Ewell stand rauchend an einen Baum gelehnt und betrachtete sie. »Fasziniert Sie dieser Ort?« Er deutete mit der Hand, in der er die Zigarre hielt, auf den Grabstein. »Ich gehe auch gerne auf die Jagd, wenngleich eine so reiche Beute wie Elefanten heute nicht mehr zu machen ist. Aber dafür schieße ich Leoparden und hin und wieder Hirsche.«

»Ich verabscheue die Jagd.«

Er schnippte die Zigarre auf den Boden und ließ sie achtlos liegen. »Ich gebe zu, der Reiz einer Jagd ist sehr einseitig.« Ein Lächeln glitt über seine Lippen und er betrachtete sie mit einem eigentümlichen Blick. Dann trat er auf sie zu und umfasste ihr Handgelenk. Maya war so verblüfft, dass sie zu spät reagierte.

»Hände weg«, zischte sie.

»Warum treibt sich eine Tochter aus gutem Haus allein in der Nähe eines Herrenclubs herum, wenn nicht auf der Suche nach einem pikanten Erlebnis?«

»Mein Vater und mein Bruder sind hier.«

»Nein, sind sie nicht. Nicht mehr.«

Maya versuchte, sich mit einer Drehung aus der Umklammerung zu befreien, aber Sam Ewell hielt sie mühelos fest.

»Und was nun?«, fragte sie.

»Ich möchte nur ein kleines bisschen Ihrer Zeit. Sie sind immer so spröde und abweisend, aber ich kenne Mädchen wie Sie.«

»Was Sie nicht sagen?«

»Und ich kann mir vorstellen, dass Sie einem kleinen Abenteuer gegenüber nicht abgeneigt wären. Auch wenn Sie natürlich, um Ihren guten Ruf zu wahren, ein wenig Abwehr vortäuschen müssen.« Er zog sie ein winziges Stück näher zu sich heran. »Was würde man denken«, raunte er, »würde man uns zusammen sehen?«

»Man würde denken«, war Adrians kalte Stimme zu hören, »dass Sam Ewell ein ehrloser Schuft ist, der von einer jungen Frau das erzwingt, was andere sich schenken lassen.«

Sam blickte auf und sah an Maya vorbei, ließ dabei ihren Arm los und trat einen kleinen Schritt zurück. Maya rieb sich das Handgelenk. Adrian kam langsam auf sie zu, in Begleitung von Lewis Jellay. Da Sam Ewell wusste, dass er im Unrecht war, und offenbar auch nicht darauf aus, die Unversehrtheit seines hübschen Gesichts zu riskieren, entschuldigte er sich in aller Form, drehte sich rasch um und ging.

Adrian musterte Maya aufmerksam, dann sah er Lewis Jellay an. »Entschuldige uns einen Moment.« Er wartete, bis sein Freund außer Hörweite war, bevor er sich wieder an Maya wandte. Deren erleichtertes, wenngleich zittriges Lächeln fand keinen Widerhall in seinem Gesicht.

»Meine Liebe, vielleicht hältst du dich zukünftig lieber fern aus der profanen Welt der Männer und bleibst an der Seite deiner Mutter, dann brauchst du auch niemanden, der dich aus schwierigen Situationen rettet. Schließlich kann ich ja nicht ständig in deiner Nähe sein, nicht wahr?«

Damit ließ er Maya einfach stehen. Erst starrte sie ihm hinterher, dann stampfte sie zornig mit dem Fuß auf und wirbelte herum, um zurück zu ihrem Treffpunkt mit Irene zu gehen. Was bildete sich dieser überhebliche Kerl eigentlich ein? Dieser unausstehliche Wichtigtuer. Dieser arrogante Fatzke.

Und überhaupt, wer war er eigentlich? Ihr großer Bruder? Oder vergaß er, dass die Rolle ihres Vaters bereits besetzt und hervorragend ausgefüllt war? Sie hatte gar keinen Retter gebraucht. Adrian war galant gewesen, es gehörte sich nun einmal, dass ein Mann einer Frau half, die er in Schwierigkeiten wähnte. Mit *Rettung* hatte das überhaupt nichts zu tun. Was hätte Sam schon machen können? Sie küssen? Da hatte er die Rechnung ohne ihre Fingernägel gemacht. Der Schaden wäre weit verheerender gewesen, als es Adrians Fäuste hätten sein können. Eine ordentliche Prügelei hätte Sam ja noch erklären können, aber Kratzspuren? Womöglich ein Raubtierangriff? Maya stieß ein verächtliches Schnauben aus. *Na warte, Adrian Frost, das vergesse ich dir nicht.*

So ein leichtsinniges Kind, war es Ella Chadwick durch den Kopf gegangen, als sie Irene Cameron gesehen hatte, eng umschlungen von den Armen eines Mannes, gut versteckt, aber nicht gut genug. Ella hatte sich abgewandt und einen anderen Weg eingeschlagen, war ein wenig durch den *Victoria Park* geschlendert mit seinen weitläufigen Rasenflächen und den idyllischen Teichen. Am Fluss, der durch den Park verlief, war sie auf einige herumflanierende Paare gestoßen, hatte höflich gegrüßt und war weitergegangen, aus dem Park hinaus durch die Stadt. Sie hatte Heimweh, Sehnsucht nach ihrem Mann und den Kindern. Nicht mehr lange, dann würde sie Ceylon wieder den Rücken zukehren.

Ihr stand noch nicht der Sinn nach ihrem Hotelzimmer, daher ließ sie sich an einem zierlichen Tisch vor einem kleinen Teehaus nieder, bestellte eine Tasse Darjeeling First Flush und beobachtete die Menschen, Engländer und Tamilen, einige wenige Singhalesen, die in der Nähe Obst- und Gemüsefelder bewirtschafteten. Sie bemerkte Mrs Williamson, die neben einem älteren Herrn, offenbar dem neuen Zukünftigen, über die Straße spazierte. Die Leute zerrissen sich bereits das Maul darüber, als habe eine Frau, die die fünfzig überschritten hatte, kein Recht mehr auf ein wenig Lebensglück an der Seite eines Mannes. Ein verächtliches Lächeln trat auf Ellas Lippen. Was wollten die Leute nur? Mrs Williamson hatte jeden Mann ordnungsgemäß geheiratet und war ihm treu gewesen bis zu seinem Tod. Eine kluge Frau, die sagte, was sie dachte, und die Liebe in vollen Zügen genoss, und all dies in jenen moralischen Grenzen, in denen man seine Töchter erzog – das machte den Menschen vermutlich Angst.

Mrs Williamson steuerte mit ihrem Begleiter auf Ellas Tisch zu. Nach dem üblichen Austausch von Höflichkeiten lud Ella das Paar ein, Platz zu nehmen. Sie bestellten noch mehr Tee und Gebäck und ergingen sich in Gesellschaftsplaudereien, die Mrs Williamson, eine äußerst scharfsinnige Beobachterin, mit so viel Sarkasmus zu würzen wusste, dass Ella schallend lachte, was ihnen mehrmals die Blicke anderer Gäste oder vorbeiflanierender Spaziergänger einbrachte. Als Ella an ihrer dritten Tasse Tee nippte, sah sie Maya Cameron aufgebracht an ihnen vorbeieilen. Noch mehr Heimlichkeiten in der Familie? Die alte Mrs McFarlane wäre entzückt, dachte sie ein wenig hämisch. Kurze Zeit später kam Maya an der Seite ihrer Schwester zurück, die Mädchen hatten sich untergehakt, von jenem aufgeregten Geplauder, das so typisch für junge Frauen war, die sich gegenseitig bei ihren heimlichen Unternehmungen deckten, fehlte jedoch jede Spur.

Als Ella sich wieder dem Tisch zuwandte, bemerkte sie, dass Mrs Williamson sie ebenso aufmerksam taxierte wie sie zuvor Maya und Irene. Ella erwiderte den Blick und bemerkte, wie sich die Lippen der älteren Frau zu einem hintergründigen Lächeln verzogen.

Nila, Mayas neue Zofe, war eine junge Tamilin, kaum älter als sie selbst. Nachdem sie ihre anfängliche Scheu abgelegt hatte, entspannen sich gelegentlich Gespräche zwischen den beiden Mädchen. Nila war das, was Mayas Großmutter ein geschwätziges Dienstmädchen nennen und scharf tadeln würde. Niemals hätte sie geduldet, dass das Personal ohne guten Grund das Wort an sie richtete. Nila hingegen sprach drauflos, sobald sie morgens anfing, Maya für den Tag zu frisieren, und abends, wenn sie Mayas Haar wieder löste und einflocht. Sie erzählte von ihrer Familie, während sie Mayas Kleider zurechtlegte, und von ihrer großen Liebe beim Einsammeln der Kleider vom Vortag.

Bisher hatte Maya keine Berührungspunkte zu der einheimischen Bevölkerung gehabt. Als Kind hatte sie nicht mit den Kindern der Dienstboten spielen dürfen und als Heranwachsende war ihr der Kontakt erst recht verboten, denn er galt als nicht standesgemäß. Dieses Mal jedoch hatte Maya sich selbst eine Zofe aussuchen dürfen, und ihre Wahl war auf genau jenes Mädchen gefallen, das ihre Mutter zuletzt vorgestellt hatte. Ihrer Großmutter behagte dies keineswegs, aber das scherte Maya nicht, die überdies ihren Vater auf ihrer Seite wusste.

Maya hätte Hesters Tagebuch gerne zurückgehabt, aber da sie Adrian mit Schweigen und Missachtung strafte, konnte sie ihn nicht darum bitten. Er machte es ihr allerdings auch nicht sonderlich schwer, ihm aus dem Weg zu gehen, da er die meiste Zeit für sich blieb. Maya sah ihn nur gelegentlich beim Wegreiten. Manchmal bekam sie mit, wenn er spätnachts oder in den frühen Morgenstunden heimkehrte. »Er stößt sich die Hörner ab«, meinte ihr Vater. Was auch immer das heißen mochte.

»Vielleicht hat er ein Mädchen in der Stadt«, sagte Helen mit Grabesstimme, als Maya sie eines Nachmittags darauf ansprach. »Und ich bin dir übrigens immer noch böse, weil du mir das Buch nicht gezeigt hast.«

Sie und Maya saßen auf der Veranda und naschten kandierte Früchte, während ihre Väter in Henry Camerons Arbeitszimmer Zigarren rauchten. Gelegentlich zog eine Rauchschwade durch das offene Fenster in den Garten, und Maya, die den schweren Geruch von Zigarrentabak abstoßend fand, rümpfte die Nase.

»Das hätte ich ja getan, ich wollte nur eine gute Gelegenheit abwarten«, antwortete sie. »Und nun hat Adrian es.«

Da war er wieder, dieser verzückte Blick, kaum, dass Adrians Name fiel. »Ist er da?«, fragte Helen.

»Nein.«

»Vielleicht können wir …«

»Auf gar keinen Fall«, fiel Maya ihr ins Wort. »Es kommt überhaupt nicht infrage, seine Räume zu durchsuchen. Stell dir mal vor, er erwischt uns dabei?«

»Du hast recht, das war ein dummer Einfall.« Helen kaute nachdenklich auf einem Stück kandiertem Apfel herum. »Auch wenn es streng genommen nicht sein Eigentum ist, es gehört deiner Familie, und er weigert sich, es zurückzugeben.«

Nachdrücklich schüttelte Maya den Kopf. Ihr Interesse an Hester war ohnehin etwas in den Hintergrund getreten. Zurzeit fragte sie sich immer wieder, was Irene vor ihr verbarg, und es nagte an ihr, dass ihre Schwester sich ihr nicht mehr anvertraute. Zudem herrschte seit dem Streit mit ihrer Großmutter eine gedrückte Stimmung im Haus, und obwohl ihre Mutter sich aus der Angelegenheit heraushielt, zeichnete sich doch ab, dass sie nicht auf Mayas Seite stand. Dabei war die ganze Sache doch nun nicht so furchtbar dramatisch, schließlich gab das Buch keinerlei Aufschluss über Hester Camerons Verbleib.

»Vielleicht ist sie ermordet worden und der Mörder kam bei Nacht«, war Helens Vermutung, als die Sprache auf das Buch kam.

»Ja, natürlich, er hat es mehrmals versucht, und sie hat geduldig jede Nacht darauf gewartet, dass er es endlich schafft.«

»Wenn ich es doch nur lesen könnte! Was meinst du, sollen wir Adrian gemeinsam fragen, ob er es uns gibt?«

»Wir reden derzeit nicht miteinander, auf mich kannst du also nicht zählen.«

Helen hörte ihrer Freundin atemlos zu, und als Maya erzählte, was zwischen ihnen vorgefallen war, trat jener entrückte Glanz in Helens Augen, den auch die Erzählung von Adrians »Heldentat« mit Mrs Gibney hervorzulocken vermocht hatte. »Oh, er hat dich gerettet.«

»Hat er *nicht*. Hast du mir nicht richtig zugehört? Er hat mich wie ein dummes Kind einfach stehen gelassen.«

Nila trat mit einem Schal aus weicher Wolle auf die Veranda. »Sin-Amma, ich soll Ihnen das hier bringen, damit Sie sich nicht verkühlen, sagt Dorasani Anne.«

Maya fror zwar nicht, aber da sie wusste, dass Diskussionen zwecklos waren – immerhin standen Soireen und Feiern in den nächsten Wochen an, und da wollte ihre Mutter sie nicht krank im Bett liegend sehen –, nahm sie den Schal entgegen und legte ihn sich um die Schultern. Dann hob sie die Schale mit den Früchten an. »Hier, magst du etwas davon, Nila?«

Das Mädchen blickte sie erstaunt an, bevor sie nach kurzem Zögern nach einer Zibebe griff und sie sich rasch zwischen die Lippen schob, als sei zu befürchten, jemand könne ihr den Leckerbissen wieder entreißen. Maya nickte ihr aufmunternd zu und Nila nahm sich ein kandiertes Rosenblatt. In diesem Augenblick kam Margery McFarlane auf die Veranda und hob die Brauen. »Fehlt es dir an Arbeit?«

Das Mädchen murmelte eine Entschuldigung und eilte ins Haus, noch ehe Maya sie aufhalten konnte. Maya sah ihrer Großmutter an, dass sie zu der Angelegenheit das eine oder andere zu sagen hatte, dies jedoch in Anbetracht des Gastes unterließ. Umso besser. Sie stellte die Schale zurück auf den Tisch.

»Hast du Edward und Elizabeth gesehen?«, fragte Margery

McFarlane. »Edward schwänzt seinen Unterricht und Elizabeth ihre Tanzstunde.«

»Ich weiß nicht, wo sie sind.«

Ihre Großmutter ging ins Haus zurück und kurz darauf hörte Maya sie Befehle geben. Vermutlich wurden jetzt einige bedauernswerte Dienstboten auf die Suche geschickt, und Maya schätzte ihre Chancen, die beiden Ausreißer zu finden, nicht als besonders gut ein. Seufzend erhob sie sich. Manchmal übertrieben die beiden es einfach. Aber gut, sie selbst war nicht gerade das leuchtende Vorbild und nun war auch auf Irene, die Vernünftige, kein Verlass mehr.

»Du willst doch nicht wirklich die Kleinen suchen gehen?«, sagte Helen.

»Doch. Wenn meine Großmutter erst die Dienstboten antreibt und die beiden dann immer noch nicht auftauchen, gibt es heute Abend ein ordentliches Donnerwetter.« Und die Stimmung im Haus ist ohnehin nicht besonders gut, fügte Maya in Gedanken hinzu. Erst am Vormittag hatte sie gehört, wie sich ihre Mutter ihrem Vater gegenüber beklagt hatte, dass sie Irene einfach nicht mehr verstehen könne. »Da muss ein Mann dahinterstecken.« Ach, hatte Maya gedacht, was du nicht sagst.

Helen schloss sich ihr an, weniger, wie sie betonte, weil sie Lust dazu hatte, als vielmehr, um einem erneuten Zusammentreffen mit der Dame des Hauses zu entgehen. »Wo willst du denn anfangen?«

»Die beiden haben ihre Geheimplätze, da schauen wir zuerst nach.«

Auf dem Speicher waren die beiden jedoch nicht, ebenso

wenig versteckten sie sich auf dem Heuboden im Stall oder in der alten Dienstbotenkammer im Teekontor.

Sie gingen an der Teemanufaktur vorbei, denn dorthin zog es die Geschwister für gewöhnlich nicht. Ein Geheimplatz zwischen den Maschinen mit ihrem ohrenbetäubenden, unaufhörlichen Lärm bot nur wenig Reiz. Während die Dienstboten ihre Suche auf das Haus, den Garten, den Hof und die Stallungen beschränkten – Margery McFarlane fehlte es entschieden an Fantasie –, ging Maya mit Helen jene Pfade entlang, über die sie selbst als Kind und als Halbwüchsige Streifzüge unternommen hatte. Es war Helen, die die beiden als Erste hörte und Maya am Arm festhielt.

Maya hob die Hände wie einen Trichter an den Mund. »Lizzi?« Stille. »Wo seid ihr?«

»Maya!« Ihre Schwester und Edward hatten sich in Schwierigkeiten gebracht, das hörte Maya sofort an Lizzis Stimme. Sie klang dünn und fiepsig und kam aus der Richtung, wo der Weg sich im Gestrüpp vor den Felsen verlor, die in einer steilen Bruchkante endeten. Maya kannte die Stelle. Vorsichtig traten sie und Helen näher und entdeckten die Geschwister ziemlich weit unten. Lizzi saß auf einem Stein und Edward stand vornübergebeugt, die Hände um seine rechte Wade gelegt, sein Fuß verschwand in der Spalte zwischen einem Baum und einem Felsblock. Er musste ein ganzes Stück hinuntergeschlittert sein, bis der Baum sein Rutschen gebremst hatte.

»Edward steckt fest!«, rief Lizzi.

»Warum hast du keine Hilfe geholt, du dumme Gans?«

»Ich komme da doch allein nicht wieder hoch«, war Lizzis verzweifelte Antwort.

Maya verdrehte die Augen.

»Helen, sieh zu, dass du Ramon findest, und schick ihn her. Er ist der Einzige, der unter Umständen Stillschweigen bewahrt.«

»Und wenn mir Adrian zuerst begegnet?«

Maya beantwortete die Frage ihrer Freundin mit einem vernichtenden Blick, dann begann sie, ihren Rock aufzuhaken. Helen starrte sie entgeistert an.

»Was denn?«, fragte Maya gereizt. »Mit dem schweren Ding komme ich doch nie dort hinunter.«

»Ramon Varathan soll dich in deinen *Unterröcken* sehen?«

»Er wird es überleben.« Maya hob die Röcke an und steckte sie in den Bund, sodass sie nur noch bis zu ihren Knien reichten. Mit hochrotem Gesicht wandte Helen sich ab und lief davon, um Hilfe zu holen. Maya machte sich währenddessen an den Abstieg, kam einmal kurz ins Rutschen, schürfte sich dabei das linke Knie auf und konnte sich gerade noch an einer Baumwurzel festhalten. Unten angekommen, wandte sie sich Edward zu.

»Hast du dir was gebrochen?«

Trotz der Kühle standen ihrem Bruder Schweißperlen auf der Stirn. Sein Fuß musste höllisch schmerzen.

»Ich weiß nicht«, sagte er.

Mit ihrem ganzen Gewicht stemmte Maya sich gegen den Felsen, schaffte es jedoch auch mit Lizzis Hilfe nicht, ihn auch nur um einen Zoll zu bewegen.

»Ach, Maya, ich bin so froh, dass du da bist«, sagte Lizzi verzweifelt. »Ich dachte schon, wir müssten hier die Nacht verbringen.«

»So ein Unsinn«, schimpfte Maya. »Ihr hättet einfach rufen sollen, irgendjemand hätte euch bestimmt gehört.«

»Aber wir hatten Angst, dass Papa davon erfährt.«

»Das wird er wahrscheinlich sowieso, wenn Ramon der Meinung ist, er sollte es wissen.«

Stimmen waren zu hören, dann sah Maya Helen und Ramon an der Bruchkante auftauchen. Schnell zog sie ihre Unterröcke zurecht, sodass sie wieder in voller Länge fielen. Es war ja nicht so, dass sie nicht wusste, was sich gehörte. Gewandt kletterte Ramon zu ihnen hinunter. Nun ja, in Hosen, dachte Maya, wäre sie selbst vermutlich auch etwas behänder gewesen. Er kam neben ihr zum Stehen, sein Blick streifte sie kurz, dann wandte er sich an ihren Bruder.

»Ich versuche jetzt, den Felsen zur Seite zu drücken. Schaffen Sie es, das Bein dann herauszuziehen, Master Edward?«

»Das weiß ich nicht«, kam es gepresst von Mayas Bruder. »Es tut furchtbar weh, ich glaube, ich kann das Bein nicht bewegen.«

Maya trat hinter Edward und winkte Lizzi heran. »Wir ziehen ihn zurück, Ramon, sagen Sie uns nur Bescheid, wann.«

Ramon nickte und stemmte sich gegen den Felsen, während Maya und Lizzi Edward unter die Schultern fassten und warteten. Trotz aller Bemühungen bewegte sich der Felsen nicht, und Ramon trat einen Schritt zurück, um wieder zu Atem zu kommen. Anschließend veränderte er seine Position und drückte erneut mit aller Kraft. Kaum sichtbar bewegte sich der Fels und Maya wartete Ramons hervorgepresstes »Jetzt« erst gar nicht ab, sondern zog sofort mit Lizzis Hilfe an Edward. Ihr Bruder kam los und schluchzte vor Schmerz auf. Im nächsten Augenblick ließ Ramon den Felsen los, trat zurück und wischte sich mit dem Ärmel den Schweiß von der Stirn.

»Klettern ist vermutlich ausgeschlossen«, sagte er mit Blick auf Edwards Fuß. Behutsam tastete er das Gelenk ab, was dem Jungen die Tränen in die Augen trieb, dann schaute er den Hang hinauf. Oben waren Stimmen zu hören, kurz darauf erschien Henry Cameron, zusammen mit einigen Arbeitern.

»Ich habe Miss Helen zurückgeschickt, um Ihren Vater zu holen.«

»Ach, Ramon, warum haben Sie das getan? Er wird furchtbar wütend sein«, sagte Lizzi.

»Zu Recht.« Ramon sah nun ebenfalls verärgert aus. »Was für eine unglaubliche Torheit. Und Sie, Miss Maya, hätten sofort nach Ihrem Vater schicken müssen. Was haben Sie sich denn vorgestellt, wie Sie die drei hier hinaufbekommen?«

Darauf hatte Maya keine Antwort. Sie hätte einfach versucht hochzuklettern und hatte erwartet, dass Lizzi und Edward es mit etwas Hilfe ebenfalls schafften.

Nun ließen die Männer Seile hinab, und Ramon half ihr und Lizzi, diese um die Hüften zu legen, sicherte sie mit festen Knoten und gab ihrem Vater ein Zeichen, dass sie bereit waren für den Aufstieg. Dieser erfolgte rasch und einigermaßen mühelos, wenngleich Lizzi einmal ausglitt.

»Maya!« Henry Cameron sah seine Tochter an und wurde puterrot im Gesicht. »Zieh dir augenblicklich etwas Anständiges an!«

Maya gehorchte und griff nach ihrem Rock. Währenddessen kümmerte ihr Vater sich um Lizzi und zog Edward hinauf.

»Maya hat uns gerettet«, sagte Edward, der kreidebleich war vor Schmerzen. »Bitte schimpf sie nicht aus.«

»Das hatte ich nicht vor, junger Mann. Aber euch beiden steht Hausarrest bevor und dir eine Tracht Prügel, weil du deine Schwester in Gefahr gebracht hast.«

»Hat er nicht«, piepste Lizzi. »Das war meine Idee.«

»Nun, darüber reden wir noch.« Ihr Vater wartete auf Ramon, dann hob er Edward hoch und gemeinsam mit den Männern gingen sie zurück zum Haus.

»Ramon Varathan ist wirklich sehr attraktiv«, sagte Helen, als sie den anderen mit einigem Abstand folgten. »Vor allem, wenn er so bestimmend ist.«

»Was ist los mit dir? Geht es dir nicht schnell genug auf dem Heiratsmarkt?«

»Es kann ja nicht schaden, die Fühler schon einmal auszustrecken.«

»Mit Ramon wäre dein Vater doch garantiert nicht einverstanden.«

»Leider.« Helen warf ihr einen listigen Seitenblick zu. »Aber mit Adrian wäre er es.«

»Ach ja?«, antwortete Maya giftig. »Vermutlich deshalb, weil er es auf Adrians Land abgesehen hat.«

»Oh, der Gedanke, ich könnte ernsthaft an Adrian interessiert sein, gefällt dir wohl gar nicht«, spöttelte Helen, »auch wenn du dir natürlich nichts aus ihm machst, nicht wahr?«

Maya schwieg verstimmt.

»Keine Sorge.« Helen hakte sich bei ihr ein. »Ich nehme ihn dir nicht weg.«

»Ich will ihn doch gar nicht haben.«

Helen stieß ein kurzes Lachen aus. »Nein, ganz offensichtlich nicht.«

»Warum lässt du die Sache nicht endlich ruhen, mein Junge?«, fragte Spencer Somerville. Er stand mit Adrian an einem sanft abfallenden Hang, der einen zauberhaften Ausblick bot auf von Wasserfällen durchbrochene Teegärten. Adrian war während seines Spaziergangs auf den alten Mann gestoßen, einen Plantagenbesitzer, der die Verwaltung seines Besitzes bereits an seinen Sohn übergeben hatte.

»Ich muss wissen, was passiert ist.«

»Das kann ich verstehen, aber man wird dir heute nichts anderes sagen als früher Mr McFarlane. An einem Tag sah man deine Mutter noch zusammen mit dir im Garten, am nächsten war sie weg. Sie muss über Nacht verschwunden sein. Oder sie hatte den unvernünftigen Einfall, im Dunkeln spazieren zu gehen, und ist dabei verunglückt.«

»Dann hätte man sie finden müssen.«

Mr Somerville zuckte mit den Schultern. »Nicht zwangsläufig, wenn sie eine Schlucht hinuntergestürzt ist. Du bringst sie ja doch nicht zurück, Adrian, also lass ihr ihren Frieden. Und falls sie fortgegangen ist, nun, dann ist sie die Mühe nicht wert, die du dir machst, nicht wahr?«

Adrian schwieg und sah den Hang hinunter. Sollte er einfach nach England zurückkehren? Nein, das konnte er nicht. Die Frage, was mit seiner Mutter passiert war, würde immer weiter an ihm nagen, das wusste er. Und er konnte sich nach wie vor nicht vorstellen, dass sie ihn einfach so zurückgelassen hatte.

»Das war eine seltsame Geschichte damals«, fuhr der alte Mann nachdenklich fort. »Erst verschwindet die kleine Cameron und dann, kurz darauf, deine Mutter. Wobei Hester sich ja vorher schon sehr rar gemacht hatte, niemand wusste so recht, was mit ihr los war.«

Adrian sah auf. »Was meinen Sie?«

»Sie war ein lebenslustiges Ding, sehr übermütig und nie um eine Antwort verlegen.« Mr Somerville lächelte bei der Erinnerung daran. »Und mit einem Mal veränderte sie sich, wurde stiller und in sich gekehrter. Es wurde vermutet, dass sie unglücklich verliebt war, und einige böse Zungen behaupteten, verzeih, dass ich das so direkt sage, sie hege eine unangemessene Schwärmerei für deinen Vater. Ralph Frost hat den Mädchen hier ordentlich den Kopf verdreht, aber für ihn gab es nur deine Mutter, von Anfang an. Irgendwann hat Hester sich gar nicht mehr blicken lassen, und dann kam die Nachricht, dass sie fort ist.« Der alte Mann holte eine Pfeife hervor und stopfte sie mit Tabak. »Das war ein Aufruhr. Man hatte es erst morgens bemerkt. Alle haben sich an der Suche beteiligt, aber erfolglos. Und als deine Mutter auch verschwand, dachten viele, ein Frauenmörder treibe hier sein Unwesen, und ließen ihre Töchter nicht mehr aus den Augen. Aber ein Mann, der Mädchen nachts aus ihren Zimmern holt, ohne dass irgendjemand etwas davon mitbekommt … Das klingt doch gänzlich unwahrscheinlich.«

Adrian dachte an den Eintrag in Hester Camerons Buch. Hester und sein Vater? Allein die Spekulation um ihre unglückliche Verliebtheit hatte etwas Anstößiges und er wollte diese junge Frau nicht auch noch in Gedanken bloßstellen. Immerhin waren ihre Worte nicht für ihn bestimmt gewesen. Außerdem ließ ihn ein anderer Gedanke nicht los: Hätte sie ihr Buch nicht mitgenommen? Es hatte ihr ja offensichtlich etwas bedeutet. Oder hatte sie es extra zurückgelassen, damit ihre Mutter es las und sie ihr somit einen Spiegel vorhielt? Aber dann hätte sie es mitnichten versteckt.

7

Der graue Himmel hatte eine bläulich violette Färbung angenommen, ein aufsehenerregender Kontrast zu dem Grün, das in all seinen Schattierungen umso intensiver wirkte. Maya erkannte die Vorzeichen eines nahenden Unwetters, aber sie wusste auch, dass sie es nicht trocken nach Hause schaffen würde. Daher ließ sie Bharati in Ruhe ihren Weg zwischen den Felsen nehmen, um nicht zu riskieren, dass die Stute abrutschte. Sie war weit geritten an diesem Tag, bis zu einer im Dunst liegenden kleinen Talsenke, hatte alle Anzeichen des Himmels ignoriert.

Maya neigte sich vor, klopfte Bharati den Hals und zauste ihr die Mähne. In den letzten Tagen hatte ihre Mutter entweder Besucher empfangen oder war selbst eingeladen gewesen, und stets hatten Irene und Maya dabei an ihrer Seite sein müssen, sodass Ausritte, abgesehen von jenen am frühen Morgen, unmöglich gewesen waren. Ebenso wie Spaziergänge oder auch nur wenige Momente allein im Garten. Lizzi und Edward hatten drei Wochen Hausarrest, und Maya war froh, dass ihr Vater ihrem kleinen Bruder die Tracht Prügel erspart hatte, denn dieser war mit seinem verstauchten Knöchel, der über längere Zeit geschont werden musste, schon genug gestraft für seinen Leichtsinn.

Die ersten schweren Regentropfen zerplatzten auf dem felsigen Weg, trafen Mayas Hände, ihre Nase und bildeten dunkle Flecken auf ihrem saphirblauen Reitkleid. Unbeirrt ging Bharati weiter und ließ sich nicht aus der Ruhe bringen. Zu ihrer Linken rauschte ein kleiner Wasserfall und der Weg führte über eine Grasebene, dann durch ein kurzes Stück Wald. Der Regen wurde stärker, ergoss sich sturzbachartig vom Himmel, während der Wind die Zweige der Bäume bog. Die Stute warf den Kopf zurück, als Farnwedel vor ihr aufgewirbelt wurden, scheute jedoch nicht, sondern ging weiter, während Maya sich nach vorn beugte, damit ihr der Wind den Regen nicht derart heftig ins Gesicht peitschte. So ungemütlich es auch war, sie mochte dieses Wetter, mochte das Wilde und Ungezügelte daran.

Als sie zwischen den Bäumen hervorkamen und ungeschützt waren, schnappte Maya nach Luft, als eine Regenböe sie erfasste. Sie gab Bharati Zügel und ließ die Stute ihren Weg finden. Nachdem sie das Waldstück hinter sich gelassen hatten, nahm der Regen ein wenig ab, und Maya sah die Teegärten der Montgomerys. Links fiel die Ebene sanft ab bis hin zu einer Felskante und von dort steil hinunter über Felsen und grün bewachsene Abhänge.

Ein lautes Wiehern war zu hören, das Bharati beantwortete. Maya schirmte mit der Hand die Augen ab und schob dabei die nasse Hutkrempe zurück. Das lästige Ding störte mehr, als dass es nützte. Sie konnte einige Fuß entfernt und viel zu nah am Abgrund einen Reiter ausmachen, der offenbar heftig mit seinem Pferd zu kämpfen hatte. Ein dicker Ast lag im Weg, daran hatten sich Grasbüschel verfangen, die im Wind hin und her schlugen. Maya trieb Bharati in einen leichten Trab und Schlamm spritzte unter den Hufen auf. Beim Näherkommen erkannte sie den Reiter. Sie hatte damals schon geahnt, dass Adrians nervöser Goldfuchs nicht unbedingt für Ausritte in dieser Region geeignet war. Der Wallach scheute, warf den Kopf zurück und stieg. Es gelang Adrian nicht, ihn unter Kontrolle zu bekommen. Wie nahe das Pferd dem Abgrund war, wurde ihm offenbar erst bewusst, als der Wallach an der Kante ins Rutschen geriet, was Adrian zu einer viel zu raschen Bewegung verleitete, die dem Pferd nahezu den letzten Halt nahm. Eilig stieg Maya ab, was mit dem regenschweren Kleid, in dessen Saum sie sich beinahe verheddert hätte, nicht ganz einfach war. Sie lief zu Adrians Pferd, griff mit einer Hand nach dem Zügel direkt unterhalb des Gebisses und legte dem Tier die andere beruhigend auf den Hals. Vorsichtig zog sie den widerstrebenden Wallach zurück auf den Weg, stieß dabei beruhigende Laute aus, die vom Rauschen des Regens geschluckt wurden. Schließlich fanden die Hinterhufe wieder festen Halt und das Pferd ließ sich anstandslos führen. Adrian glitt aus dem Sattel und nahm ihr die Zügel aus der Hand.

»Danke«, sagte er, und Maya konnte sehen, wie tief der Schrecken in seinen Gliedern saß.

Sie nickte knapp. »So etwas passiert eben, wenn man englische Parkwege gewöhnt ist und sich in die profane Wildnis begibt. Vielleicht reitest du zukünftig lieber in der Nähe des Hauses, dann brauchst du auch niemanden, der dich aus schwierigen Situationen rettet. Schließlich kann ich ja nicht ständig in deiner Nähe sein, nicht wahr?«

Damit wandte sie sich ab und ging zu Bharati zurück. Ohne sich noch einmal nach Adrian umzudrehen, führte sie ihre Stute zu einem Felsen, von dem aus sie zurück in den Damensattel steigen konnte, und ritt mit einem triumphierenden Grinsen auf den Lippen davon.

Um kein Risiko einzugehen, führte Adrian sein Pferd nach Hause, was deutlich länger dauerte. Er konnte nicht aufhören, sich darüber zu ärgern, dass er sich wie ein blutiger Anfänger aufgeführt hatte. Zurück auf *Leighs End* übergab er den Wallach einem Stallburschen und ging durch den Haupteingang ins Haus. In seinem Zimmer schälte er sich aus dem nassen Gehrock und dem Hemd, das an seinem Körper klebte. Erst wollte er nach dem Dienstboten läuten, der ihm hier als Kammerdiener zur Verfügung gestellt worden war, entschied sich dann jedoch dagegen. Ein Bad einlassen konnte er allein.

Im angrenzenden Badezimmer erhitzte er das Wasser im Boiler und versorgte einen kleinen Kratzer über seiner Augenbraue, den er sich zugezogen hatte, als der Wind ihm einige Äste ins Gesicht geschlagen hatte. Eine geringfügige Verletzung, kaum der Rede wert. Was das anging, hatte sein Stolz deutlich mehr gelitten.

Nachdem sein unvermittelt und heftig aufflammender Ärger über Mayas Abfuhr abgeklungen war, hatte er sich eingestehen müssen, dass er es verdient hatte. Das machte es nicht unbedingt erträglicher und nagte deshalb nicht weniger an ihm, aber es war immerhin verständlich. Er konnte ihr großzügig diese kleine Genugtuung gönnen und sich dann in aller Form für sein ungalantes Verhalten in der Stadt entschuldigen. Dabei reichte allein der Gedanke daran, wie Sam sie angefasst hatte, um erneut den jähen Impuls aufsteigen zu lassen, dem jungen Mann mit einem ordentlichen Fausthieb die aristokratische Nase zu brechen. Und sein Ärger auf Maya flammte ebenfalls auf. Was hatte sie dort überhaupt allein zu suchen gehabt? Dann schüttelte er über sich selbst den Kopf.

Das Wasser im Boiler war nun heiß genug. Adrian drehte sowohl den Hahn für heißes als auch den für kaltes Wasser auf. Das Plätschern des Wassers hatte etwas Beruhigendes. Ob Maya wohl auch gerade ein heißes Bad nahm? Sie musste ebenso durchgefroren sein wie er. Bilder von Maya in ihrem nassen Kleid tauchten vor ihm auf. Er schüttelte den Kopf. Was war bloß los mit ihm? Mit aller Gewalt verdrängte er die Vorstellung, wie sie ihr Kleid langsam aufschnürte.

Nachdem er sein Bad beendet und sich angekleidet hatte, beschloss er, an diesem Abend nicht allein zu essen. Er wusste, dass er sich den Camerons anschließen konnte, wann immer er wollte, und er ahnte, dass Maya nicht damit rechnete, ihn bei Tisch wiederzusehen. Er behielt recht. Bei seinem Eintreten in den Speisesaal weiteten sich ihre Augen erstaunt, woraufhin er nonchalant lächelte und sich auf seinem Platz ihr gegenüber niederließ.

»Wie schön, dass du uns mal wieder die Ehre gibst, Adrian«, begrüßte Margery McFarlane ihn spitz.

Adrian neigte entschuldigend den Kopf. Was hätte er darauf auch erwidern sollen? Er bemerkte, dass Maya ihn verstohlen beobachtete, und sah unvermittelt auf, sodass ihre Blicke sich trafen. Röte kroch in Mayas Wangen und sie wandte sich ab. Einen kurzen Moment lang betrachtete er sie, die fein geschwungenen Wangenknochen, die Art, wie sie den Kopf beim Sprechen neigte, die Linie ihres Halses. Um sie nicht ungebührlich lange anzustarren, widmete er seine Aufmerksamkeit Henry Cameron, der ihn in ein Gespräch über einen Händler aus Colombo verwickelte, den Adrian nur flüchtig kannte. Er war jedoch nicht bei der Sache. Erneut schweifte sein Blick zu Maya, und in ihren Augen las er dieselbe Verwunderung, die er selbst in diesem Moment verspürte, das feine Kribbeln einer unerwarteten Erregung.

»Ich bin *nicht* in ihn verliebt.«

Maurice ließ eine Pfote vom Fensterbrett hängen und zeigte recht deutlich, dass er nicht überzeugt war.

»Du brauchst gar nicht so zu tun, als würdest du mir nicht glauben. Ich finde ihn unerträglich arrogant.«

Maurice gähnte.

Seufzend ließ Maya sich auf dem Bett nieder und zupfte an den Fransen der Decke, die darübergebreitet war. Katzenhaare und eine Mulde verrieten, wo der Kater mal wieder sein Mittagsschläfchen gehalten hatte.

»Warum gehst du eigentlich nicht in Irenes Zimmer? Die freut sich, wenn du da bist.«

Maurice warf ihr unter halb geschlossenen Lidern einen trägen Blick zu.

Der Versuch zu lesen schlug fehl, da Maya sich nicht auf ihr Buch konzentrieren konnte. Also klappte sie Frances Burneys *Evelina* zu und legte es auf den Nachtschrank. Der Roman hatte Hester Cameron gehört. Im Gegensatz zu Maya, die niemals in Bücher schrieb, zierten die Seitenränder von Hesters Literatur kleine Kommentare, mal ein Wort, mal ein ganzer Satz, mit denen sie die Gefühle wiedergab, die bestimmte Textstellen bei ihr ausgelöst hatten. Gelegentlich war ein Satz unterstrichen und am Rand mit einem Ausrufezeichen versehen. Maya hatte die Hoffnung gehabt, dass die Bücher vielleicht das ein oder andere Geheimnis über ihre Tante preisgeben würden, aber sie enthüllten lediglich ein bisschen mehr von ihrer Persönlichkeit, Aufschluss über das, was ihr widerfahren war, gaben sie nicht.

Maya nahm einen warmen Schal, legte ihn sich um die Schultern und verließ das Zimmer, um noch einen kleinen Spaziergang zu machen. Ihre Eltern waren zusammen mit ihrer Großmutter zu einer kleinen Gesellschaft auf der Plantage von Miles Greenworth, einem Nachbarn von Mr Montgomery, gefahren, was bedeutete, niemand konnte ihr dieses kleine Vergnügen verbieten. Ob Mr Montgomery wohl auch dort eingeladen war? Meist waren diese Soireen erst sehr spät zu Ende. Falls Helen ihn also nicht begleitet hatte, wäre sie nun allein zu Hause und würde einem verbotenen nächtlichen Ausflug nur schwer widerstehen können. Maya beschloss, das Haus durch die Hintertür zu verlassen und durchquerte einen breiten Korridor. Lizzi und Edward lagen bereits in ihren

Betten – offiziell zumindest. Wenn Maya das Kichern jedoch richtig deutete, das aus der früheren Wirtschaftskammer drang, hockten die beiden dort zusammen und lasen sich gegenseitig Gruselgeschichten vor.

Es war kalt und die Luft war schwer und feucht von den vorangegangenen Regenfällen. Maya würde die nächsten Monate, so gut es ging, ausnutzen müssen, denn wenn der Südwest-Monsun erst richtig einsetzte, waren Reitausflüge, Spaziergänge im Wald, Picknicks in den Bergen und Pferderennen bis September erst einmal vorbei. An diesem Tag hatten sie schon einen kleinen Vorgeschmack auf die Zeit des Regens und der Stürme bekommen.

Nebelschwaden umhüllten die im fahlen Mondlicht liegende Landschaft, was ihr etwas Geisterhaftes gab. Maya fröstelte und ging weiter. Der Boden war so aufgeweicht, dass sie achtgeben musste, nicht auszurutschen. Nässe sickerte in ihre Schuhe, und sie überlegte, in ihr warmes, gemütliches Zimmer zurückzukehren. Dann dachte sie an Hester Cameron und ging weiter. Wenn Hester in der Lage gewesen war, Ceylon zu verlassen, würde sie ja wohl den Weg bis zur Montgomery-Plantage *Blacklinton* schaffen. Falls Hester überhaupt so töricht gewesen war, sich bei Nacht draußen herumzutreiben. Und Isobel Frost. Dass beide einen Unfall gehabt und nicht entdeckt worden waren, erschien Maya nicht sehr glaubwürdig. Und falls jemand sie ermordet hatte, würde dieser Jemand wohl kaum nach all den Jahren hier immer noch auf sein nächstes Opfer lauern. Viel wahrscheinlicher war es, dass er es auf genau diese beiden Frauen abgesehen hatte. Maya lief ein Schauer über den Rücken. Schnell schüttelte sie den Gedanken an Isobel und Hester ab. Das war einfach zu gruselig.

Sie kam an Adrians Land vorbei, jenem Teil, nach dem Mr Montgomery die Fühler ausstreckte. Unvermittelt fragte Maya sich, ob ihre Mutter tatsächlich etwas gegen eine Beziehung zwischen Irene und Adrian einzuwenden gehabt hatte. Wäre eine Liaison zwischen einer Cameron-Tochter und Adrian nicht die sicherste Möglichkeit, das Frost-Erbe in der Familie zu halten? Bei dem Gedanken an Adrian breitete sich ein leichtes Kribbeln in Mayas Bauch aus und sie schalt sich selbst töricht. Sie war nicht in Adrian verliebt, und selbst wenn, dann würde dieses Gefühl ganz sicher nicht auf Gegenseitigkeit beruhen. Und da ihre Mutter bei Irene eine solche Verbindung offenbar nicht geduldet hätte, dürfte Maya in dieser Hinsicht auch keine Unterstützung erwarten. Nicht, dass Maya das kümmern würde, wenn sie wirklich vorhätte, Adrian zu heiraten. Wieder dieses Kribbeln, das einem wilden Hummeltanz glich.

Die weiße Fassade von *Blacklinton* schimmerte durch den gazeartigen Nebel zwischen den Bäumen. Maya spürte ihre klammen Zehen kaum noch, und der Gedanke, in Helens Zimmer am Feuer zu sitzen, kam ihr gerade weitaus reizvoller vor als der, einen nächtlichen Streifzug durch die Landschaft zu wagen. Im Zimmer herumsitzen konnten sie immer, schalt sie sich. Maya hätte es sogar ganz offiziell gedurft, hätte sie ihren Eltern gesagt, sie würde den Abend gerne mit ihrer Freundin verbringen. Aber wo blieb da das Abenteuer?

In Gedanken malte sie sich erneut aus, wie es weitergehen würde, entschied sie sich, nicht nach Hause zurückzukehren. Sie müsste mit einer Mietskutsche nach Nanu Oya fahren, was vier Rupien kostete. Von dort aus könnte sie den Zug nach Colombo nehmen, erste Klasse für zwölf oder eine einfache Fahrt für acht Rupien. Da sie gut mit ihrem Geld würde haushalten müssen, würde sie auf die Privilegien ihres Standes verzichten und eine einfache Fahrt wählen. Gute acht Stunden später wäre sie in Colombo. Ab dann wurde es schwierig – und teuer. Die P&O, Peninsular and Oriental, war mit hundert Rupien die günstigste Möglichkeit, um nach Indien zu kommen, nach Bombay. Kalkutta war noch teurer.

So in Gedanken versunken, betrat Maya das Anwesen der Montgomerys. Sie schlich zu Helens Fenster und blickte hoch. Dort brannte kein Licht mehr. Um diese Uhrzeit konnte ihre Freundin doch unmöglich schon zu Bett gegangen sein. Ob sie ihren Vater zu der Soiree begleitete? Maya ging um das Haus herum und bemerkte schließlich einen Lichtschimmer hinter den Vorhängen im privaten Salon. Sie ging näher und versuchte, in den Raum zu schauen, aber ohne Erfolg. Ob sie klopfen sollte? Und wenn Mr Montgomery nun doch zu Hause war, weil er sich unwohl fühlte? Oder einfach keine Lust gehabt hatte auszugehen?

Während Maya überlegte, hörte sie hinter sich das Schmatzen von Schritten auf nassem Gras, aber noch ehe sie reagieren konnte, stürzte sich jemand auf sie und warf sie zu Boden. Ein schwerer Körper drückte sie nieder und presste ihr die Luft aus der Lunge. Hände griffen in ihr Haar und ihr Kopf wurde rüde zurückgerissen. Maya holte Luft, soweit es ihr möglich war, und stieß einen Schrei aus. Ihr war es gleich, ob Mr Montgomery sie hörte, ja, sie hoffte, er tat es, bevor dieser Kerl sie verschleppte und ermordete. Während sie mit dem Mann rang und erneut schrie, schossen ihr die wildesten Gedanken durch den Kopf. Sie musste sich geirrt haben, der Mörder ihrer Tante trieb in dieser Gegend offenbar noch immer sein Unwesen. Oder es handelte sich um einen Sittenstrolch, der im Montgomery-Garten darauf hoffte, Helen in die Finger zu kriegen. Maya wand sich unter dem Griff des Angreifers, bekam schließlich einen Arm frei, schlug nach seinem Gesicht, spürte wie sie traf und hörte einen Schmerzensschrei. In dem Moment wurde über ihr das Fenster aufgerissen.

»Was ist los?« Helens erschrockene Stimme.

»Hol Hilfe, Helen!«, rief Maya.

Und zeitgleich die Stimme des Mannes: »Zurück ins Haus, Sin-Amma Helen. Ich habe eine Diebin gefasst.«

Mayas Widerstand erlahmte. »Ich bin doch keine Diebin, du Narr!«

»Maya?« Helens Stimme schwankte zwischen Fassungslosigkeit, Schrecken und Belustigung.

Der Druck auf Mayas Körper ließ nach. »Ja, ich bin es.« Der Mann ließ von ihr ab und sie konnte tief einatmen. So würdevoll wie möglich rappelte sie sich auf und ignorierte die hilfreich ausgestreckte Hand. »Narr«, schimpfte sie noch einmal und zupfte an ihrem Kleid herum, das schlammig und nass an ihrem Körper klebte. Im Lichtschein, der vom Salon in den Garten fiel, betrachtete Helen ihre Freundin und brach in schallendes Gelächter aus.

»Es tut mir außerordentlich leid, Sin-Amma Maya«, stammelte der wachsame Dienstbote und rieb sich die Wange, wo Mayas Fingernägel ihre Spuren hinterlassen hatten. »Aber wenn Mr Montgomery nicht da ist, schärft er uns immer ein, besonders wachsam zu sein.«

»Schon gut«, entgegnete Maya. »Du hast nur getan, was du tun musstest. Ich sehe darüber hinweg, wenn du Mr Montgomery nichts davon erzählst.«

»Natürlich nicht, Sin-Amma.«

Erleichtert entließ Maya ihn, damit er wieder pflichtschuldig seine Runden auf dem Anwesen drehen konnte, und wandte sich dann an Helen, die sich am Fensterrahmen festhielt und vor Lachen bog.

»Willst du dich nicht mal beruhigen?«, fragte Maya.

Helen bemühte sich, prustete dann aber wieder los. »Es tut mir leid, aber du siehst zu komisch aus. Was tust du überhaupt hier?«

»Ich wollte dich besuchen.« Maya hatte die Hände in die Seiten gestemmt.

»Und da gab es keinen weniger spektakulären Weg?«

»Es sollte heimlich geschehen.«

Wieder ein glucksendes Lachen. »Ja, das ist dir außerordentlich gut gelungen.«

»Ich wollte dich zu einem nächtlichen Spaziergang abholen.« Die Worte kamen Maya etwas undeutlich über die Lippen, denn inzwischen fror sie in ihrem nassen Kleid so erbärmlich, dass ihr die Zähne aufeinanderschlugen.

»Du wirst dir den Tod holen. Komm lieber rein, ich gebe dir was Trockenes zum Anziehen, dann setzen wir uns ans Feuer und du kannst dich aufwärmen. Geh zur Veranda, ich mache dir die Salontür auf.« Ehe Maya etwas sagen konnte, schloss Helen das Fenster. Aber sei's drum, dachte Maya. Die

Lust auf einen Spaziergang war ihr ohnehin gründlich vergangen.

Nachdem Maya sich in Helens Zimmer aus ihrem nassen Kleid geschält und eins von ihrer Freundin übergestreift hatte, setzte sie sich zu Helen auf den Teppich vor dem Kamin und sah ins Feuer, das rötliche Schatten auf ihrem Gesicht tanzen ließ. Helen schaute Maya an und lächelte.

»Du hättest es zwar auch weniger umständlich haben können, aber ich bin froh, dass du da bist.«

»Mir erschien der Gedanke an einen nächtlichen Spaziergang so verlockend.«

»Ich finde es unheimlich. Aber ich wäre natürlich mitgekommen«, fügte Helen schnell hinzu. Schließlich betonte sie stets, wie abenteuerlustig sie war, wenngleich sich dies in der Sicherheit ihrer vier schützenden Wände leicht sagte.

Maya erzählte von den Ereignissen des Tages, von dem Regen und von Adrian. Mit großen Augen hörte Helen ihr zu, dann seufzte sie tief.

»Das ist so romantisch.«

»Keineswegs«, widersprach Maya, wenn auch nur halbherzig. »Aber …« Ihre Stimme erstarb. »Als ich ihn heute beim Abendessen gesehen habe, hat sich das so seltsam angefühlt.« Sie legte die Hand auf den Bauch, wo sie immer noch das wilde Flattern nachspüren konnte, die Hitze, die in ihr aufgestiegen war, den stockenden Atem.

»Du bist verliebt«, diagnostizierte Helen. »Ganz und gar verliebt.«

Bin ich nicht, wollte Maya erwidern, tat es jedoch nicht. »Mama wäre nicht einverstanden«, war alles, was ihr einfiel.

»Nun, aus ihrer Sicht verständlich, nicht wahr? Adrians Teil der Teegärten bekommt deine Familie wohl ohnehin und welchen Wert hätte er für sie als dein Ehemann? Er ist noch sehr jung und hat außer seinem Namen und seinem Vermögen nichts vorzuweisen, er hat sich bisher nicht bewährt und nicht gezeigt, dass er sein Vermögen zu verwalten weiß. Vielleicht ist er verantwortungslos und bringt sein Geld durch, sobald er darüber verfügen darf.« Helen zog die Knie an. »Und selbst, wenn nicht. Adrian möchte ja Medizin studieren. Als Ehefrau eines Arztes in London hast du keinen Wert für deine Mutter. Es bringt sie gesellschaftlich nicht weiter. Ein Lord oder so, das wäre etwas anderes, dann könnte deine Mutter sagen, sie hätte ihren Namen mit dem Adel verbunden. Aber vermutlich wird sie dir hier einen Mann mit hoher gesellschaftlicher Stellung suchen, ebenso wie für Irene und Lizzi. Edward wird viel Geld heiraten müssen, am besten eine Alleinerbin.«

Das waren entsetzliche Aussichten. Maya war selbstverständlich davon ausgegangen, dass jeder Adrian für eine hervorragende Partie hielt, und in einigen Jahren würde er das zweifellos sein, wenn auch nicht für ihre Mutter. Und ihre Großmutter? Die hätte doch seinerzeit vermutlich gerne einen Frosterben in der Familie gehabt, zumindest, wenn man Hester Glauben schenken durfte. Inzwischen konnte man den Eindruck gewinnen, sie und ihre Mutter sähen es am liebsten, Adrian würde so bald wie möglich wieder abreisen. Aber war das, was Helen gesagt hatte, wirklich der einzige Grund? Maya war nicht überzeugt.

Es wurden zwei gemütliche Plauderstunden, dann brach

Maya auf. Auch wenn die Nacht nicht ganz so verlaufen war wie erhofft, war es dennoch sehr schön gewesen bei Helen. Und da niemand davon wissen durfte, dass sie dort gewesen war, hatte es etwas Verschwörerisches gehabt, wie sie im matten Licht des Kaminfeuers im Zimmer gesessen hatten. Der Rückweg verlief ereignislos, was Maya nur recht war. Ihr Bedarf an Aufregung war für diese Nacht gedeckt.

Als sie an einer kleinen Baumgruppe vorbeikam, vernahm sie plötzlich leise Stimmen, kaum hörbar, die in ein Murmeln übergingen und dann verstummten. Sofort beschleunigte sich ihr Herzschlag und neugierig schlich sie näher. Ob sich tatsächlich Diebe in der Gegend herumtrieben? Dann musste sie schnellstmöglich zum Haus und Alarm schlagen. Sie verbarg sich hinter einem breiten Baumstamm und sah in dem milchigen Gespinst des Nebels zwei Gestalten, so eng umschlungen, als wollten sie zu einer verschmelzen, eine davon in einem fliederfarbenen Kleid, die andere in einem weißen Hemd und dunklen Hosen. Irene und Ramon. Irenes Kopf war leicht zurückgebogen, Ramons darübergeneigt, und ihre Münder fanden sich zu einem Kuss.

Hastig wandte Maya sich ab und entfernte sich so leise wie möglich. Erst als sie ungesehen zum Hof gelangt war, ging ihr die Ungeheuerlichkeit dessen auf, was sie beobachtet hatte. War Irene denn von Sinnen? Niemals würde ihre Familie diese Verbindung dulden. Und doch konnte Maya ihre Schwester verstehen, wenngleich sie enttäuscht war, dass Irene ihr nicht ausreichend vertraut hatte, um sie einzuweihen. Andererseits, war das bei einem solchen Geheimnis nicht zu verständlich?

Maya wollte das Haus umrunden, um zum Hintereingang zu gelangen, aber da bemerkte sie die Gestalt eines Reiters, der auf den Hof geritten kam. Adrian, wahrscheinlich kehrte er nach einem abendlichen Streifzug durch die Stadt heim. Seufzend hielt Maya inne. Nahm das denn überhaupt kein Ende in dieser Nacht? Adrian bemerkte sie im selben Augenblick. Er ritt auf sie zu und saß ab.

»Wo kommst du her?«, fragte er, als ginge ihn das etwas an.

»Nicht in diesem Ton«, antwortete sie und wollte weitergehen.

Er griff jedoch nach ihrem Arm und hielt sie zurück.

»Adrian?« Irenes Stimme.

Er sah an Maya vorbei und ließ sie los. »Ah, ich wusste nicht, dass ihr zusammen spazieren wart.«

In seiner Stimme schwang ein Ausdruck von Erleichterung mit, fand Maya. Hatte er gar gedacht, sie wäre in männlicher Begleitung unterwegs gewesen?

Ohne ein Wort zu sagen, trat Irene neben Maya und legte ihr den Arm um die Schultern.

Um Adrians Mundwinkel spielte ein spöttisches Lächeln. »Seid achtsam«, sagte er nur und führte sein Pferd zum Stall.

Maya wollte ins Haus gehen, aber Irene hielt sie fest.

»Wo warst du?«, fragte sie. Und als Maya keine Antwort gab, fügte sie leiser hinzu: »Was hast du gesehen?«

»Was hätte ich denn sehen können?«

Irene schwieg und zog ihre Hand von Mayas Arm zurück, dann wandte sie sich ab und schaute in jene Richtung, wo Ramon vermutlich immer noch stand und sie beobachtete.

8

Nach einer durchwachten Nacht, in der Maya die Bilder von ihrer Schwester und Ramon nicht aus dem Kopf gegangen waren, suchte sie am nächsten Morgen Zerstreuung im Teekontor. Sie half ihrem Vater beim Prüfen seiner Geschäftsbücher und stattete anschließend der Teemanufaktur einen Besuch ab. Im unaufhörlichen Lärm der Maschinen bewegten sich Arbeiter durch das Halbdunkel. Um schwarzen Tee zu produzieren, waren mehrere Arbeitsschritte nötig. Zunächst ließ man die Blätter welken, um ihnen einen Teil des Wassers zu entziehen. Dafür lagerten sie auf langen Tischen, zwischen denen warme Luft zirkulierte. Nachdem sie einen vollen Tag dort gelegen hatten, wurden die Blätter in einer Maschine zwischen Metallscheiben gerollt, was ätherische Öle freisetzte. Anschließend gab man die gerollten Blätter in Schüttelsiebe, wo sie von Hand sortiert wurden, ganze Blätter wurden zu *Orange Pekoe* in verschiedenen Feinheitsgraden, gebrochene zu *Broken Orange Pekoe*. Dann folgte die Fermentation, während derer man die Blätter in einem Raum mit hoher Luftfeuchtigkeit oxidieren ließ. Den Abschluss der aufwendigen Prozedur stellte das Trocknen dar, die Blätter wurden in Kammern etwas mehr als eine Viertelstunde lang Heißluft ausgesetzt. Hier beschäftigte Henry Cameron nur gut geschulte Männer, denn ein Fehler würde den gesamten Tee verderben. Zu schwach getrockneter schimmelte leicht, zu stark getrockneter schmeckte verbrannt und verlor einen großen Teil seines Aromas.

Maya führte an diesem Tag Buch über die Tees, die aus den Trockenkammer kamen, und bemerkte Ramon, der mit einigen Arbeitern sprach. Er verhielt sich ihr gegenüber nicht anders als sonst, und Maya wusste nicht, ob Irene ihm verschwiegen hatte, dass sie womöglich Bescheid wusste. Wie ihre Eltern auf diese Liaison reagieren würden, konnte Maya sich nur allzu gut vorstellen, und sie ertappte sich dabei, wie sie Ramon immer wieder verstohlen beobachtete. Ob es ihm ernst war mit Irene? Es erschien Maya unwahrscheinlich, dass der stets so ruhige Ramon sich die Tochter des Mannes, für den er arbeitete, als kleine Spielerei ausgesucht hatte.

»Hoffentlich weiß Irene, was sie tut«, sagte Maya abends zu Maurice, der auf ihrer Kommode saß.

Sie ging früh zu Bett, las noch ein wenig und löschte dann das Licht. Im nächsten Moment spürte sie, wie Maurice – der sich mal wieder nicht aus dem Zimmer hatte locken lassen – am Fußende auf ihr Bett sprang und es sich gemütlich machte. Irgendwann würde sie mit Irene darüber sprechen müssen, immerhin hatte *sie* diesen Halbtiger ins Haus geholt.

Es dauerte lange, ehe sie einschlief, und sie trieb nur an der Oberfläche des Schlafes mit vorbeihuschenden Träumen, die wirkten wie auf Glas gezeichnet. Als sie erwachte, sah sie den bläulichen Nachtschimmer zwischen den Ritzen der Vorhänge. Sie tastete nach dem Lichtschalter neben ihrem Bett und warf einen Blick auf die Uhr. Noch nicht einmal Mitternacht und sie verspürte nicht den leisesten Anflug von Bettschwere. Einschlafen würde sie so schnell nicht wieder, das wusste sie. Zunächst versuchte sie, etwas zu lesen, hatte aber nicht so richtig Lust dazu. Sie stand auf, zog sich einen Morgenmantel über, schob die Füße in weiche Pantoffeln und verließ ihr Zimmer. Sie wollte sehen, ob noch jemand vom Küchenpersonal wach war, um ihr eine heiße Milch zu machen. Maurice schien von alledem nichts zu merken und schlief seelenruhig zusammengerollt auf dem Bett weiter.

Die hintere Treppe führte in eine kleine Halle, die von Blumen und Grünpflanzen in großen Vasen und Töpfen umstanden war. Durch zwei Flügeltüren mit großen Glasfenstern gelangte man in den Garten. Maya wollte bereits weitergehen, als sie draußen einen gelblichen Schimmer wahrnahm. Sie hielt inne und ging zur Tür. Einbrecher waren dort sicher nicht unterwegs, die würden schwerlich mit Lampen auf sich aufmerksam machen. Hoffentlich trieb Irene sich in ihrer Verliebtheit dort nicht herum. Maya legte die Hand auf die Klinke der rechten Flügeltür und drückte sie hinunter. Verschlossen. Falls ihre Schwester im Garten war, musste sie durch den Salon gegangen sein. Maya zögerte kurz, dann nahm sie den Schlüssel von der Kommode neben dem linken Türflügel und schloss auf. Sie würde mit Irene sprechen müssen. Was, wenn nicht sie, Maya, sondern ihre Eltern oder gar ihre Großmutter an ihrer Stelle hier vorbeigekommen wären?

Leise zog Maya die Tür auf, trat hinaus in die nächtliche

Kühle und schloss die Tür behutsam wieder. Der Schlüssel ließ sich auch von außen benutzen, dieser Eingang wurde gerne für Abendgesellschaften genutzt, weil man von dort aus einen so wunderbaren Blick auf die geschwungene hintere Treppe hatte und gleichzeitig sofort im schönsten Teil des Gartens war. Nachdem sie den Schlüssel in die Tasche ihres Morgenrocks hatte gleiten lassen, ging Maya über die Veranda ums Haus herum. Die Luft roch nach Regen und nassem Holz. Feuchter Farn streifte Mayas Hand, und das Mondlicht lag auf den zarten Dunstschwaden, die wie Schleier über dem Garten hingen und aus denen die nachtblauen Köpfe von Blumen hervorschauten, das bläulich gefärbte Grün großer Blätter. Nachtschatten schluckten den Garten unter den ausladenden Baumkronen.

Beim Näherkommen konnte Maya die Quelle des Lichtscheins ausmachen – eine Lampe, die auf einem der niedrigen Verandatische stand. Und in dem Stuhl davor saß jemand, der von der hohen Rückenlehne verdeckt wurde. Sie sah nur die langen Beine, die neben dem Tisch ausgestreckt waren. Eindeutig nicht die ihres Vaters. Sie blieb stehen.

»Komm ruhig näher«, vernahm sie Adrians Stimme.

»Woher hast du gewusst, dass ich es bin?«, fragte Maya.

»Wer außer dir sollte wohl bei Nacht im Garten herumschleichen?«

Zögerlich ging Maya zu Adrian und ließ sich auf dem Sessel an seiner Seite nieder. »Ich hätte auch ein Einbrecher sein können.«

»Ja, die nähern sich immer der hellsten Stelle des Gartens, damit so richtig Alarm geschlagen werden kann. Und nein, es hätte nicht Irene sein können, die würde jeder Lichtquelle so fern wie möglich bleiben.«

»Was …« Maya zögerte. »Was weißt du darüber?«

Adrian verengte die Augen, taxierte sie. »Was weißt du?«

Unbehaglich wich sie seinem Blick aus und schwieg.

»Gehen wir einmal davon aus, dass wir dasselbe wissen«, fuhr Adrian fort. »Ihr wird ein schwerer Kampf bevorstehen.«

»Ich weiß, meine Eltern …«

Mit einer Handbewegung winkte Adrian ab. »Dein Vater wird toben, aber letztendlich nachgeben. Bei deiner Mutter wird der Groll länger anhalten, aber sie wird sich dem Willen deines Vaters beugen. Und deine Großmutter bildet sich gerne ein, sie hätte hier Entscheidungen zu treffen, aber auch sie muss sich dem fügen, was dein Vater für seine Tochter beschließt. Nein, der wahre Kampf wird der gegen die Gesellschaft sein.«

»Die ist Irene gleich.«

»Ja, das sagt sich leicht, wenn man alle Privilegien der Oberschicht genießt.« Er wandte sich ab und sah in den Garten.

Maya betrachtete sein Profil. Wieder machte sich dieses seltsame Gefühl in ihr breit, das hektische Flattern in ihrem Bauch, die kleinen Stolperer in ihrem Herzen, das Gemisch aus wilder Euphorie und Verzweiflung. Als Adrian sich wieder zu ihr drehte, widerstand sie dem Impuls, rasch wegzusehen. Es war schwer zu deuten, was er in diesem Moment empfand. Er schwieg und unterbrach den Blickkontakt zuerst.

»Meine Mutter hat oft hier gesessen«, sagte er übergangslos. »Das hat dein Vater mir erzählt.«

»Und welche Erkenntnis erhoffst du dir davon, es ihr gleichzutun?« Ohne dass sie es wollte, klang ihre Stimme auf einmal schroff, abweisend. Sie biss sich auf die Unterlippe.

»Das weiß ich nicht«, gestand er. »Ich weiß nicht, wie ich es anfangen soll. Auf jede Frage erhalte ich dieselbe Antwort, jeder legt mir nahe, die Dinge ruhen zu lassen.«

»Und wenn die Leute recht haben? Wenn sie dich wirklich verlassen hat? Ist es nicht besser, daran zu glauben, sie sei bei einem Spaziergang vom Weg abgekommen?«

»Dir lässt doch das Schicksal deiner Tante auch keine Ruhe.«

Maya zupfte am Saum ihres Morgenmantels und zog die Beine an, barg sie unter dem Nachthemd. Sie fröstelte leicht und Adrian erhob sich, nahm eine Decke von der Bank neben der Verandatür und deckte sie damit behutsam zu. Dabei streifte sein Handrücken ihre Wange und Mayas Herz machte einen kleinen Satz. Er setzte sich wieder.

»Meine Tante«, begann Maya, »beschäftigt mich, weil ich neugierig bin. Wie lange willst du nach deiner Mutter forschen? Ein Jahr? Zwei Jahre? Zehn? Wann willst du nach England zurück? Wann das tun, was du tun möchtest?«

»Ich habe mir ein Jahr als Frist gesetzt.«

Noch zehn Monate. Und dann?

»Und was«, fuhr er fast unhörbar fort, »wenn sie beide dieses Haus nie verlassen haben?«

Das war zu gruselig. Ein Schauder durchlief sie. Unterstellte er gar ihrer Familie … Sie dachte den Gedanken nicht zu Ende und öffnete den Mund zu einem Widerspruch, als Adrian den Kopf schüttelte.

»Tut mir leid, das war nur so dahergeredet. Aber vielleicht

gibt es Spuren von ihnen, wie die Fotos, die deine Großmutter in der Bibliothek verwahrt hat.«

»Da ist nichts mehr, ich habe nachgeschaut.«

»Es gibt nicht nur die Bibliothek. Ich habe meinen gesamten Wohntrakt durchsucht. Sollte je etwas auf ihr Verschwinden hingewiesen haben, wurden diese Spuren schon vor langer Zeit getilgt. Das gilt wohl auch für Räume, die hier im Haus tagtäglich zugänglich sind. In euren Salons werden sich sicher keine Geheimnisse verbergen.« Er machte eine Handbewegung, als wische er etwas fort. Im Garten raschelte es und eine Eule flog aus dem Geäst auf. »Der Keller gehört zu eurem Trakt des Hauses. Er verläuft zwar unter dem gesamten Gebäude, aber Zugang habt nur ihr.«

»Denkst du an einen geheimen Ausgang?«, fragte Maya. »Möglich wäre es. Aber selbst wenn, hätte man dies doch schon vor Jahren überprüft.«

Adrian erhob sich unvermittelt. »Es wird Zeit fürs Bett.«

Irritiert sah Maya ihn an und machte keine Anstalten, ihm zu folgen.

»Du bist also dabei?«, fragte er. »Das passt mir bestens und enthebt mich der Notwendigkeit, den Schlüssel zu suchen. Du weißt ja sicher, wo er ist.«

»Ich …«

»Morgen? Um dieselbe Zeit an der hinteren Treppe?«

Obwohl in Maya gegen diese plötzliche Vereinnahmung Widerstand aufbrandete, formte ihr Mund ein »Ja«. Adrian lächelte, als habe er nichts anderes erwartet. Er ließ das Licht stehen und verzichtete darauf, sie aufzufordern, ebenfalls ins Haus zu gehen, obgleich ihm dies zweifellos auf der Zunge lag. Aber Maya lehnte sich so demonstrativ zurück, dass er es dabei beließ, ihr eine gute Nacht zu wünschen. Er stieß die Terrassentür auf und schob sie hinter sich ins Schloss. Maya hörte das Klicken, mit dem der Riegel einrastete, und sah in die Dunkelheit.

Ob Irene sich so fühlte, wenn sie den Treffen mit Ramon entgegenfieberte? Nein, bei Irene war es anders, sie wusste, dass ihre Zuneigung erwidert wurde, was das Ganze vermutlich atemberaubend aufregend machte. Aber auch so glaubte Maya am nächsten Morgen, die Spannung kaum aushalten zu können, fragte sich, wie sie den Tag hinter sich bringen sollte, die zähfließenden Minuten und Stunden. Natürlich wusste sie, wo der Schlüssel für den Keller verwahrt wurde, aber es war nicht einfach, daran zu gelangen. Sie überlegte, Nila damit zu beauftragen, befürchtete aber, dass man sie erwischen und entlassen würde. Also zog sie Edward nach dem Mittagessen zur Seite.

»Warst du als Kind nie dort unten?«, fragte er erstaunt.

»Nein, die Tür ist doch immer verschlossen.« Und der Schlüssel hing am großen Schlüsselring der Haushälterin.

Edward verdrehte die Augen. »Die Tür hier im Haus ist verschlossen.« Ein kleines Verschwörerlächeln blitzte auf. »Aber die Falltür im alten Teil der Stallungen ist es nicht.«

»Man kommt vom Stall in den Keller? Ein Geheimgang?«

»Nein, nicht geheim, nur vergessen. Urgroßvater hat ihn anlegen lassen als Fluchtweg, falls es mal brennt oder so. Lizzi und ich haben die Falltür letztes Jahr bei der Suche nach einem neuen Versteck entdeckt. Sie ist ziemlich schwer, und wir sind dann doch nicht in den Keller gegangen, weil Lizzi Angst hatte, dass wir sie nicht mehr aufbekommen.« Wieder verdrehte er die Augen.

»Woher weißt du, dass sie in den Keller führt?«

»Ich habe Papa gefragt. Als Versteck kam es ja ohnehin nicht infrage.«

Zusammen mit Irene und Adrian hatte sie als Kind die gesamte Umgebung erforscht, warum waren sie nie auf die geheime Tür gestoßen? Als sie Edward nachsah, der die Treppe hinaufstürmte, fragte sie sich, was aus Lizzi werden würde, wenn ihr Bruder in zwei Jahren nach England ging. Die ungestüme Lizzi. Würde aus ihr Elizabeth werden, wie ihre Mutter und Großmutter es wünschten?

Den ganzen Tag über begegnete Maya Adrian nicht, auch wenn sie nach der letzten Nacht die vage Hoffnung gehegt hatte, etwas zwischen ihnen hätte sich verändert und er würde sie sehen wollen, so wie sie ihn. Um die Wartezeit zu überbrücken, widmete sie sich häuslichen Belangen, nahm es ihrer Mutter ab, mit der Köchin das Menü für den kommenden Tag zu besprechen, ging mit Nilas Hilfe ihre Kleider durch, sortierte die aus der Mode gekommen aus, damit diese weggegeben werden konnten – eine ermüdende Prozedur, die sie immer gern vor sich her schob –, und half Lizzi bei einer Handarbeit. Ihre Mutter betrachtete diesen plötzlichen Eifer mit Argwohn, aber offenbar entschied sie, diese fragilen Momente familiären Glücks mit einer fügsamen Tochter nicht zu hinterfragen.

Dann kam endlich der ersehnte Abend, und Maya spürte ihren Herzschlag in der Kehle, als sie nachts voll bekleidet aus dem Bett stieg. Sie trug einen praktischen dunklen Rock und eine schlichte Bluse. Um die Schultern schlang sie einen breiten Wollschal, dann schlich sie aus dem Zimmer. Am Fuß der hinteren Treppe erwartete Adrian sie bereits. Unwillkürlich hob Maya die Hand und tastete nach ihrem Haar, das sie rasch mit einigen Nadeln hochgesteckt hatte, damit es sie bei ihrer nächtlichen Unternehmung nicht störte. Im Dunkeln konnte sie Adrian nur konturenhaft ausmachen, beim Näherkommen jedoch bemerkte sie, dass er lächelte.

»Hast du den Schlüssel?«

»Nein, etwas Besseres. Ich weiß, wie man durch den Stall in den Keller kommt.«

Sie verließen das Haus durch die zum Garten hinausführende Tür, die Maya hinter ihnen verschloss und deren Schlüssel sie in die Rocktasche steckte. Adrian nahm eine der kleinen Laternen, die immer auf der Veranda standen.

»Schön, dass du gekommen bist«, sagte er schließlich, als sie den Hof überquerten. »Ich hatte schon ein wenig Sorge, du könntest es dir anders überlegen.«

»Dafür bin ich viel zu neugierig.« *Außerdem wollte ich dich sehen.*

Sie gingen um die Stallungen herum, weil sie nicht riskieren wollten, einem wachsamen Stallburschen in die Arme zu laufen. Mit dem neuen Stall war der alte durch einen tunnelartigen Anbau verbunden. Hier wurden die Kutschen untergestellt und alte Geräte gelagert. Ein hohes, zweiflügliges Tor aus wettergegerbtem Holz war mit einem schweren Balken verriegelt. Seitlich befand sich eine Tür, die den Eindruck machte, nur selten genutzt zu werden.

Adrian stemmte sich leicht dagegen, und mit einem leisen Quietschen, das Maya in der nächtlichen Stille jedoch schauderhaft laut erschien, ließ sie sich öffnen. Sie verharrten einen Moment lang reglos und lauschten in die Dunkelheit. Schließlich löste Adrian sich aus der Starre, berührte Mayas Arm und bedeutete ihr, vor ihm den alten Stall zu betreten. Maya huschte hinein und atmete in der Finsternis den Geruch von Leder, Holz, Staub und leichtem Moder. Wieder war das Quietschen zu hören, als Adrian die Tür zuzog.

Staubverklebte Fenster waren als graue Rechtecke in den Wänden zu sehen. Früher einmal hatten hier die Pferde gestanden, mit der die Familie in den Ferien Ausritte unternommen hatte. Maya hörte das Rascheln von Kleidung, als suchte Adrian etwas. Schließlich schnalzte er mit der Zunge, als sei er fündig geworden, dann ertönte ein Zischen, und ein Zündholz flammte auf. Adrian ging in die Hocke, öffnete das Türchen der Lampe, die er zu seinen Füßen abgestellt hatte, und entzündete den ölgetränkten Docht. Flackernd zeichneten sich die Umrisse von Kutschen, Kisten, alten Wagenrädern und einem ausrangierten Fuhrwerk ab.

»Wo ist die Falltür?«

»Ich wollte Edward nicht zu genau danach fragen, dann wäre er sicher misstrauisch geworden. So schwer kann es ja nicht sein, sie zu finden.«

Adrian brummte eine unverständliche Antwort und leuchtete zwischen die Kutschen, schritt mit der Lampe die Wände ab, schob mit den Füßen Stroh zur Seite und murmelte gelegentlich etwas, das Maya nicht verstand. Wenn es ihn ärgerte, dass sie nicht die genaue Position der Tür kannte, dann hätte er sich eben selbst darum kümmern müssen, dachte sie und hätte ihn in einem ersten Impuls am liebsten einfach stehen gelassen. Dann riss sie sich aber zusammen und schloss sich schweigend seiner Suche an. Sie war es auch, die schließlich fündig wurde. Nachdem sie den Mittelgang, genau wie den Bereich, wo die Pferde untergebracht gewesen waren, links liegen gelassen hatte – hier eine Falltür für Notfälle einzurichten, wäre schlicht dumm gewesen –, fand sie den Eingang in den Keller dort, wo früher vermutlich die Sättel gelagert worden waren. Mit einer Stimme, die kaum lauter als ein Flüstern war, rief sie Adrian zu sich.

»Hier ist es.«

Er stellte die Laterne auf den Boden und ging in die Knie. Die Falltür sah aus, als wäre sie seit vielen Jahren nicht geöffnet worden. Adrian zog an dem runden Griff und dieser gab ein wenig ermutigendes Knirschen von sich. Unbeirrt erhob Adrian sich und zog daran, die Tür bewegte sich jedoch keinen Zoll. Leise fluchend versuchte er es erneut. Wieder vergeblich. Maya stellte sich auf die andere Seite der Falltür, legte ihre Hände neben Adrians um den Griff und sie probierten es gemeinsam. Schließlich gab die Tür mit einem Ächzen nach, und dann, als sie senkrecht stand, fiel sie mit einem Mal auf die andere Seite, sodass Adrian es gerade noch schaffte, sie aufzufangen.

»Du bist stärker, als ich dachte.« Er grinste anerkennend.

»Wer geht zuerst?«, erwiderte Maya rasch, um ihre Verlegenheit zu überspielen.

»Eigentlich würde ich sagen, ich, falls du abrutschst, aber es wäre sicher ungehörig, dir unter die Röcke zu leuchten.«

Maya schoss die Hitze wie ein Fieberschub ins Gesicht. »Dann sieh einfach woandershin, Adrian Frost!«, fauchte sie.

Mit einem ziemlich unverschämten Grinsen wollte Adrian sich an den Abstieg machen, aber sie hielt ihn fest.

»Ich gehe zuerst«, sagte sie.

»Sei nicht albern. Ich sehe woandershin, versprochen. Wenn du fällst, muss dich unten schließlich jemand auffangen.«

»Ja, großartige Idee. Und dann lande ich auf dir, und wir stürzen gemeinsam mitsamt der Öllampe, die mir dann das Kleid in Brand setzt. Ich gehe zuerst.« Entschieden machte Maya sich an den Abstieg und tastete nach den Stufen. Die Treppe war schmierig und das Geländer schien auch schon bessere Tage gesehen zu haben. Adrian kniete am Rand des Abstiegslochs und hielt die Lampe so, dass Maya sehen konnte, wohin sie trat. Nachdem sie sich an die steilen Stufen gewöhnt hatte, klappte es besser, und sobald sie unten angekommen war, folgte Adrian ihr.

»Du warst wirklich noch nie hier unten?«, fragte er, als er in den Gang leuchtete, der zum Haus führte.

»Nein, meine Mutter hat den Schlüssel immer unter Verschluss gehalten. Sie meint, es sei zu gefährlich für Kinder, und von der Falltür wussten Irene und ich nichts, aber wie Edward ja schon sagte, hätten wir sie sicher nicht allein aufbekommen.«

»Obwohl sie vielleicht früher leichtgängiger war, das Holz ist ziemlich verzogen. Wird der Keller überhaupt noch genutzt?«

»Für einige Vorräte, ja, aber der größte Teil steht wohl leer.«

Es war klamm und kalt in dem Gang, der nach Erde und Schimmel roch. Maya wollte sich lieber nicht vorstellen, was für Getier hier unten herumkreuchte. Schließlich endete er an einer Tür. Als Adrian diese öffnen wollte, stellte er fest, dass sie verschlossen war.

»Das darf doch nicht wahr sein. Ich dachte, hier sollte man im Notfall vor einem Feuer fliehen können.«

»Ja, aber aus der anderen Richtung.« Entmutigt sanken Mayas Schultern. »Gehen wir wieder zurück? Ich könnte versuchen, an den Schlüssel für die Tür zu kommen.«

Adrian antwortete nicht, sondern tastete oben am Türrahmen entlang. Schließlich stieß er einen triumphierenden Laut aus und hielt einen rostigen Schlüssel hoch.

Erstaunt weiteten sich Mayas Augen.

»Mir war gerade kurz der Gedanken gekommen, was ich tun würde, wäre das mein Haus«, sagte Adrian. »Und ich bin zu dem Schluss gelangt, dass ich dafür gesorgt hätte, dass man ungesehen hinein- und auch hinauskommt.«

»Deine zukünftige Frau muss sich vorsehen, nicht wahr?«

Er antwortete nicht, sondern steckte den Schlüssel ins Schloss. Mit einem metallenen Klicken gab es nach und die Tür ließ sich öffnen.

Jetzt waren sie im Keller des Hauses, der in mehrere Gänge unterteilt war. Die meisten der gewölbeartigen Räume waren leer und auch die Gänge selbst enthüllten keine Geheimnisse. In einem der Zimmer gab es einen alten Tisch mit Stühlen, und an den Wänden standen zwei Truhen, von denen die eine leer war und die andere nur Teile alter Jagdausrüstungen enthielt. Mayas Urgroßvater hatte sich vermutlich ebenso begeistert an der Jagd auf Wildtiere beteiligt wie viele andere Männer, die ihre Ferien in Nuwara Eliya verbrachten. Grauenvoll. Vermutlich hatte man hier vor der Jagd zusammengesessen und in einem der anderen Räume dann die Jagdbeute zerteilt und gehäutet.

»Ich glaube«, sagte Adrian, »dieser Gang führt zum Ostflügel.«

»Dann sind wir jetzt vermutlich irgendwo im Bereich der hinteren Treppe«, erwiderte Maya.

Sie stellte sich vor, wie die Jagdgesellschaft den unterirdischen Gang zu den Stallungen benutzt hatte. Männer unter sich. Oder war man oben von der Halle aus aufgebrochen?

»Das nimmt ja gar kein Ende«, bemerkte Adrian und hob die Lampe, um den Weg auszuleuchten.

»Dahinten ist eine Tür.«

»Das müsste ungefähr dort sein, wo mein Wohntrakt beginnt.«

Die Tür war verschlossen, aber auch dieser Schlüssel lag oben auf dem Türrahmen. Dahinter erstreckte sich ein großes Gewölbe. Vermutlich war hier früher ein Großteil der Vorräte gelagert worden, als die Frosts noch auf *Leighs End* gelebt hatten.

»Warum hast du eigentlich keinen Schlüssel?«, fragte Maya.

»Tante Margery hat gesagt, dass der Keller zu eurem Teil des Hauses gehört, weil man nur von dort aus Zugang hat. Aber da wir ja auch die Küche gemeinsam genutzt haben, hätte das auch für den Keller gelten müssen.« Adrian zuckte mit den Schultern. »Was soll's, ist ja auch unwichtig. Sieh mal, dort hinten ist noch eine Tür.«

Sie durchquerten das nach modrigem Stein riechende Gewölbe und kamen an eine Tür, die unverschlossen war und sich leicht aufstoßen ließ. Adrian hob die Lampe und Maya stockte für einen Augenblick der Atem. Der Raum sah aus, als hätte ihn irgendwann mal jemand bewohnt. Ein Bett stand darin, ein Tisch mit einem Stuhl, eine Truhe und ein Ofen. Ein schmutzig blauer Webteppich lag auf dem Boden. Adrian betrat das Zimmer und stellte die Lampe auf dem Tisch ab. Er trat zur Truhe und legte die Hände darauf, um sie zu öffnen. Maya bemerkte das Beben in seinen Fingern. Sie hielt die Luft an, als er den Deckel anhob. Nichts. Dennoch ging Adrian in die Knie und tastete Boden und Wände der Truhe ab. Als er sich erhob, zeichnete Enttäuschung sein Gesicht und wischte für die Dauer einiger Lidschläge die Anspannung daraus.

»Grundgütiger«, murmelte er und sah sich um.

»Glaubst du«, Maya schluckte, »glaubst du, hier hat jemand … gewohnt?«

»Eher eingesperrt. Es macht auf mich zumindest den Eindruck.« Adrian deutete auf das größere Gewölbe. »Und gelegentlich durfte diese Person sich wahrscheinlich dort die Füße vertreten.«

Maya weigerte sich, diesen Gedanken zu akzeptieren. »Wer sollte hier denn gefangen gehalten worden sein? Und von wem?«

»Zwei Frauen sind verschwunden. Und nur deine Familie hatte Zugang zum Keller.«

Ungläubig starrte Maya ihn an. »Willst du damit sagen, meine Familie hätte etwas damit zu tun? Das kannst du doch nicht im Ernst meinen? Nie im Leben hatten meine Mutter und mein Vater bei so was ihre Finger im Spiel!«

»Möglicherweise waren es deine Großeltern.«

»Ja, natürlich, wie praktisch, da mein Großvater sich ja gegen eine solch unerhörte Unterstellung nicht mehr verteidigen kann. Und was ist mit deiner Mutter? Vielleicht besaß sie einen Schlüssel und hat meine Tante hier eingesperrt. Und dann hat sie sie getötet und ist geflohen.«

»Das ist doch absurd!«

Sie schwiegen, wütend aufeinander und verstört. Maya ging zu dem Bett, in dem noch die stockfleckige Matratze lag, wenngleich ohne Überzug und Bettwäsche. Als habe man darauf gewartet, dass, wer immer darin geschlafen hatte, zurückkehrte. Sie stellte sich vor, wie es sein musste, in diesem Zimmer gefangen zu sein, Tag für Tag in diesem Bett zu schlafen, an diesem Tisch zu essen und sich nur Bewegung verschaffen zu können, wenn derjenige, der sie gefangen hielte, ihr die Tür zum großen Gewölbe aufschloss. Sie ließ sich auf dem Bett nieder, als wäre alle Kraft aus ihren Beinen gewichen, und ihr kamen die Tränen.

Adrian ging vor ihr in die Hocke und umfasste ihre Hände. »Es tut mir leid«, sagte er leise. »Ich wollte dich nicht so anfahren. Bitte, weine nicht.«

Erst jetzt merkte Maya, dass sie am ganzen Körper zu zittern begonnen hatte. Sie zog die Schultern hoch, doch das Beben wurde nur noch stärker. Adrian erhob sich und setzte sich neben sie, ließ ihre Hände los, nur um Maya im nächsten Moment in seine Arme zu schließen. Kurz sträubte sie sich dagegen, als die letzten Reste ihres Ärgers sich aufbäumten, dann jedoch zerfiel die vorher so rasch aufgeflammte Wut, und Maya verspürte eine seltsame Leere und Erschöpfung. Adrians Arme schlossen sich fester um sie und Maya lehnte den Kopf an seine Schulter, spürte seine Wange auf ihrem Haar. Ihr Herz pochte in raschen Schlägen und das Beben machte einer seltsamen Mattigkeit in ihren Gliedern Platz, die Verstörung wich etwas Fremdem, bestürzend und wunderbar zugleich. Als Adrians Griff sich gerade so leicht löste, dass sie den Kopf bewegen konnte, spürte sie die Wärme seines Gesichts dicht an dem ihren, seinen gleichmäßigen Atem an ihrer Schläfe. Er ließ sie los, um im nächsten Augenblick ihr Gesicht zu umfassen und sie anzusehen.

»Das ist Irrsinn«, murmelte er kaum hörbar, dann zog er seine Hände zurück und stand abrupt auf. Während Maya wie erstarrt sitzen blieb, ging er im Raum umher, suchte fahrig nach etwas, wovon er selbst vermutlich nicht wusste, was es war.

»Hier ist nichts«, sagte er schließlich. »Komm, gehen wir.«

Sie schwiegen auf dem Weg zurück zum Stall und hinterließen alles so, wie sie es vorgefunden hatten. Und erst als Maya in die Kühle der Nacht hinaustrat, löste sie sich allmählich aus ihrer Starre. Doch der Anblick des Kellerzimmers hatte sich unauslöschlich in ihr festgesetzt, wie etwas Hässliches, Schmieriges, wie eine Erinnerung, die nicht die ihre war. Dazu kam etwas Bittersüßes, Wildes, Sehnsüchtiges, das Adrians Nähe hervorgerufen hatte. Es war verwirrend, schmerzhaft und schön. Am liebsten hätte Maya sich in das taufeuchte Gras fallen lassen und angefangen zu weinen.

Vor der Tür zur hinteren Halle blieben sie stehen. Adrian

sah sie abwartend an, und ihr fiel ein, dass sie ja den Schlüssel hatte. Sie brauchte beide Hände, um ihn ins Schloss zu stecken, so sehr zitterte sie. Nachdem sie die Tür wieder verriegelt hatte, wünschte Adrian ihr eine gute Nacht. Sie wandte sich zur Treppe, hielt dann jedoch inne und drehte sich noch einmal zu ihm um.

»Wenn das da unten Irrsinn war«, sagte sie leise, »dann möchte ich niemals wieder vernünftig sein.«

9

Maya hatte nur wenig geschlafen in der letzten Nacht. Bis in ihre Träume hatte das Zimmer im Keller sie verfolgt, mal war es angefüllt mit Nebel, in dem sich schemenhaft Figuren bewegten, dann war sie es, die darin gefangen war und auf Schritte lauschte. Im nächsten Moment näherte sie sich der verschlossenen Tür von außen, sah ihre eigene Hand, die sich nach dem Türgriff ausstreckte. Danach hatten sich ihre Träume gewandelt, waren erschreckend sinnlich geworden.

Nun saß Maya am Frühstückstisch, fühlte sich wie gerädert und zerkrümelte das Brot zwischen den Fingern. Wie sollte sie reagieren, wenn sie Adrian begegnete? Diese Vorstellung zauberte unwillkürlich ein Lächeln auf ihre Lippen, das jedoch augenblicklich in sich zusammenfiel, als ihr der Gedanke kam, ob Adrian wohl dasselbe für sie fühlte. Was, wenn der Grund für seine Nähe Mitleid gewesen war, weil ihr Tränen in den Augen gestanden hatten? Vermutlich kannte er die Frauen weitaus besser als sie die Männer und daher war für ihn eine Umarmung keine so große Sache. Maya runzelte die Stirn. Aber dann rief sie sich in Erinnerung, wie verwirrt er gewirkt hatte, als sei er selbst überrascht über das, was er empfand. Wieder lächelte sie.

»Liebes, geht es dir gut?« Die besorgte Stimme ihres Vaters riss Maya aus den Gedanken.

Sie schaute auf und spürte, wie ihre Wangen warm wurden. »Ja, ich bin nur etwas müde.« Über den Tisch hinweg fing sie Irenes Blick auf, nachdenklich und irgendwie wissend. Irene jedoch würde keine Fragen stellen und sich nur zu gut an ihre eigene Verschwiegenheit erinnern.

Maya zwang sich dazu, etwas zu essen. Als ihre Großmutter das Frühstück beendete, stand Maya auf und ging hinaus, um Bharati satteln zu lassen. Nach dieser unruhigen Nacht war sie so spät aufgestanden, dass sie es nicht mehr geschafft hatte, mit Bharati vor dem Frühstück auszureiten. Und einem Streit mit ihrer Großmutter fühlte sie sich an diesem Morgen nicht gewachsen.

Der Wind vertrieb den letzten Rest von Müdigkeit. Dunkelgraue Wolken jagten in Fetzen über den Himmel und die Luft schmeckte nach dem Regen der frühen Morgenstunden – erdig und schwer. Nebel kroch zwischen den Teegärten auf das Haus zu. Während sie auf ihr Pferd wartete, ging Maya um die Stallungen herum und betrachtete die Tür auf der Rückseite des alten Gebäudes. Ein dumpfes Gefühl ballte sich in ihrem Magen zusammen und ihre Fantasie wob bereits düstere Geschichten um den Keller und das versteckte Zimmer.

»Ich habe auch die ganze Nacht daran gedacht.«

Maya fuhr herum und sah Adrian ein paar Schritte entfernt stehen. Sie hatte ihn nicht kommen hören.

»Tut mir leid, ich wollte dich nicht erschrecken.« Er sah sie kurz an, dann wieder die Tür.

»Sin-Amma Maya!«, rief ein Stallbursche. »Bharati ist gesattelt und aufgezäumt.«

»Danke«, antwortete Maya zerstreut.

»Irgendjemand muss doch etwas wissen«, murmelte Adrian, mehr zu sich selbst.

Maya wartete und schließlich wandte er sich ihr zu. »Wohin willst du?«

»Zu Helen.« Das war ein spontaner Entschluss, aber auf einmal wollte Maya nichts lieber, als mit ihrer besten Freundin zu sprechen.

»Ich werde mit Lewis in die Stadt reiten. Bis zum Abend bin ich wieder hier. Vielleicht finde ich was Neues heraus.« Sein Lächeln hatte etwas Geisterhaftes. Offensichtlich hatte er ebenso wenig geschlafen wie sie. »Falls wir uns heute Abend nicht mehr sehen, dann morgen früh.«

Maya nickte nur und ging zum Vordereingang des Stalls, um Bharati zu holen.

»Ich kann einfach nicht glauben, dass du mich nicht mitgenommen hast!« Helen vergaß vor Empörung, wie heiß ihr Tee noch war, und verbrühte sich die Oberlippe. Sie verzog kurz das Gesicht.

»Hätte ich dich mitten in der Nacht holen sollen? Darf ich dich an meinen letzten Versuch erinnern, das zu tun?«

»Du warst nass, wir hätten auf keinen Fall draußen herumlaufen können.«

»Ansonsten hättest du dich natürlich todesmutig ins Abenteuer gestürzt, nicht wahr?« Ein Lächeln spielte um Mayas Mundwinkel und Helen gab sich geschlagen.

»An deiner Stelle wäre ich auch mit Adrian allein geblieben«, sagte sie dann.

Maya konnte nicht verhindern, dass sich ein verträumtes Lächeln auf ihre Lippen schlich.

»Ist das mit euch beiden …« Helen verstummte und wartete darauf, dass Maya ihren Satz beendete, aber die schüttelte nur den Kopf. Sie wusste nicht, wie sie das, was passiert war, einordnen sollte, und ehe sie sich nicht darüber im Klaren war, wie es zwischen ihr und Adrian stand, wollte sie nicht darüber sprechen.

Helen wechselte ohnehin das Thema. »Aber das mit dem Zimmer ist ja unheimlich. Ob dort ein Mord geschehen ist?«

»Wo ist ein Mord geschehen?«, fragte Mr Montgomery, der in diesem Augenblick den kleinen Salon seiner Tochter betrat. »Guten Morgen, Maya.«

»In dem Keller der Camerons«, platzte es aus Helen heraus.

Maya schnappte laut nach Luft.

»Wann soll das gewesen sein? Zu Zeiten des alten Elijah Grand, Margery McFarlanes Vater?«, fragte Mr Montgomery, ehe Maya etwas sagen konnte.

»Nein, vor ein paar Jahren.«

»Wie kommst du darauf?«

»Maya hat ein verstecktes Zimmer im Keller entdeckt.«

»Helen!«, rief Maya entsetzt, aber ihre Freundin winkte ab.

Interessiert kam Mr Montgomery näher und ließ sich in einem Sessel gegenüber seiner Tochter nieder.

»Papa hat noch nie etwas verraten, was ich ihm erzählt

habe. Also falls es sich nicht gerade um etwas Verbotenes handelt, aber selbst dann würde er dir die Möglichkeit geben, die Sache selbst aufzuklären.«

»Na, das beruhigt mich ja ungemein.«

Mr Montgomery lachte. »Einen Ausflug in den Keller sehe ich nicht als schweres Vergehen an, Maya.«

Wenn Helen jetzt nur nicht Adrians Anwesenheit bei dem nächtlichen Ausflug erwähnte, dachte Maya und warf ihrer Freundin einen durchdringenden Blick zu.

Diese schüttelte leicht den Kopf, als wollte sie sagen: *Hältst du mich für eine Verräterin?*

»Vielleicht wurde Hester Cameron dort gefangen gehalten? Oder Isobel Frost?«

Nun wurde Mr Montgomery ernst. »Das sind sehr schwere Anschuldigungen, Helen, von denen ich hoffe, dass du sie niemals in der Öffentlichkeit herumerzählst.« Er sah Maya an. »Du denkst, deine Familie hätte die beiden Frauen versteckt und ermordet?«

»Nein!«, rief Maya hastig.

»Es ist mein voller Ernst, Helen«, wiederholte ihr Vater. »Ihr wisst nicht, was es mit diesem Zimmer im Keller auf sich hat, aber ehe ihr euch in wilden Spekulationen verrennt, solltet ihr einfach fragen. Vermutlich ist die Erklärung simpel.«

Maya nickte, aber Helen gab keine Ruhe. »Hat man denn dort unten nach ihnen gesucht?«

»Nein, und sie sind auch nicht gleichzeitig verschwunden. Hester war schon länger nicht mehr in der Öffentlichkeit erschienen. Schwere Melancholie, sagte man. Ihr Stiefvater hat angeblich sogar überlegt, sie in ein Sanatorium in Europa zu schicken. Isobel verschwand von einem Tag auf den anderen.«

»Aber meine Tante soll ein lebenslustiger Mensch gewesen sein«, widersprach Maya Mr Montgomery.

»Das war sie auch, dann wurde sie jedoch immer schwermütiger, das war auffällig, sogar, als sie sich noch in der Gesellschaft bewegte. Irgendwann tauchte sie überhaupt nicht mehr auf, und es wurde bekannt, dass ihre Großmutter im Gespräch mit einem Arzt aus Colombo war.«

»Vielleicht war sie da in Wahrheit schon in dem Kellerverlies«, sagte Helen.

»Nun ist es also kein Zimmer mehr, sondern ein Verlies? Warum hätte jemand das tun sollen? Man hätte Hester doch auch in ihrem Zimmer einsperren können. Und was hatte Isobel damit zu tun?«

Helen zuckte mit den Schultern und wusste keine Antwort. Ihr Vater nahm sich ein Plätzchen vom Teller und erhob sich. »Isobel hatte aller Wahrscheinlichkeit nach einen Unfall, sie war leichtsinnig und hat gefährliche Wege geliebt. Und Hester ist fortgelaufen, vielleicht getrieben von Geistern, die außer ihr niemand sehen konnte, und dabei ist sie verschollen, das arme Mädchen.«

Maya lehnte sich zurück und ließ den Blick zum Fenster wandern, hinaus zu den dunstumhüllten Bergen, Silhouetten, die nur um wenige Nuancen dunkler waren als der blassgraue Himmel.

»Was Papa sagt, hört sich doch einleuchtend an.«

Helen klang, als müsse sie sich selbst davon überzeugen, ihre Worte zogen an Maya vorbei und verloren sich im Raum.

»Man kann diese Person auf Dauer nicht ignorieren«, hörte Maya ihre Großmutter sagen, als sie die Halle betrat. Maya nahm ihren Hut ab und übergab ihn zusammen mit der Reitgerte einem herbeieilenden Dienstmädchen. Dann ging sie Richtung Salon, um durch die halb geöffnete Tür zu hören, von wem die Rede war.

»Sollen die anderen sie herumreichen«, antwortete Anne Cameron. »Ich werde ihr gegenüber erst dann eine formelle Einladung aussprechen, wenn ich es nicht mehr vermeiden kann, ohne als unhöflich zu gelten.«

Es musste mal wieder um Ella Chadwick gehen. Ja, das war schon ein Elend, schoss es Maya durch den Kopf, wenn man jemanden nicht ausstehen konnte, diese Person aber einfach zu reich und angesehen war, als dass man sie einfach ignorieren durfte. Sie lief in die Küche und nahm sich etwas Gebäck aus der Speisekammer, dann ließ sie die Köchin Wasser für Tee aufsetzen. Währenddessen setzte Maya sich auf eine Bank, die in eine Nische eingelassen war, knabberte an einem Stück Haferkuchen und dachte nach. Welche Dienstboten waren schon am längsten bei ihnen? Es waren ausschließlich Tamilen, die den Dienst im Haus verrichteten, und sie waren alle noch ziemlich jung. Die Köchin war älter, aber sie war erst seit einigen Jahren da, ihre Mutter hatte sie den Waters' abgeworben, was der Grund dafür sein mochte, dass sie und Mrs Waters nur noch das Nötigste miteinander sprachen. Aber gute Köche waren begehrt, man musste mit so etwas einfach rechnen.

Nachdenklich ging Maya den Rest des Personals durch. Die Zofen ihrer Mutter und Großmutter brauchte sie gar nicht zu fragen, ebenso wenig den Kammerdiener ihres Vaters. In solch einer Position war man nicht jahrelang, wenn man nicht verschwiegen war. Kein Diener kannte einen besser als die eigene Zofe. Ob sie Nila darum bitten konnte, ein wenig nachzuforschen? Nein, besser nicht. Sollte herauskommen, dass sie sich in Familienangelegenheiten umhörte, saß sie vermutlich im nächsten Atemzug auf der Straße.

Sorgsam balancierte Maya das Tablett mit dem Kuchen, einer Kanne Tee, einer Tasse und einem Kännchen Sahne die Treppe hoch.

»Wir haben Dienstboten!«

Die scharfe Stimme ihrer Großmutter ließ Maya so heftig zusammenzucken, dass ihr beinahe das Tablett aus den Händen geglitten wäre. Unbeirrt ging sie weiter. Was erwartete ihre Großmutter? Dass sie nun in die Küche zurücklief und jemanden bat, das Tablett zu tragen?

Nila kam ihr auf der Treppe entgegen und wollte es ihr aus der Hand nehmen, aber Maya schüttelte den Kopf. »Das ist nicht deine Aufgabe, Nila.«

Unbehaglich ging ihre Zofe neben ihr her und warf immer wieder einen Blick über die Schulter zurück. Vermutlich stand die alte Margery McFarlane unten an der Treppe. Nila öffnete die Tür zum Schlafzimmer und erleichtert stellte Maya das Tablett auf einem kleinen Tisch ab. Ein rascher Blick überzeugte sie davon, dass Maurice nicht in der Nähe war, sie musste also nicht damit rechnen, dass der Tee auf dem Boden landen würde, und den Kuchen hatte sie auch ausnahmsweise für sich allein. Nila ging ins Ankleidezimmer und holte jenes Kleid hervor, das Maya bei ihrem nächtlichen Ausflug getragen hatte. Helen hatte es heimlich bei ihrem letzten Besuch mitgebracht. Stolz präsentierte Nila, dass nicht mehr die geringste Spur auf das verbotene Abenteuer hinwies.

»Oh, das ist großartig, vielen Dank.« Maya reichte ihrer Zofe ein Stück Kuchen, was Nila zum Anlass nahm, sich ihr gegenüber in den Sessel zu setzen und zu erzählen.

»Rakesh wird mich morgen besuchen.«

Auf den Verlobten war Maya bereits seit Längerem neugierig. »Er kommt hierher?«

Nilas Augen weiteten sich. »Nein, das würde die Dorasani nie erlauben.« Sie ließ offen, welche sie meinte, aber vermutlich duldeten weder Mayas Mutter noch ihre Großmutter Herrenbesuch bei den Dienstmädchen. Verlobt oder nicht.

»Wir treffen uns im Waldstück am Bach.«

»Lass dich nur nicht erwischen, Nila.«

Nila schüttelte entschieden den Kopf.

»Wissen deine Eltern, dass er dich besucht?«

Nun war das Mädchen sichtlich verlegen.

»Nun ja«, fuhr Maya fort, »gegen ein kurzes Treffen ist ja sicher nichts einzuwenden, nicht wahr?«

»Oh, wir tun nichts Ungehöriges«, beeilte sich Nila zu versichern.

Wie es aussah, würde Maya der Anblick des geheimnisvollen Rakesh vorläufig verwehrt bleiben.

Sie seufzte. Adrian war noch nicht zurück. Sie hatte vorhin einen Blick in die Pferdebox geworfen, in der sein Goldfuchs normalerweise stand, und sie war leer gewesen.

Den ganzen Tag hatte Maya die Frage beschäftigt, was es mit dem Kellerzimmer auf sich hatte. Ob irgendwo was darüber geschrieben stand? Maya seufzte. Davon war wohl nicht auszugehen. Es war sicher sinnlos, nach Aufzeichnungen zu suchen.

Und wo hätte sie mit ihrer Suche auch anfangen sollen? Im Zimmer ihrer Großmutter? Sie konnte sich nur zu gut vorstellen, was passierte, wenn jemand sie dabei erwischte.

Adrian ließ sich den ganzen Tag über nicht blicken, und erst spätabends, als Maya entschied, schlafen zu gehen, hörte sie Hufgetrappel im Hof. Sie löschte das Licht und sah aus dem Fenster. Adrian übergab sein Pferd einem Stallburschen und ging zum Ostflügel, um auf dem Weg in seinen Wohntrakt das Haupthaus nicht durchqueren zu müssen. Ob er etwas erfahren hatte? Es war nicht zu erwarten, dass er in dieser Nacht noch einmal in den Salon oder die Bibliothek kam. Maya würde bis zum nächsten Tag warten müssen.

Sie öffnete das Fenster und beugte sich vor, um zu sehen, ob im Arbeitszimmer ihres Vaters und im Schlafzimmer ihrer Eltern, das nahe dem ihren lag, noch Licht brannte. Ihre Großmutter ging meist recht früh zu Bett, wenn sie nicht gerade auf ein gesellschaftliches Ereignis eingeladen war. Ihre Mutter schien ebenfalls zu schlafen, nur durch die schweren Vorhänge des Arbeitszimmers fiel gedämpftes Licht, ein milchiger Schimmer im dunklen Hof. Seufzend schloss Maya das Fenster wieder und legte sich auf ihr Bett, um zu warten. Ein Kratzen an der Tür war zu hören, das Maya geflissentlich ignorierte. Schlief Maurice eigentlich nie? Das Kratzen hörte nicht auf und dann ging der Katzenjammer los. Diesen zu ignorieren, war deutlich schwerer. Erst als die schlaftrunkene Stimme ihrer Großmutter über den Korridor ertönte, jemand solle diesen entsetzlichen Kater endlich zum Schweigen bringen, oder sie würde ihm eigenhändig den Hals umdrehen, stand Maya auf und öffnete die Tür. Maurice stolzierte an ihr vorbei und warf ihr einen triumphierenden Blick zu. *Warum nicht gleich so?*

»Da warte ich die ganze Zeit darauf, dass alle schlafen, und dann kommst du und weckst das halbe Haus wieder auf.«

Ungerührt rollte Maurice sich in Mayas Lieblingssessel zusammen und sah sie gelangweilt an. *Du hattest die Wahl, nun lebe mit deiner Entscheidung.*

»Blödes Vieh«, murmelte Maya und legte sich wieder aufs Bett.

Als der Westflügel endlich in völliger Dunkelheit lag, erhob Maya sich und verließ das Zimmer. Der Gästetrakt des Korridors hatte in seiner Verlassenheit etwas Unheimliches und auch der ehemalige Damensalon wirkte schauerlich. Angesichts ihrer Entdeckung im Keller schien es, als lauerten überall Gespenster aus der Vergangenheit, die ein dunkles Geheimnis hüteten. Eilig durchquerte Maya den Salon, öffnete die Tapetentür und gestattete sich den Luxus, im Gang Licht zu machen. Dass jemand sich ausgerechnet in dieser Nacht in den Salon verirrte und sie bemerkte, war unwahrscheinlich. Am Ende des Gangs löschte Maya das Licht wieder und öffnete zögernd die Tür zu Adrians Salon. Zu spät überlegte sie, ob er es nicht grauenhaft aufdringlich finden würde, wenn sie nachts auf einmal bei ihm auftauchte. Aber darüber wollte Maya sich nicht den Kopf zerbrechen, nachdem sie nun schon einmal hier war.

Der Salon lag im Dunkeln, und sie befürchtete, dass Adrian womöglich schon schlafen gegangen war. Sie betrat den Korridor und ging in die Richtung, wo sie sein Schlafzimmer vermutete. Die Zahl der Räume, die er nutzte, war begrenzt, und Maya nahm sich vor, dass sie wieder umkehren würde, wenn sie auf diesem Flur keine Tür sah, unter der Licht hindurchschimmerte. Sie wurde jedoch nicht enttäuscht. Zwar hatte sie keine Ahnung, ob dies sein Schlafzimmer war oder nur ein weiterer Salon, aber nichtsdestotrotz musste er in diesem Raum sein. Behutsam klopfte sie an. Stille. Dann näherten sich Schritte und die Tür wurde geöffnet.

Adrian starrte sie fassungslos an. Er trug ein Hemd, das er bis zur Mitte der Unterarme aufgekrempelt hatte, und die Enden seines Halstuchs lagen lose um seinen Kragen. Nächtlichen Besuch, das war offensichtlich, hatte er nicht mehr erwartet.

»Willst du mich auf dem Flur stehen lassen?«

Immer noch stumm trat Adrian zurück und ließ sie eintreten. Sie ging an ihm vorbei und sah sich um. Das Zimmer war etwas kleiner als ihres, dafür hatte es einen hübschen Erker mit Fenstern zum Garten hin. An der rückwärtigen Wand stand ein Bett mit hohen Pfosten, die Möbel waren aus honigfarbenem Holz, offensichtlich alt und nachgedunkelt. Auf den Dielen lagen keine Teppiche, sodass der polierte Boden in dem milchig gelben Licht der Lampe auf Adrians Schreibtisch glänzte. An diesem Tisch hatte er offenbar gesessen, denn ein Schreiben – vermutlich ein Brief – lag darauf, die Tinte noch feucht.

Mit vor der Brust verschränkten Armen lehnte Adrian sich an die geschlossene Tür und beobachtete sie. »Du weißt, dass du dich in eine unmögliche Situation bringst, wenn das hier herauskommt, nicht wahr? Und mich gleich mit.«

»Ich bezweifle, dass mich um diese Uhrzeit jemand sucht.«

Maya zögerte kurz, dann ließ sie sich am Fußende des Bettes nieder, so weit am Rand, wie es gerade noch möglich war, ohne herunterzufallen. Sie wollte ihm damit zeigen, dass sie nicht gewillt war zu gehen. »Was hast du heute herausgefunden?«

»Hätte das nicht bis morgen warten können?« Adrian seufzte und fuhr sich mit beiden Händen durchs Haar. »Nichts, gar nichts habe ich herausgefunden. Die Jagdgesellschaften haben den Keller rege genutzt, aber das weißt du ja längst. Ich habe Lewis von dem Zimmer erzählt, aber er hatte allerlei Erklärungen dafür, die schlüssig klangen. Dennoch wird er sich unauffällig umhören, vielleicht wissen die Älteren etwas.«

Schweigen. Maya suchte sich eine bequemere Sitzposition, während Adrian sie unverwandt ansah, dann kam er zu ihr, blieb neben dem Bettpfosten stehen und legte eine Hand darauf. Weil das Licht hinter ihm war, lagen Schatten auf seinem Gesicht und ließen seine Augen düster wirken.

»Nun weißt du Bescheid«, sagte er. »Es ist besser, wenn du jetzt gehst. Es ist zu gefährlich.«

»Sie werden mich nicht suchen«, wiederholte Maya. Obwohl sie ihre Stimme fest und bestimmend klingen lassen wollte, war doch ein leichtes Beben deutlich daraus zu hören.

»Das macht die Gefahr nicht geringer, im Gegenteil.«

Maya sah ihn verständnislos an. Zögernd setzte er sich neben sie aufs Bett, umfasste ihre Schultern und drehte sie behutsam zu sich. »Die Gefahr für dich«, sagte er fast tonlos,

»und für mich. Du könntest deine Tugend verlieren und ich mein Herz.«

In einem raschen, zittrigen Atemzug holte Maya Luft. »Ich bin nicht hier, um mich auf diese Weise anzubieten.« Ihre Stimme entglitt ihr. Sie ließ zu, dass Adrian sie an sich zog, dass er sein Gesicht nahe an ihres brachte und mit den Lippen die ihren streifte, flüchtig nur, aber es reichte, um Maya die Luft zum Atmen zu nehmen. Dann küsste er sie. Maya schloss die Augen, überließ sich dem wilden Gefühlstaumel in ihrem Inneren, spürte ihr heftig pochendes Herz, während ihr Bauch sich anfühlte, als habe man darin einen Schwarm Schmetterlinge freigelassen.

Behutsam löste Adrian sich von ihr, hielt sie aber nach wie vor eng umschlungen und berührte mit dem Mund ihre Schläfe.

Maya legte die Arme um ihn und lehnte mit der Stirn an seiner Schulter. Sein Atem ging ebenso rasch wie ihrer, und als sie mit der rechten Hand über seine Hemdbrust glitt, fühlte sie seinen Herzschlag.

»Wenn dein Vater hiervon erfährt«, murmelte er in ihr Ohr, »dann steht er vermutlich irgendwann mit einer geladenen Flinte vor mir.«

»Dafür müsste er erst mich erschießen.«

Adrians Brust bebte in leisem Lachen, dann nahm er ihr Gesicht zwischen die Hände und küsste sie wieder und wieder. »Du hast dich nicht angeboten«, griff er ihre Worte auf, »aber von hier aus ist es nur noch ein kurzer Weg, bis du mehr gewährst als einen Kuss.«

Maya schüttelte den Kopf, war jedoch nicht einmal selbst

überzeugt. »Ist es dir ernst?«, fragte sie. »Oder würdest du mich fortstoßen, wenn ich erst einmal deine Geliebte wäre?«

»Nein, aber das sagen die Männer ja immer, wenn sie wissen, worauf sie hoffen dürfen, nicht wahr?«

Maya rückte ein klein wenig von ihm ab und betrachtete sein Gesicht, forschend, als könnte sie jedes seiner Geheimnisse darin lesen. »Du nicht.«

Adrian streichelte ihre Wange und ließ seine Hand über ihren Hals zu ihrer Schulter gleiten bis zum obersten Knopf ihrer Bluse, die einen kleinen Stehkragen hatte. Er öffnete den Knopf, dann noch einen. Schnell umfasste Maya sein Handgelenk. Er lächelte.

»Keine Sorge.« Maya knöpfte den Kragen wieder zu. »So leicht bin ich nicht zu haben.«

Adrian lachte. »Ich werde dich zu gegebener Zeit daran erinnern.«

»Nur zu, Mr Frost.« Maya lehnte sich mit dem Rücken gegen den Bettpfosten. Sie fühlte sich leicht und beschwingt, gleichzeitig pochte ein seltsam sehnsüchtiges Gefühl in ihr. »Ich hätte Lust, etwas Verrücktes zu tun.«

»Noch verrückter?«

Sie zwickte ihn in den Arm, was er mit einem kurzen Luftschnappen beantwortete. »Lass uns rausgehen und sehen, wie weit wir kommen, ehe der Tag anbricht.«

»Küsse scheinen bei dir eine ähnliche Wirkung zu haben wie Opiate bei anderen Menschen. Sie verwirren deinen Verstand.« Adrian grinste. Geschickt wich er zurück, ehe sie ihn ein weiteres Mal kneifen konnte. »Für solche Unternehmungen ist die Nacht schon zu weit fortgeschritten.«

»Und was sollen wir stattdessen machen?«

Adrians träges Lächeln hatte eine verheerende Wirkung auf ihren Herzschlag. Erneut zog er sie an sich, neigte sein Gesicht über ihres und murmelte an ihren Mund: »Mir fällt da das eine oder andere ein, um uns die Zeit zu vertreiben.« Sie spürte sein Lächeln, als er sie küsste.

Natürlich hatte Maya die ganze Nacht nicht geschlafen. Am nächsten Morgen war sie aber dennoch nicht müde, vielmehr fühlte sie sich, als liefe sie auf Wolken. Sie tanzte durch ihr Zimmer und setzte sich schließlich an ihren Frisiertisch. Unter Maurice' aufmerksamen Augen berührte sie ihre Lippen und fragte sich, ob man es ihr ansah, den ersten Kuss, die erste Verliebtheit. Wenn es diese Gefühle waren, die Irene mit Ramon teilte, dann war es den Kampf wert.

Sie läutete nach Nila, die ihr sogleich von der Schwangerschaft ihrer Schwester erzählte. Maya lächelte. Vielleicht ging für Irene und Ramon auch alles gut. Und für Nila und Rakesh. Und für sie und Adrian …

»Sin-Amma, ist Ihnen nicht gut?«, fragte Nila besorgt. Beim Blick in den Spiegel bemerkte Maya, dass sie leicht weggetreten wirkte. Schnell straffte sie die Schultern.

»Mir geht es gut, ich habe einfach zu wenig geschlafen.«

Nila runzelte die Stirn, nickte dann und ging ins Ankleidezimmer. »Der dunkelgrüne Rock mit der hellgelben Bluse?«, fragte sie.

»Ja.« Genau das Richtige, um korrekt gekleidet zu einem frühmorgendlichen Tee bei Tisch zu erscheinen und hernach noch auszureiten. Maya kleidete sich mit Nilas Hilfe an, was bedeutete, Nila schloss die Häkchen ihrer vorn geschnürten weißen Korsage im Rücken und half ihr in die Unterröcke. Nachdem sie Rock und Bluse angezogen hatte, schlang Maya sich ein dunkelgrünes Halstuch um, griff nach ihrem Hut und verließ das Zimmer.

»Nila, sag bitte im Stall Bescheid, dass Bharati gesattelt wird!«, rief sie über die Schulter zurück.

Im Frühstückszimmer war nur ihre Großmutter, die stets als Erste wach war und vor Sonnenaufgang eine Tasse Tee trank. Mit einem fröhlichen »Guten Morgen« betrat Maya den Raum. Ihre Großmutter erwiderte den Gruß und beäugte sie dabei argwöhnisch. Maya nahm sich ebenfalls eine Tasse Tee und setzte sich an den Tisch. Schweigend blickte sie aus dem Fenster und beobachtete, wie die Nacht einer lichtgrauen Dämmerung wich. Da ihre Großmutter zu so früher Stunde genauso wenig gesprächig war wie Maya, hatte die Stille nichts Unangenehmes. Als Maya ausgetrunken hatte und ihre Tasse wegstellte, erhob sich die alte Frau ebenfalls. Es schien, als wolle sie etwas sagen, tat es dann jedoch nicht, sondern zog sich zurück, vermutlich in ihr Morgenzimmer, um ihre Briefkorrespondenz für den Tag in Angriff zu nehmen.

Maya ging zu Bharati, der gesattelt und aufgezäumt auf sie wartete. Einer der Stalljungen half ihr in den Sattel. Maya drapierte ihren Rock um das Sattelhorn, über dem ihr rechtes Bein lag, ehe sie mit Bharati aus dem Stall und vom Hof ritt. Als sie außer Sichtweite des Hauses waren, ließ sie die Stute in einen zügigen Trab fallen und schließlich in ausgreifenden Galopp.

Nebel setzte sich in feinen Tröpfchen in ihr Haar und nach

kurzer Zeit überzog Bharatis perlgraues Fell ein feuchter Glanz. Maya zügelte die Stute, als der Weg enger wurde und schließlich steil bergab führte. Steinchen knirschten unter den Hufen und der Dunst hing wie Spinnwebfetzen zwischen Felsen und Gebüsch. In die nebelschwere Luft mischte sich der Duft von wildem Eukalyptus, und in dem Tal, in das Maya die Stute lenkte, lag ein See in kaltem Glanz. Zwischen den zerklüfteten Felswänden verfingen sich die letzten Reste der Nacht, während sich die Sonne bereits ihren Weg über die Teefelder ertastete.

Maya stieg ab und führte ihre Stute zum Seeufer, das von Araukarien und Zypressen umstanden war. Wilde Orchideen mit nach oben ragenden Luftwurzeln schienen aus den Baumstämmen emporzuwachsen. Am See zog sie die Schuhe aus, streifte die Strümpfe ab, setzte sich auf die Uferböschung und tauchte die Füße in das kalte Wasser. Bharatis Zügel hatte sie lose an einem Ast befestigt, sodass die Stute grasen konnte. Nachdenklich stützte sie das Kinn in die Hände und starrte ins Wasser. Ihre Eltern schienen einer Beziehung zwischen Irene und Adrian völlig ablehnend gegenüberzustehen, und es war nicht anzunehmen, dass sie es mit ihr anders halten würden. Aber warum? Was Helen gesagt hatte, klang schlüssig, aber konnte das wirklich der einzige Grund sein? Maya bewegte ihre Füße, und um ihre großen Zehen bildeten sich Kreise im Wasser, die immer weiter wurden und sich schließlich verloren. Sie musste noch einmal mit Helen sprechen. Irgendetwas verheimlichten ihre Eltern und ihre Großmutter vor ihr, da war sie sich mit einem Mal ganz sicher, und sie würde herausbekommen, was es war.

10

Adrian hatte darauf bestanden, dass sie sich nur jeden zweiten Abend sahen. Er hatte Maya davon überzeugen können, dass man über kurz oder lang Verdacht schöpfen würde, wären sie beide ständig übernächtigt.

»Und wenn wir es meinem Vater sagen?« Maya lag auf Adrians Bett, das Gesicht von einigen Haarsträhnen umrahmt, die er aus den Haarnadeln gezogen hatte. Adrian betrachtete sie in dem dämmrigen Licht, ihre graublauen Augen, das Gesicht, das weich und verletzlich wirkte, den schlanken Körper in dem hellen Kleid mit den cremegelben Streifen. Ein anderes Bild schob sich davor. Blaue Augen, eine zierliche Gestalt, die ihm kaum bis zur Schulter reichte. Einen Moment lang schwankte er, war kurz davor, Maya davon zu erzählen, und tat es dann doch nicht. Stattdessen neigte er sich über Maya und küsste die kleine Kuhle unter ihrem Hals, spürte das Pulsieren und ihren schneller gehenden Atem. Dann richtete er sich auf. »Er würde es nicht dulden, das weiß ich.«

Maya schlang die Arme um seinen Nacken und zog ihn zu sich hinunter, um ihn zu küssen. Er hatte die Hand auf ihren flachen Bauch gelegt, spürte, wie sich ihr Körper wölbte. Mit aller Selbstbeherrschung, die er aufbringen konnte, löste er sich von ihr und richtete sich auf. »Was hältst du von einem kleinen Spaziergang? Die Nacht ist so mild.«

»Klingt aufregend.« Maya setzte sich auf und nahm ein Stück Kuchen vom Teller auf seinem Nachttisch. Nachdem sie hineingebissen hatte, beugte Adrian sich vor und wischte ihr einige Krümel von der Unterlippe. Sie stand vom Bett auf, strich ihr Kleid glatt und machte Anstalten, das Zimmer zu verlassen.

»Ich gehe rasch und hole mir einen Schal.«

»Damit riskierst du nur, dass dich jemand erwischt. Komm.« Er nahm ihre Hand und führte sie aus dem Zimmer hinaus den Korridor entlang. Nach wenigen Schritten blieb er vor einer Tür stehen, die er nach kurzem Zögern aufstieß. In dem Zimmer herrschte Dunkelheit, und Adrian wartete für die Dauer einiger Atemzüge, ehe er das Licht einschaltete. Zu ihrer Rechten stand ein Himmelbett mit einem Baldachin aus gelbem Brokat mit verblichenen Blumenmustern. Zierliche Rosenholzmöbel glänzten im gelblichen Licht, und an der Wand ihnen gegenüber stand ein Frisiertisch mit einem großen, dreigeteilten Spiegel, der in angelaufenes Silber gefasst war. Adrian sah sich und Maya, wie sie reglos in der Tür standen und sich an den Händen hielten. Das Bild hatte etwas Anrührendes und gleichzeitig Verlorenes.

»Das Schlafzimmer deiner Mutter?«, fragte Maya.

»Ja.« Adrian führte sie hinein. »Die meisten Räume nutze ich nicht, daher sind die Möbel mit Laken abgedeckt. Aber bei diesem Zimmer ist es etwas anderes.« Er ging mit ihr zu einer schweren Truhe aus dunklem Holz, die sichtlich alt war. Geschnitzte Ranken zierten den Deckel, der mit einem bronzenen Riegel verschlossen war. Mit einem Klicken löste sich die Verriegelung, und als Adrian die Truhe öffnete, entstieg ihr der Geruch von altem Holz, Staub und Wolle. Hier hatte seine Mutter Decken und Schals verwahrt. Er holte einen dunkelgrünen indischen Schal heraus, der aus Wolle und Seide gewebt war und durchwirkt von filigranen Goldfäden, die im Licht glitzerten.

Adrian erhob sich und legte Maya den Schal um. »Den hat mein Vater meiner Mutter kurz vor ihrer Hochzeit geschenkt.«

Behutsam glitten Mayas Hände darüber. »Damit kann ich unmöglich draußen herumlaufen.«

»Warum nicht? Dafür wurde er gemacht.«

»Aber, Adrian, das ist eine Erinnerung an deine Mutter.«

»Ja, eine, die seit sechzehn Jahren in einer Kiste ruht. An dir ist die Erinnerung lebendiger, als wenn sie in altem Holz verschlossen bleibt.«

Maya zog den Schal eng um die Schultern. »Du bekommst ihn heute Abend sofort zurück.«

»Nein, ich möchte, dass du ihn behältst.«

»Das kann ich nicht.«

»Doch, kannst du.« Er hatte die Worte ungewollt harsch ausgesprochen und fügte weicher hinzu: »Bitte, Maya. Es bedeutet mir viel.«

Maya zauderte, nickte dann jedoch. »Danke«, sagte sie leise. Sie legte eine Hand um seinen Nacken, zog seinen Kopf zu sich und küsste leicht seinen Mundwinkel.

Das Haus zu verlassen, war nicht weiter schwer, da man vom Ostflügel direkt zur hinteren Treppe kam und von dort nach draußen gelangte.

Die Dunkelheit war fast undurchdringlich, Bodennebel waberte zwischen den Teefeldern und nur langsam gewöhnten sich ihre Augen an die diffuse Finsternis.

»Wohin möchtest du?«, fragte Adrian.

»Immer weiter und weiter«, antwortete Maya. »Mal sehen, wohin es uns verschlägt.«

»World's End?«

»Warum nicht?«

»Das könnte knapp werden bis zum Frühstück.«

»Ist mir gleich.« Maya lachte übermütig. Adrian hielt ihre Hand nach wie vor in der seinen. In diesem Moment erschien ihm das Leben vollkommen. Dann holte ihn die Wirklichkeit wieder ein, der Gedanke an ihre Eltern, die einer Verbindung mit ihm nie zustimmen würden. Und die Erinnerung an seine letzten Tage in England. Wieder lag es ihm auf der Zunge, Maya davon zu erzählen, und wieder verpasste er den richtigen Augenblick.

Maya merkte als Erste, dass sie nicht allein waren. Leise Stimmen waren zu hören, ein Wispern, das ebenso rasch verstummte, wie Adrian Maya bedeutete, keinen Laut von sich zu geben. Sie warteten. Und auch die Gestalten im Verborgenen schienen sich ihrer Gegenwart bewusst.

Adrian gab Maya mit leichtem Druck seiner Hand zu verstehen, dass sie sich nicht rühren sollte. Dann ließ er sie los. Sie blieb reglos stehen, während er einen Schritt in das von Bäumen umstandene Dunkel machte. Plötzlich knackte ein kleiner Zweig, dann war das Knirschen von Steinchen zu hören. Adrian kniff die Augen leicht zusammen und spähte in die neblige Dunkelheit. Wer immer dort war, musste unmittelbar vor ihm sein. Er tat einen weiteren Schritt, dann hörte er eine Stimme, drohend ruhig.

»Ich bin bewaffnet.«

Großartig, dachte Adrian.

Hinter ihm schnappte Maya nach Luft. »Ramon?«, rief sie ungläubig. Adrian drehte sich zu ihr um, dann hörte er das Rascheln von Röcken und eilige Schritte.

»Maya!« Irenes Stimme.

Vor Erleichterung machte Adrians Herz einen wilden Satz.

Irene kam aus dem Dickicht hervor, sah ihn an und stürzte auf ihre Schwester zu. »Was tust du hier? Bist du von Sinnen?«

Ramon folgte langsamer und blieb vor Adrian stehen. Stumm maßen sie sich.

»Dasselbe könnte ich dich fragen«, antwortete Maya.

Irene wandte sich an Adrian. »Was denkst du dir dabei?« Sie klang unangemessen vorwurfsvoll.

»Was *ich* mir denke?«, antwortete Adrian. »Vermutlich dasselbe, was sich Ramon Varathan denkt, wenn er dich bei Nacht aus dem Haus lockt – nicht zum ersten Mal, wie ich anmerken möchte.«

»Hüten Sie Ihre Zunge.« Ramons Tonfall unterschied sich in nichts von Adrians.

»Aufhören.« Das war Maya. »Irene, ich bin dir so wenig Rechenschaft schuldig wie du mir. Mehr habe ich dazu nicht zu sagen.«

»Du wirst sofort heimgehen.«

Maya lachte spöttisch. »Ganz sicher nicht.«

»Wir werden alle zurückgehen«, mischte sich Ramon ein. »Angesichts der Umstände erscheint mir das am besten.«

Adrian stimmte ihm zu und griff nach Mayas Hand. »Komm«, sagte er leise.

Kurz schien es, als wolle Maya sich sträuben, dann jedoch fügte sie sich. Es war eine seltsame Situation. Adrian wusste, als Irenes Verwandter hätte er Ramon Varathan zurechtweisen müssen. Angesichts der Tatsache, dass er in Mayas Begleitung war, hatte er aus moralischer Sicht nicht das Recht, dies zu tun. Ähnlich verhielt es sich mit Ramon Varathan, der ihn vermutlich unter anderen Umständen scharf getadelt hätte, weil er die Tochter des Mannes zu kompromittieren drohte, für den er arbeitete. Aber er selbst machte Irene in aller Heimlichkeit den Hof – wohlwollend ausgedrückt.

Der Nebel wurde immer dichter und schluckte jegliche Geräusche. Maya hielt Adrians Hand fest umklammert. Ramon und Irene liefen vor ihnen her, ohne sich zu berühren, doch die Vertrautheit zwischen ihnen war nahezu greifbar.

Vor der Veranda blieben sie stehen. Ramon berührte Irenes Wange in einer flüchtigen Geste. Dann maß er Adrian mit einem wenig freundlichen Blick und wandte sich ab, um zu seiner Unterkunft zu gehen. Irene steuerte auf die Verandatür zu, während Maya Adrian folgen wollte.

»Du kommst mit mir«, sagte Irene.

»Ganz sicher nicht.« Maya hakte sich bei Adrian unter.

»Los«, sagte er so leise, dass nur sie es hören konnte. »Redet miteinander.« Er streckte die Hand aus, ihre Finger berührten sich, verharrten einen Augenblick in einer Abschiedsgeste, dann wandte Maya sich um und ging mit Irene zur Verandatür.

Maya hatte wenig geschlafen und erschien müde am Frühstückstisch. Sie und Irene waren schweigend in ihren Zimmern verschwunden, und obwohl Maya gewusst hatte, dass Irene unbedingt mit ihr hatte reden wollen, gab sie ihr nicht die Möglichkeit dazu. Zu schwer hing das Schweigen der letzten Wochen zwischen ihnen. Zudem war Maya verstimmt wegen des verdorbenen nächtlichen Ausflugs.

Kurz nach ihr erschien ihre Mutter zusammen mit der mürrischen Lizzi – sie war kein Morgenmensch –, dem quirligen Edward und der übernächtigten Irene bei Tisch. Maya schenkte sich Tee ein und bediente sich am Buffet, häufte Rührei, gegrillte Tomaten und Würstchen auf den Teller und setzte sich. Dann griff sie nach einer Scheibe knusprig gebackenem Weißbrot und bestrich sie großzügig mit Butter und Zitrusmarmelade. Ihre Mutter beobachtete sie und hob die Brauen. Aber Maya ignorierte den stummen Tadel. Irene knabberte an einer trockenen Scheibe Brot, während Lizzi und Edward sich am Buffet gegenseitig zur Seite drängelten.

Ihre Mutter schenkte ihrem Vater Tee ein und sagte, nachdem dieser den Raum verlassen hatte, um in sein Arbeitszimmer zu gehen: »Vergesst nicht, dass ihr heute Abend bei Mrs Williamson eingeladen seid.«

Irene und Maya sahen sich an und verdrehten die Augen.

»Es sind einige wichtige Leute anwesend, von denen ich mir

viel verspreche. Insbesondere der Sohn von Mrs Standish, Irene. Er ist seit gestern aus London zurück, und Mrs Standish machte bereits Andeutungen, dass er interessiert sei. Was Mr Ewell angeht, Maya, darüber hatten wir ja schon gesprochen. Ich erwarte, dass ihr mir keine Schande macht.«

Maya trank einen Schluck Tee. »Und wo wolltet ihr noch gleich hin?«

»Auf die Feier von Mrs Blewett.«

Die versprach, deutlich amüsanter und unterhaltsamer zu werden. Maya seufzte tief und biss in ihr Brot. Wieder tauschten sie und Irene einen vielsagenden Blick.

»Mr Ewell hat Amy Fairchild geküsst«, erzählte Edward beiläufig.

Anne Cameron ließ das Brot aus der Hand fallen. »Edward!«

»Und so hat Amy dabei geguckt.« Lizzi spitzte die Lippen und verdrehte übertrieben schmachtend die Augen.

»Elizabeth Cameron!« Die Stimme ihrer Mutter hätte einen Brigadegeneral erblassen lassen. »Du gehst augenblicklich auf dein Zimmer und dort bleibst du bis heute Abend und denkst über damenhaftes Benehmen nach.« Anne Cameron ignorierte Lizzis Proteste und wandte sich Edward zu. »Und du, junger Mann, gehst in das Arbeitszimmer deines Vaters und holst dir zehn Hiebe ab.«

Die beiden Jüngsten standen auf, blass und offenbar nicht mehr in der Stimmung für Späße.

»Ach, Mama«, sagte Irene, »hältst du das wirklich für angemessen?«

»Angesichts dessen«, fügte Maya hinzu, »dass Sam Ewell *mich* überall hätte anfassen dürfen mit deiner Zustimmung.«

»Maya!« Ihre Mutter war sichtlich entsetzt.

»*Deine* Erziehung, Anne«, sagte Margery McFarlane ungerührt. »Ich erzähle es Henry seit Jahren. Kinder brauchen eine feste, sichere Hand.«

»Sagt die Frau, deren Tochter davongelaufen ist«, fauchte Anne Cameron.

Margery McFarlane wurde weiß wie eine Wand. Ihre Hand, die die Teetasse hielt, zitterte leicht, und Maya verspürte einen Anflug von Mitleid mit ihr.

»Mama, nicht doch«, sagte Irene sanft.

»Lass nur, mein Kind«, antwortete ihre Großmutter und erhob sich. Ohne ein weiteres Wort zu sagen, verließ sie das Frühstückszimmer. Unbehagliches Schweigen senkte sich über den Tisch, dann stand Irene ebenfalls auf und folgte ihrer Großmutter.

Maya senkte den Blick und sah vorsichtig zu ihrer Mutter. Sie nahm die Kanne und schenkte ihr Tee ein.

»Entschuldigung, Mama«, murmelte sie.

Anne Cameron tat einen tiefen Atemzug. »Ist schon gut, Maya. Es sind so viele Dinge, die …«, ihre Worte erstarben. »Benimm dich heute Abend, ich bitte dich. Es sind wichtige Leute dort, stoße sie nicht vor den Kopf.«

Warum gehst du nicht selbst hin?, lag es Maya auf der Zunge, aber sie schwieg. Wenn ihre Mutter die Wahl zwischen einer Feier bei Mrs Williamson und ihrer alten Freundin Mrs Blewett hatte, war klar, wie sie sich entscheiden würde. Zudem wusste Maya, dass Ella Chadwick Mrs Williamson zugesagt hatte, und ihre Mutter dieser Person erst begegnen wollte, wenn es sich nicht mehr vermeiden ließe. Durch ihre Töchter war die Familie ausreichend gut vertreten, ohne unhöflich zu werden.

»Natürlich, Mama.« Maya neigte folgsam den Kopf.

»Dann beende wenigstens du dein Frühstück, es gibt bis heute Abend nichts mehr.«

Das übliche Elend. Den ganzen Tag hungern, um schmal geschnürt in das Kleid zu passen. Auf der Feier wiederum würde die enge Schnürung verhindern, dass die Mädchen mehr als einige Bissen zu sich nehmen konnten, denn, wie die Mütter nicht müde wurden zu betonen, mochten Männer Frauen, die wie die Spatzen aßen.

Nach dem Essen verließ Maya ebenfalls das Zimmer. Als sie am Salon ihrer Großmutter vorbeikam, hörte sie Irenes Stimme. Offenbar war sie immer noch damit beschäftigt, die alte Frau zu trösten. Ein Dienstmädchen eilte mit einem Tablett durch die Halle, auf dem eine Kanne und zwei zierliche Tassen mit Untertassen standen sowie ein silbernes Sahnekännchen und ein Teller mit kleinen belegten Teebroten. Sie klopfte an die Tür und verschwand im Salon.

Auf dem Weg in ihr Zimmer schaute Maya zunächst bei Edward vorbei, um zu sehen, wie es ihm nach der Tracht Prügel ging. Sie fand ihn in seinem Ankleidezimmer, wo er gerade dabei war, seine Hose zuzuknöpfen. Auf dem Boden neben ihm lagen zerknautschte Zeitungsblätter.

»Es hat trotzdem wehgetan«, sagte Edward.

»Und Papa hat nichts gemerkt?«

»Keine Ahnung, zumindest hat er nichts gesagt.« Edward nahm von seinem Schreibtisch ein paar Bücher und klemmte sie sich unter den Arm. Sein Lehrer erwartete ihn vermutlich schon im Studierzimmer. Normalerweise nahm Lizzi ebenfalls am Unterricht teil, denn ihr Vater vertrat die Meinung, dass auch die Mädchen eine umfassende Bildung haben mussten.

Nachdem Maya sich von Edward verabschiedet hatte, ging sie zu Lizzi, die im Gegensatz zu ihrem Bruder ein Bild des Jammers bot. Sie saß auf einem Stuhl am Fenster und blickte in den sonnigen Morgen hinaus. Den ganzen Tag eingesperrt zu sein, war für sie die schlimmste aller möglichen Strafen. Hoffnung flackerte in ihrem Gesicht auf, als Maya den Raum betrat, erstarb jedoch wieder, als diese die Tür schloss.

»Ich lasse dir später ein paar Leckereien aus der Küche bringen«, sagte Maya. »Und ich habe in der Bibliothek eine Entdeckung gemacht. Wenn du mir versprichst, es niemandem zu verraten, dann erzähle ich dir davon.«

Für einen Moment schien Lizzi ihr Elend zu vergessen. »Edward darf ich auch nichts erzählen?«

»Doch, ihm schon, aber sonst niemandem.«

Damit war Lizzis Interesse geweckt. Maya setzte sich auf den Stuhl ihr gegenüber.

»Wusstest du, dass Papa eine Schwester hatte? Sie ist verschwunden.«

»Nein, wusste ich nicht. Wurde sie ermordet?«

»Das weiß keiner«, antwortete Maya düster. »Es ist ein großes ungelöstes Geheimnis.« Sie konnte förmlich sehen, wie es in Lizzi arbeitete. Zweifellos dachte ihre kleine Schwester schon darüber nach, mit Edward auf Spurensuche zu gehen.

»Ich habe in der Bibliothek ihre alten Bücher gefunden. Wenn du möchtest, bringe ich dir eins davon. Sie hat in ihre Bücher Anmerkungen an den Rand geschrieben.«

»Vielleicht Hinweise auf ein schlimmes Verbrechen?« Lizzis Wangen waren vor Aufregung gerötet.

»Nun, du hast ja einen ganzen Tag, das herauszufinden, nicht wahr?«

Lizzi nickte eifrig und Maya erhob sich. Ehe sie das Zimmer verließ, lächelte sie ihrer kleinen Schwester verschwörerisch zu.

Es war eine gewagte Farbe, aber Ella wusste, dass sie sie tragen konnte. Blassgoldene Seide, am Oberkörper glatt anliegend und mit einem Rock, der um ihre Hüften herum gerafft war und ein Unterkleid in einem satten Goldton freigab. Schlichter Perlenschmuck vervollständigte ihre Maskerade für den Abend. Ihr Auftritt war ganz nach Mrs Williamsons Geschmack, dafür sprach das anerkennende Lächeln, mit dem die ältere Frau sie begrüßte.

Ella betrat den großen Salon. Gespräche um sie herum verstummten und nach links und rechts grüßend nahm sie ihren Weg über das polierte Parkett. Die hohen Bogenfenster sperrten die Nacht aus und in den dunklen Glasflächen spiegelte sich die Ansammlung bunter Kleider und eleganter Anzüge. Juwelen funkelten im Licht der hohen Kronleuchter.

»Mrs Chadwick?«, hörte sie eine Männerstimme sagen. Sie drehte sich um und stand einem Teepflanzer gegenüber, der eine Plantage im Uva-Distrikt verwaltete. An seiner Seite stand ein dunkelhaariger, recht gut aussehender Mann, den Ella auf Anfang bis Mitte vierzig schätzte. »Ich hoffe, Sie erinnern sich noch an mich«, fuhr der Teepflanzer fort. »Anthony Whitehall. Ich möchte Sie mit Mr Taylor Montgomery bekannt machen. Ihm gehört *Blacklinton*.«

»Es ist mir ein Vergnügen«, sagte Ella.

»Ganz meinerseits.« Mr Montgomery lächelte und sah sie auf eine Art an, die Ella irritierend und auch ein wenig beunruhigend fand. Sie bemühte sich, seinem Blick offen zu begegnen.

Mrs Angelina Gaskell gesellte sich zu ihnen. »Was für eine Freude, Mrs Chadwick.« Sie ließ den Blick an Ellas Kleid hinabgleiten und schenkte ihr ein süßliches Lächeln. »Eine sehr hübsche Farbe, wenn man sie tragen kann.« Was so viel bedeutete wie: Ihnen steht sie nicht.

Ella lächelte. »Vielen Dank. Auch Ihr Kleid ist wirklich hinreißend. In meiner letzten Saison in London trug eine Freundin von mir ebenfalls dieses Modell.« Was übersetzt hieß, dass Mrs Gaskell der Mode eine Saison hinterher war.

Angelina Gaskells Lächeln verblasste und Ella verabschiedete sich mit einem Nicken. »Wenn Sie mich bitte entschuldigen, Mr Whitehall. Es war mir ein Vergnügen, Mr Montgomery. Mrs. Gaskell.«

Während sie durch den Salon ging, bemerkte sie das Eintreffen der Cameron-Töchter zusammen mit Adrian Frost.

Suchend ließ Maya den Blick durch den Saal schweifen, drehte den Kopf leicht und tauschte einen Blick mit Adrian. Ein kurzes Zwinkern, ein kaum sichtbares Lächeln, nur nichts, was eine zu auffällige Vertrautheit schuf. Er war hierhergeritten, während sie und Irene die Kutsche genommen hatten. Um keine peinlichen Momente heraufzubeschwören, hatte er erklärt. Zudem hatte er den Schwestern die Möglichkeit geben wollen, miteinander zu sprechen. Doch wieder hatte keine der beiden einen Anfang machen können und die Fahrt war in unbehaglichem Schweigen verlaufen. So ungern Maya auf diese Feier hatte gehen wollen, so war sie doch froh, der Stille in der Kutsche entkommen zu sein. Und zu ihrer Freude entdeckte sie Helen unter den Gästen, die sie eher bei Mrs Blewett erwartet hätte. Nun sah Helen sie auch, winkte und kam zu ihr.

»Ich hatte gehofft, dass du kommst«, sagte sie. »Auch wenn Papa meinte, eure Mutter schleift euch sicher mit zu den Blewetts.«

»Dort hätte ich viel eher euch erwartet.«

»Wollten wir auch, aber hier ist irgendein wichtiger Händler aus Colombo, den Papa unbedingt sehen wollte.«

»Und ich muss mit Irene die Familie bei Mrs Williamson würdig vertreten.« Maya rollte mit den Augen.

»Schau mal.« Helen stieß sie leicht an und deutete mit dem Kinn auf eine kleine Gruppe von Männern, die sich um eine Frau in einem goldenen Kleid drängten. »Was ist nur mit meinem Vater los? Grundgütiger, die Frau ist *verheiratet!*«

»Ach, das ist ja Ella Chadwick.«

»Ja. Die Männer balzen schon die ganze Zeit um sie herum.«

Stimmen schwollen an, eine Frau lachte etwas zu schrill, und als Maya sich umdrehte, um zu sehen, wer es war, bemerkte sie Adrian, der sich mit Lewis unterhielt. Zwei junge

Mädchen kokettierten in seiner Nähe und versuchten ganz offensichtlich, ihn möglichst unauffällig auf sich aufmerksam zu machen. Lewis blickte auf, zwinkerte ihnen zu, und sofort steckten die beiden Mädchen die Köpfe zusammen. Nun sah auch Adrian kurz hin und wandte sich wieder ab.

»Gibt es etwas, das ich wissen sollte?«, fragte Helen, die ihrem Blick gefolgt war.

Maya lächelte nur geheimnisvoll und ließ ihre Freundin ein wenig zappeln, während sie durch den Salon ging und immer mal wieder jemanden grüßte.

»Jetzt erzähl schon.« Es fehlte nicht mehr viel und Helen hätte mit dem Fuß aufgestampft.

Maya neigte sich zu ihr und flüsterte kaum hörbar: »Wir haben uns geküsst.«

Helen riss die Augen auf. »Wirklich?«

»Pssst.« Maya sah sich hektisch um.

»Komm!« Helen nahm ihre Hand und zog sie mit sich und in undamenhafter Eile strebten sie auf den Wintergarten zu.

»Nicht so stürmisch, die jungen Damen«, sagte der alte Mr Chafflin.

Im Wintergarten stießen die Mädchen fast mit zwei älteren Frauen zusammen, die eben in den Saal zurückwollten. Eine von ihnen, Mrs Marshall, war eine gute Bekannte von Margery McFarlane. »Maya! Helen! Zu meiner Zeit wussten sich Mädchen noch zu benehmen.«

Das Lachen der Freundinnen erstickte das gleichzeitig vorgebrachte »Entschuldigung«.

Kopfschüttelnd gingen die Damen weiter.

»Das sagt sie bestimmt meiner Großmutter.« Maya ließ

sich in einen gemütlichen Sessel fallen, der von Farnen umgeben war.

»Soll sie nur. Ich wette, die Alte ist auch nicht mit einem Stock im Rücken geboren worden.« Ein wenig atemlos setzte Helen sich auf eine Chaiselongue. »So«, sagte sie und neigte sich über die Seitenlehne zu Maya, »und nun bitte in allen Einzelheiten.«

»Ich habe mich umgehört«, sagte Lewis. Er stand mit Adrian etwas abseits. »Der Keller wurde von Jagdgesellschaften genutzt, von geheimen Räumen wusste niemand etwas. Ich konnte allerdings auch nicht ins Detail gehen, ohne die Leute misstrauisch zu machen oder Gerüchte zu schüren.«

»War zu erwarten, aber trotzdem danke.«

»Du verrennst dich zu sehr in die ganze Sache, Adrian. Ich meine, ein geheimes Zimmer mag ja noch angehen, aber das dann gleich in Verbindung mit den verschwundenen Frauen zu sehen, geht vermutlich einfach zu weit. Vielleicht war es ein Liebesnest.«

»Also wer seine Geliebte so unterbringt, legt vermutlich Wert darauf, sie schnellstmöglich wieder loszuwerden.«

Lewis grinste flüchtig. »Der Raum kann vor dreißig Jahren oder wie alt er auch immer sein mag, ganz anders ausgesehen haben. Vielleicht gab es Teppiche an den Wänden und das Gewölbe davor war prunkvoll ausgestattet – streng deine Fantasie an. Männer werden einfallsreich, wenn es um Verstecke für ihre Geliebten geht.«

»Ja«, gestand Adrian zögernd. »Vielleicht hast du recht.« Er war jedoch nicht überzeugt.

Lewis klopfte ihm auf die Schulter. »Es ist ja nicht so, dass ich dich nicht verstehen kann, aber es ist sicher das Beste, wenn du die Sache endgültig ruhen lässt. Denkst du wirklich, du findest irgendetwas heraus, das damals alle übersehen haben? Nach den Frauen ist doch intensiv gesucht worden.«

Natürlich war das der Fall gewesen. Und vermutlich hatten die, die hinter all dem steckten, fleißig mitgesucht.

»Sag mal«, Lewis nickte zu Maya hin, die gerade mit Helen kichernd den angrenzenden Wintergarten ansteuerte. »Erzähl mir nicht, du hast was mit Maya Cameron.«

»Wie kommst du darauf?«

Wieder grinste Lewis. »Eigentlich nur durch die Blicke, die ihr euch bei der Ankunft zugeworfen habt.«

Adrian blieb ihm die Antwort schuldig.

»Na ja, und damals in der Stadt, da hast du dich aufgeführt wie ein eifersüchtiger Liebhaber.«

»Ich bin nicht ihr Liebhaber.«

»Ein künftiger Ehekandidat?«

Adrian zögerte. »So weit sind wir noch nicht.«

»Na, dann hoffe ich, dass ihr euch einig werdet, ehe man ihr eure, hm, ungeklärte Liaison ansieht.«

Es dauerte einen Augenblick, ehe Adrian klar wurde, worauf Lewis anspielte. »So eine ist sie nicht.«

»Liebende Mädchen sind leicht zu verführen, das weißt du selbst, nicht wahr?«

Adrian schloss für einen Moment die Augen. Ja, leider wusste er das nur zu gut.

Helen starrte Maya aus geweiteten Augen an. Die Schilderungen ihrer Freundin waren nicht so detailliert, wie sie es sich gewünscht hatte, aber sie reichten aus, um sie in romantische Schwärmereien zu versetzen.

»Ihr seid jetzt also ein richtiges Liebespaar?«

»Ja, so könnte man es wohl nennen.«

»Und ihr werdet heiraten?«

»Äh, so weit sind wir noch nicht.«

»Du meinst, er hat sich dir nicht erklärt? Und wenn er dich«, Helen senkte die Stimme, »nun schwängert?«

Blut schoss Maya wie eine heiße Welle in die Wangen. »Helen!«

»Was werden deine Eltern sagen?«

»Das wird sich zeigen.«

Helen sah zur Tür, als wolle sie sich vergewissern, dass niemand sie belauschte. »Ich habe gehört, es gibt gewisse Gerüchte in England über Adrian.«

Misstrauisch verengte Maya die Augen. »Was denn für Gerüchte?«

»Weiß ich nicht, es hieß nur, man sei dort ganz froh, ihn eine Weile im Ausland zu wissen.«

»Das kann alles Mögliche bedeuten. Vielleicht gab es einen Familienstreit. Sein Vermögen wird von einem Treuhänder verwaltet, ein Onkel oder so.«

»Hm.« Helen hob mit einer knappen Bewegung die Schultern. »Ich werde mal schauen, ob ich mehr herausbekomme.«

Sie standen auf und kehrten zurück in den Saal, wo Mr Montgomery sich wieder mit Mrs Chadwick unterhielt.

»Man glaubt es nicht«, flüsterte Helen mit einiger Schärfe. »Sieh nur, wie er um sie herumbalzt.«

»Er spricht doch nur mit ihr.«

»Dieser Blick, Maya. Sieht das nach einer normalen Unterhaltung aus? Und es ist ihr ja sogar langsam unangenehm.«

Das stimmte allerdings. Auch wenn Mrs Chadwick freundlich antwortete, war ihr das Unbehagen deutlich anzumerken – die starren Schultern, die Steifheit in den Bewegungen, wenn sie nickte oder wie sie ihren Blick durch den Saal schweifen ließ, ganz kurz nur, nicht lange genug, um unhöflich zu wirken, und doch unübersehbar, wenn sie etwas sagte.

»Komm.« Helen umfasste Mayas Hand und zog sie mit sich zu ihrem Vater. Der drehte sich zu ihr um und lächelte etwas gezwungen.

»Ah, meine Liebe. Mrs Chadwick, darf ich Ihnen meine Tochter Helen vorstellen?«

Ella Chadwick nickte ihr freundlich zu und lächelte, während Helen artig grüßte und versicherte, es sei ihr eine Freude, was es eindeutig nicht war, wenn Maya die Blicke richtig deutete, die Helen auf ihren Vater abschoss.

»Und dies ist ihre Freundin Maya Cameron, die Tochter eines Nachbarn.« Wieder betrachtete er Ella Chadwicks Gesicht mit diesem schwer zu deutenden Blick, der eine Intensität hatte, mit der kein Mann eine verheiratete Frau betrachten sollte.

»Wir hatten bereits das Vergnügen«, antwortete Mrs Chadwick.

»Ah, in der Tat?«

Maya runzelte die Stirn. Was war nur mit Mr Montgomery los? Hatte er gar getrunken? Helen schob ihre Hand in seine Armbeuge.

»Du hast versprochen, dass du heute mit mir tanzt«, sagte sie.

Er nickte, sah Ella Chadwick an, dann Maya und entschuldigte sich. Anschließend führte er seine Tochter in den angrenzenden Saal, aus dem die Klänge eines Orchesters ertönten. Und wie auf Kommando erschien Sam Ewell, als habe er nur darauf gewartet, Maya abzupassen.

»Schenken Sie mir den nächsten Tanz, Miss Cameron?«

Maya wollte ablehnen, aber dann dachte sie an ihre Mutter und willigte seufzend ein. Es hatte an diesem Tag schon genug Streit gegeben. Sie wollte nicht, dass sich noch alle Welt erzählte, Maya Cameron habe Sam Ewell nun öffentlich einen Korb gegeben. Sie legte ihre Hand auf seinen Arm und bemerkte Adrians Blick, als sie an ihm vorbeiging. Entschuldigend neigte sie den Kopf, dann zog Sam sie auch schon auf die Tanzfläche.

»Heute etwas zugänglicher?«, fragte er, während er sich mit ihr zu den Klängen der Musik drehte.

»Nachdem Sie offenbar gelernt haben, was sich gehört.«

Sam lächelte und benahm sich in der Tat tadellos. Vielleicht hatte ihm sein Vater ins Gewissen geredet.

Als die letzten Takte der Musik verebbten und ein neues Lied angestimmt wurde, trat Adrian zu ihnen und löste Sam ab. Maya spürte seine Hand in ihrem Rücken und lehnte sich leicht dagegen, ließ sich von ihm halten und durch den Saal wirbeln, während er die Finger ihrer anderen Hand umfasst hielt.

»Gibt er immer noch nicht auf?«, fragte Adrian.

»Nein, und Mama sagte, ich soll mich benehmen.«

Adrian grinste vielsagend und Maya hob die Brauen und schenkte ihm ein unschuldiges Lächeln. Die bunten Kleider der Frauen wurden zu einem vielfarbigen Meer, die Stimmen zu einem konturlosen Rauschen, das die Musik untermalte. Maya hatte die Augen halb geschlossen und überließ sich für die letzten Takte gänzlich Adrians Führung. Als die Musik verklang und Maya an seinem Arm die Tanzfläche verließ, bemerkte sie Sam Ewell.

»So ist das also?«, murmelte er nur für sie hörbar und wandte sich ab.

In dem Moment begegnete sie Ella Chadwicks Blick. Mrs Chadwick schenkte ihr ein Lächeln, das keinen Zweifel daran ließ, dass sie um Dinge wusste, die Maya im Verborgenen geglaubt hatte. Und vielleicht war da noch mehr, von dem sie nichts ahnte.

11

Maya fiel auf, dass ihre Großmutter Adrian gelegentlich mit einem seltsamen Ausdruck im Gesicht musterte, abwartend, forschend, vielleicht sogar ein wenig feindselig. Ob sie eine Ahnung hatte? Nein, dann wäre sie eher Maya gegenüber unleidlich, zudem hätte sie es längst ihren Eltern erzählt und diese würden keinesfalls zu der ganzen Angelegenheit schweigen. Sie bemerkte überdies, dass Adrian etwas blass war und unwohl wirkte. Als sie ihn danach fragte, winkte er ab und sagte, er habe sich wahrscheinlich den Magen verdorben.

Die Tage waren angefüllt mit gesellschaftlichen Pflichten und viel Zeit blieb Maya und Adrian nicht zusammen. Es gab Ausflüge in die Stadt, bei denen Maya mit Irene, Lizzi und Edward durch die Straßen streifte, sich die in parkähnlichen Gärten verborgenen Villen ansah, die in den sanft ansteigenden Fuß der Berge hineingelagert waren, oder die Auslagen der drei Verkaufsläden, die alles boten, was man in dem von Verkehrswegen entlegenen Nuwara Eliya zum täglichen Leben brauchte. Während Maya und Irene sich Uhren und Biskuitporzellan anschauten, standen die beiden Jüngeren vor den Spielwaren. Irgendwann fragte Edward quer durch das Geschäft, ob der geruchlose Nachtstuhl nicht ein reizendes Präsent für die Großmutter sei. Während Lizzi quietschte und Maya ihr Lachen nur mühsam in einem Taschentuch ersticken konnte, wies Irene ihren kleinen Bruder mit hochrotem Gesicht und scharfen Worten zurecht. Natürlich erfuhr ihre Großmutter davon, danach wussten es ihre Eltern, und Edward war wieder einmal damit beschäftigt, seine Hosen mit Zeitungspapier auszupolstern.

»Adrian scheint es besser zu gehen«, stellte Irene fest, als dieser an ihr und Maya während eines Spaziergangs zwischen den Teegärten vorbeigeritten war und ihnen einen Gruß zugeworfen hatte.

»Ja«, murmelte Maya. Sie sehnte sich nach ihm und vermisste die Nähe zwischen ihnen. Als sie sich an ihre Schwester wandte, bemerkte sie, dass diese sie prüfend musterte.

»Ist es«, begann Irene schließlich zögernd, »euch ernst?«

»Ja, ich denke schon.«

Irene nickte nur, und Seite an Seite schlenderten sie über die schmalen, von sattem Grün gesäumten Wege, über die sich ein von zarten Schleierwolken überzogener tiefblauer Himmel wölbte. Sonnenlicht malte durch das Geäst der Bäume lichtgrüne Tupfer auf die Ränder der Teefelder.

»Habt ihr«, Maya zögerte, wusste nicht, wie sie die diffuse Sehnsucht in Worte fassen sollte, die Zurückhaltung, die Adrian so schwerfiel, »du und Ramon, habt ihr … ich meine, wartet ihr bis zur Ehe, oder …«

»Maya!«, fiel Irene ihr ins Wort, während dunkles Rot ihre

Wangen färbte. »Natürlich tun wir das. Ramon ist ein Ehrenmann.« Es schien sie regelrecht zu entsetzen, dass ihre Schwester ganz offenbar der Meinung war, Ramon halte sie für *diese* Art von Frau.

Nun spürte auch Maya, wie ihr Wärme ins Gesicht stieg. »So meinte ich das nicht. Ich dachte nur …« Sie verstummte und wusste selbst nicht, was sie eigentlich für eine Antwort erwartet hatte.

»Hat Adrian etwa …«

»Nein«, unterbrach Maya ihre Schwester hastig.

»Wenn du es ihm nicht wert bist, auf dich zu warten, ist er es ebenfalls nicht wert.«

Maya neigte nur leicht den Kopf.

»Du hast mehr zu verlieren als er«, fügte Irene kaum hörbar hinzu.

All das wusste Maya, aber manchmal erschreckte sie die sinnliche Körperlichkeit, die sie zuvor nicht gekannt hatte. Und sie war verlockend und verführerisch. Gleichzeitig jedoch wusste sie auch, dass sie selbst sich diesen Wert geben musste, Adrian warten zu lassen. Wenn er ein Mädchen für sein Bett wollte, konnte er frei wählen, hatte es in der Vergangenheit vermutlich sogar schon getan und die Mädchen hernach vergessen. Bei dem Gedanken daran flammte unvermittelt eine wilde Eifersucht in ihr auf.

»Wann wirst du es Papa sagen?«, fragte sie.

Irene zuckte mit den Schultern. »Ich weiß es noch nicht. Es wird ein harter Kampf, da bin ich mir sicher. Aber ich werde ihn durchstehen, mit hoch erhobenem Kopf, gleich, was passiert.«

Maya nahm ihre Hand und drückte sie. »Natürlich wirst du das.«

Adrian sah Maya und Irene von ihrem Spaziergang heimkehren, Hand in Hand, die Köpfe dicht beieinander, während sie miteinander sprachen. Neben ihm stand Henry Cameron und beobachtete seine Töchter ebenfalls.

»Meine Mädchen«, sagte er stolz. »Schon so erwachsen. Nicht mehr lange und ihnen werden Flügel wachsen.«

Adrian musste lächeln. Er war müde, fühlte sich aber besser als in den letzten Tagen, obwohl er kaum daheim gewesen war und nur wenig geschlafen hatte. Ihm war nach Zerstreuung gewesen, Unterhaltung, langen Nächten. Aber er vermisste Maya, und er hoffte, dass sie seinen Blick richtig deutete, als sie mit ihrer Schwester zusammen auf den Hof trat. *Bitte komm heute Nacht zu mir.* In ihren Mundwinkeln lauerte ein Lächeln, das allein ihm galt und in das er nur zu gerne die gewünschte Antwort hineinlas.

Die Mädchen nahmen ihren Vater in die Mitte, hakten sich rechts und links bei ihm ein, und als er sie ins Haus führte, ging Adrian zum Eingang des Ostflügels. Ihm war nicht nach Essen mit der Familie, denn Margery McFarlanes stetiges Taxieren war entnervend, und er fragte sich, was sie eigentlich von ihm wollte. Ja, er und Maya waren unvorsichtig gewesen auf der Feier, aber konnte sie dann nicht einfach etwas sagen, anstatt ihn ständig in dieser fast schon unheimlichen Art anzustieren?

Ehe er das Haus betrat, sah er noch einmal zu den alten Stallungen und dachte an die Falltür im Keller. Etwas zog ihn dorthin zurück, das Gefühl, er hätte etwas übersehen, etwas, das er nicht beachtet hatte, unbedingt hätte bemerken müssen. Das Tor war verschlossen, ebenso die Tür daneben. Es war, als wolle ihm das alte Gebäude zeigen, dass es seine Geheimnisse zu hüten wusste.

Die kleinen Törtchen auf der Anrichte in Adrians Salon schmeckten so köstlich, dass Maya mit einem Anflug von schlechtem Gewissen bereits nach dem dritten griff. Adrian, der sie vom Sessel aus beobachtete, grinste.

»Nur zu. Auf das gesprengte Mieder habe ich bisher ja leider vergeblich gewartet.«

Ihr Versuch, mit vollem Mund zu antworten, endete in einem unartikulierten Kauderwelsch, und Adrians Grinsen wurde breiter. »Flegel«, brachte sie schließlich hervor.

»Nun, darüber waren wir uns ja schon einig, nicht wahr?«

»Mit einer fragwürdigen Vorliebe für mein Mieder.«

»Eher für das, was sich darunter verbirgt.«

»Adrian!« Maya war entsetzt von so viel Offenheit.

Er hob beschwichtigend die Hände, stand auf und kam zu ihr. »Ich weiß durchaus, dass mir dieser reizvolle Anblick bis zu unserer Hochzeit verwehrt bleiben wird.«

Maya verschluckte sich am letzten Rest des Törtchens, und während sie hustete, umfasste Adrian ihre Taille. »Sollte das gerade eben ein Antrag sein, Mr Frost?«

»Nun ja …« Er schien in der Tat verlegen. »Angesichts dessen, was sich zwischen uns entwickelt, hielt ich das für die einzig mögliche Folge.«

»Sehr romantisch, Adrian. Wirklich.« Maya befreite sich von ihm. »Wenn mich meine Kinder später fragen, wie du um meine Hand angehalten hast, kann ich ihnen erzählen, dass du eine Ehe mit mir als einzig mögliche Folge sahst.«

Adrian lachte. »Entschuldigung, das war in der Tat nicht sehr romantisch.« Er wollte nach ihr greifen, aber sie wich ihm aus.

»Mach mir einen anständigen Antrag, Adrian, ansonsten wirst du dich mit Wunschträumen begnügen müssen.« Erneut wich sie seinen Händen aus. »Mehr habe ich heute dazu nicht zu sagen«, fügte sie mit erhobenem Kinn hinzu. *Einzig mögliche Folge.* War das zu fassen?

Seufzend gab er nach. »Was hältst du davon, noch einmal in den Keller zu gehen?«

Irritiert von dem Themenwechsel starrte sie ihn an, dann nickte sie. »Ich wollte das auch schon vorschlagen. Irgendwie lässt mir der Raum keine Ruhe.«

»Geht mir ähnlich.«

Maya griff nach ihrem wollenen Umhängetuch, das sie in der Hoffnung auf einen nächtlichen Spaziergang mitgebracht hatte. Jetzt war sie froh, dass sie sich nach langem Abwägen gegen das Tuch von Adrians Mutter entschieden hatte, das wäre für einen Ausflug in den Keller nicht das rechte gewesen. Es passte zu Gartenfeiern und nächtlichen Gesellschaften im Freien.

Das unbewohnte Erdgeschoss des Ostflügels wirkte ein

wenig unheimlich, so als lauerten in den Ecken Gespenster vergangener Zeiten, die von Dingen zu berichten wussten, die besser im Verborgenen blieben. Daran änderte auch der milchige Lichtkreis nichts, den Adrians Lampe in die Dunkelheit schnitt. Als sie die Tür erreicht hatten, die vom Ostflügel aus in den Hof führte, reichte Adrian Maya die Lampe und holte seinen Schlüssel hervor. Das gut geölte Schloss gab keinen Laut von sich, und so gelangten sie unbemerkt nach draußen, wo sie nach der klammen Kälte der leeren Korridore die frische Nachtluft umfing. Maya fragte sich, wie Adrian es ertrug, der einzige Bewohner eines Wohntrakts zu sein, in dem die meisten Möbel mit Laken abgedeckt waren und die Luft nach Staub und Leere schmeckte.

Adrian hatte den Docht der Lampe gelöscht, ehe sie ins Freie getreten waren. Auch wenn der Sichelmond kaum Licht spendete und immer wieder von den Wolken geschluckt wurde, konnten sie sich gut orientieren, nachdem sich ihre Augen an die Finsternis gewöhnt hatten. Maya hätte den Weg über den Hof auch im Schlaf gefunden.

Am Stall angekommen, öffnete Adrian die Tür, die auch dieses Mal wieder ein verräterisches Knarzen von sich gab, und während Maya noch atemlos in die Stille lauschte, entzündete Adrian den Docht der Lampe wieder und leuchtete in den Stall. Sie gingen zur Falltür, öffneten diese gemeinsam und Maya stieg abermals vor Adrian die alte Treppe hinunter.

Modrig feuchte Luft schlug ihr entgegen und die Erinnerung an den letzten Ausflug kam schlagartig zurück. Maya erschauerte. Als ahne Adrian, was in ihr vorging, umfasste er ihre Hand, und dieses Mal ließ sie ihn gewähren.

Zügig gingen sie weiter in Richtung des großen Gewölbes. Vor der Tür hielt Adrian inne und sah Maya an. »Los?«

Sie nickte.

Er schloss auf und gemeinsam traten sie durch die Tür. Dumpfe Stille empfing sie, Dunkelheit, die von der Lampe in die Ecken gedrängt wurde. Langsam schritten sie die Wände ab auf der Suche nach irgendwas Auffälligem.

»Hier ist nichts«, sagte Adrian. Er hob die Lampe und leuchtete zur Tür des kleinen Zimmers. Als Maya den bedrückenden Raum betrat, durchfuhr sie dasselbe Grauen wie beim ersten Mal. Er verströmte Angst, Trostlosigkeit, Verzweiflung.

»Nie im Leben war das hier ein Liebesnest«, murmelte Adrian.

»Wer sagt das denn?«

»Lewis hatte diese Vermutung.«

Maya setzte sich vorsichtig auf das Bett, schloss für einen Moment die Augen und atmete den Geruch von feuchtem Stein ein, als könne sie so den Geist vergangener Zeiten aufspüren. Währenddessen ging Adrian im Raum umher, hob den Deckel der Truhe, und den hohlen Klopfgeräuschen war zu entnehmen, dass er sie erneut nach verborgenen Fächern abtastete. Schließlich richtete er sich auf und strich sich das Haar aus der Stirn, dann sah er sich im Raum um. »Etwas muss hier doch sein«, sagte er kaum hörbar, wie zu sich selbst. »Jeder Mensch hinterlässt irgendwelche Spuren.«

»Ja, aber überdauern die eine so lange Zeit? Vielleicht wurde dafür gesorgt, dass nichts darauf hindeutet, was hier geschehen ist.«

»Und warum hat man dann nicht gleich alles weggeräumt? Warum das Bett stehen gelassen? Die Truhe? Die Matratze liegt immer noch hier, ebenso der Teppich. Und wenn nur einfach oberflächlich aufgeräumt wurde? Vielleicht in der Hoffnung, dass wer auch immer hier gelebt hat, irgendwann zurückkommen würde?«

Maya rieb sich fröstelnd die Arme, dann tastete sie die Matratze ab, ließ ihre Hand über den stockfleckigen Bezug gleiten.

»Steh mal auf.« Adrian trat zu ihr. Er beugte sich vor und hob die Matratze an. Beide neigten sich über das Bettgestell, und es war Maya, die den schmutzig weißen Stoff entdeckte, der dort zwischen Holzrahmen und Lattenrost geklemmt war. Sie beugte sich vor und zog ihn heraus. Ein Taschentuch, alt, zerknittert und voll schwarzer Schimmelflecken. Adrian ließ die Matratze wieder aufs Bett gleiten und sah Maya zu, wie sie das Tuch auseinanderfaltete. Was sie für Schimmel gehalten hatte, waren verblasste, kaum lesbare Buchstaben und Zahlen, offenbar mit Kohle geschrieben.

M··a Il…io.·····8··9

Auf der Suche nach einem eingestickten Monogramm drehte Maya das Tuch zwischen den Fingern. Es war nicht von besonders guter Qualität, eher eines von jener Art, die man verschenkte, wenn einem nichts Besseres einfiel.

Adrian wandte sich ab und beleuchtete die Matratze, besah sich die bräunlichen Flecken. »Das könnte auch getrocknetes Blut sein«, sagte er. »Vielleicht wurde in diesem Bett jemand ermordet.«

»Hörst du bitte auf damit.« Maya zitterte. »Versteckt, ja,

eingesperrt, auch möglich. Aber du glaubst doch nicht im Ernst, dass hier jemand getötet wurde?«

Adrian schwieg.

Maya zog die Schultern hoch und reichte Adrian das Tuch. »Nimm du es. Und jetzt lass uns gehen, ich will hier raus.«

Schweigend liefen sie nebeneinander den dunklen Korridor zurück zum Stall, überquerten den Hof und gelangten zum Ostflügel des Hauses. Als sie ihn betraten, sah Adrian Maya fragend an. Ohne ein Wort ging sie vor ihm die Treppe hinauf. Sie wollte jetzt nicht allein sein. Bis sie in seinem Zimmer waren, hielt ihre Starre an, dann drehte sie sich zu ihm, schob ihre Arme um seine Mitte und barg ihr Gesicht in seiner Halsbeuge. Er umfasste ihr Gesicht, bog ihren Kopf nach hinten und drückte seine Stirn gegen die ihre. Maya schmiegte sich in Adrians Arme, spürte den sanften Druck seiner Hände auf ihrem Rücken. Als er sich schließlich von ihr löste, bebte sie am ganzen Körper, verspürte ein Bedürfnis nach noch mehr Nähe und las denselben Wunsch in seinen Augen. Es schien, als wolle er etwas sagen, dann jedoch schwieg er und besiegelte ihre Umarmung mit einer zarten Berührung ihrer Lippen. Als er sie losließ, fühlte Maya sich auf einmal sehr allein und verspürte wieder die Verzweiflung, die der Anblick des Kellerzimmers in ihr ausgelöst hatte.

Adrian holte das Tuch hervor und legte es auf seinen Schreibtisch. Aber auch bei besserem Licht war nicht mehr erkennbar als im Keller. Schließlich gab er es auf und schob das Tuch in die oberste Schublade des Tisches. »Lassen wir es für heute gut sein.« Er wirkte müde. »Ich bringe dich noch rüber in den Salon.«

Die Fäuste um die Enden ihres Schals geklammert, ging Maya an Adrians Seite in den Salon und ließ zu, dass er die Tür für sie öffnete und Licht machte. Er schien sie zum Abschied küssen zu wollen, aber sie wandte sich ab. Ihr Bedürfnis nach Nähe war einer starren Kälte gewichen.

Als Nila morgens die Vorhänge öffnete, blinzelte Maya träge in die Helligkeit und zog sich dann die Decke über den Kopf. Ihr war die ganze Nacht unwohl gewesen, als habe sie sich den Magen verdorben. Allein bei dem Gedanken an Frühstück wurde ihr schlecht.

»Sag meiner Mutter, ich bleibe noch liegen, mir geht es nicht gut«, murmelte sie in ihr Kissen.

»Ja, Sin-Amma.« Folgsam verließ Nila das Zimmer, und nicht lange darauf waren erneut Schritte zu hören, energischer dieses Mal.

»Dir geht es nicht gut?« Die Frage kam, noch ehe Anne Cameron die Tür wieder geschlossen hatte. Sie trat ans Bett und legte Maya die Hand auf die Stirn.

»Vermutlich habe ich was Falsches gegessen.«

Forschend sah ihre Mutter sie an, dann nickte sie. »Ich lasse dir einen Kräuteraufguss bringen. Vielleicht war etwas mit dem Essen nicht in Ordnung, ich habe gehört, dass es Adrian auch nicht gut geht.«

Maya dachte an die Törtchen, die sie bei ihm gegessen hatte, und spürte, wie ihr die Hitze ins Gesicht stieg. Glücklicherweise hatte ihre Mutter sich bereits weggedreht, um das Zimmer zu verlassen. Maurice, der vor der Tür seinen Moment abgewartet hatte, kam ins Zimmer und sprang mit einem Satz auf das Bett. Maya war zu müde, um ihn zu verscheuchen, und nahm kommentarlos hin, dass er sich am Fußende zusammenrollte.

Während sie mit geschlossenen Augen dalag, stieg in Maya eine Art diffuse Verzweiflung auf. Dann dachte sie an Adrian, seine Hände an ihrem Rücken, seine Küsse und seinen bizarren Antrag. Ihr Leben lief gerade völlig aus der Bahn. Vielleicht war es ganz gut, einen Tag lang auszuruhen und über alles in Ruhe nachzudenken.

Nachdem sie den Vormittag damit verbracht hatte, Kräuteraufgüsse zu trinken, ging es Maya gegen Mittag besser, und sie bekam eine Schale Brühe. So langsam wurde ihr langweilig im Bett, andererseits war die Aussicht, von allen gesellschaftlichen Pflichten verschont zu sein, auch nicht zu verachten. Sie fühlte sich inzwischen immerhin wieder ausreichend bei Kräften, um aufzustehen, und auch die Magenkrämpfe hatten nachgelassen. Ob sie es wagen sollte, ein wenig spazieren zu gehen? Es war sicher nicht zu befürchten, dass ihre Mutter sie in den Salon rufen würde, wo sie ihren Nachmittagsbesuch empfing.

Sie läutete nach Nila, und diese suchte ihr Wäsche und ein zartgelbes, geblümtes Nachmittagskleid heraus. Mithilfe ihrer Zofe kleidete Maya sich an, ließ sich das Haar auskämmen und im Nacken mit einem gelben Schal zusammenbinden, nahm einen zum Kleid passenden Hut und verließ das Zimmer. Vorsichtig hielt sie Ausschau nach ihrer Mutter oder ihrer Großmutter, dann ging sie zur Treppe und setzte, ehe sie die Halle durchquerte, sicherheitshalber eine leidende Miene auf.

»Na, geht es dir besser?«

Maya drehte sich um und sah ihren Vater an, der eben aus dem Salon kam. »Ja, es ist nicht mehr so schlimm wie heute Morgen.«

»Solltest du nicht lieber im Bett liegen?« Er kam zu ihr und legte ihr die Hand auf die Stirn.

»Ich brauche etwas frische Luft.«

Er nickte. »Aber übertreib es nicht.«

Sie versprach es und verließ das Haus. Der Hof lag still in der nachmittäglichen Ruhe. Nach einem kurzen Abstecher zu Bharati, die in den letzten Tagen ein wenig zu kurz gekommen war und nun auf einem kleinen eingezäunten Stück Wiese graste, ging Maya ein wenig spazieren, wobei sie merkte, dass sie rasch erschöpfte, sodass sie schließlich zum Haus zurückkehrte. Während sie die hintere Treppe hochstieg, ließ sie die Hand über das polierte Holzgeländer gleiten. Langsam ging sie durch den Korridor, blieb kurz vor ihrer Zimmertür stehen, blickte sich um, zögerte und schlug dann den Weg zum alten Damensalon ein.

Adrian hatte die ganze Nacht über Magenkrämpfe gehabt und sich am Morgen übergeben. Seither dämmerte er in einem halb wachen Zustand vor sich hin und glitt immer wieder in einen unruhigen Schlaf. So ähnlich hatte er sich vor einigen Tagen schon gefühlt, dann war es wieder besser geworden, wenngleich er sich nach wie vor nicht so recht gesund gefühlt hatte. Ein Dienstbote hatte ihm Tee gebracht und Kräuteraufgüsse, aber nichts davon hatte geholfen, im Gegenteil, er war noch schwächer geworden.

Adrian wusste nicht, woran er merkte, dass er nicht mehr allein war. Vielleicht das leise Rascheln von Seide, das sich in das Wispern der Vorhänge vor dem offenen Fenster mischte, vielleicht das Knarren der Bodendielen oder dieses seltsame Prickeln, das ihn überkam, wenn er sich beobachtet fühlte. Sein Bewusstsein schwamm zwischen Schlaf und Wachsein, und Margery McFarlane war wie ein von einer hellen Aureole umgebener Schatten vor dem Fenster, durch das sich die Sonne in den Raum tastete. Sie stand da und sah ihn an. Dann fragte sie: »Wie geht es dir?«

Adrian fand, dass diese Frage keine Antwort wert war, und so schwieg er.

»Du spionierst in unserem Haus herum und fragst nach Sachen, die dich nichts angehen?«

»Du meinst den Verbleib meiner Mutter?«

Obwohl er das Gesicht der alten Frau nicht richtig erkennen konnte, ahnte er, dass sie lächelte. »Warum lässt du die Vergangenheit nicht endlich ruhen, Adrian? Und akzeptierst, dass sie dich alleingelassen hat. Warum Dinge ans Licht zerren, die besser im Verborgenen bleiben?« Sie trat zu ihm und legte ihm eine kühle Hand an die Wange. »Es wird dir bald wieder besser gehen.«

»Fühlt sich nicht so an.«

»Mach dir keine Sorgen.« Sie zog ihre Hand zurück. »Es sollte dir nur eine kleine Lehre sein, mehr nicht.«

Adrian runzelte die Stirn, während ihre Worte wie Quecksilber durch seine Gedanken rannen. Hatte die alte Hexe etwa versucht, ihn zu vergiften? Er wollte etwas sagen, aber sie kam ihm zuvor. »Du wirst viel trinken und dich ein paar Tage ausruhen. Übrigens bist du nicht allein krank, mein Lieber. Woran, meinst du, kann das liegen?«

Die Antwort erstarb Adrian auf den Lippen. Er schloss die Augen, öffnete sie wieder, und Margery McFarlane war verschwunden. Das Ganze hatte etwas Unwirkliches gehabt. Hatte er gar geträumt, sie habe ihn vergiften wollen? Adrian dachte an einen Fall in London, wo ein Mann von seiner Frau mit Arsenik getötet worden war. Wochenlang hatte der Mann über Unwohlsein und Magenkrämpfe geklagt. Adrian rieb sich die Augen. Das war doch absurd. Dann hörte er wieder das Rascheln von Seide und wandte den Kopf, spähte erneut zum Fenster und bemerkte die Silhouette einer Frau.

»Maya?«

»Ich wollte nachgucken, wie es dir geht.« Sie trat näher und setzte sich vorsichtig auf die Bettkante.

»Ist dir deine Großmutter begegnet?«

Ihre Augen weiteten sich erschrocken. »Nein, war sie hier?« Sie blickte zur Tür.

»Ja, gerade eben. Ich habe mit ihr gesprochen.«

Jetzt runzelte Maya die Stirn. »Aber ich bin schon beinahe eine halbe Stunde hier und du hast geschlafen.« Sie umfasste seine Hand. »Du siehst furchtbar elend aus. Mir ging es heute Morgen auch schlecht, ich vermute, das Gebäck war verdorben.«

Adrian nickte nur.

»Soll ich dir etwas bringen lassen?«

»Nein.«

Sie ließ seine Hand los und erhob sich, strich dabei ihr Kleid glatt. »Du muss etwas essen oder wenigstens trinken.«

Adrian hoffte zutiefst, dass sie aufhörte, von Essen zu reden, damit ihm der würdelose Auftritt erspart blieb, in ihrer Gegenwart ins Bad zum Wasserklosett zu stürzen. Überhaupt gefiel es ihm nicht, dass sie neben ihm stand, während er müde und verschwitzt im Bett lag und zu erschöpft war, sich auch nur aufzurichten.

»Mir haben die Kräuteraufgüsse wirklich geholfen.«

Und sie sollte auch aufhören, die bitteren Kräutergetränke zu erwähnen. Adrian spürte bereits, wie sich sein Magen hob, und so konzentrierte er sich darauf, sie anzusehen. Sie war in der Tat etwas blass.

»Wasser mit Zitrone hat gutgetan«, fuhr sie fort.

»Dann lass mir welches bringen.« Er bemühte sich um ein Lächeln. »Aber sei so lieb und sorge selbst dafür, dass es zubereitet wird. Nila soll es mir bringen.«

Sie zog leicht die Brauen zusammen. »Nila?«

»Tu es einfach, ja?«

Ihr Blick wurde nachsichtig, offenbar fiel ihr in diesem Augenblick ein, dass Kranke zuweilen seltsame Wünsche hatten. »Wie du möchtest.« Sie beugte sich zu ihm und berührte seine Lippen zart mit den ihren, richtete sich auf und lief aus dem Zimmer. Als Adrian die Augen wieder schloss, erinnerte nur ein zarter Duft von Bergamotte und Lavendel daran, dass sie hier gewesen war.

12

Man konnte zwar nicht behaupten, dass Adrians Genesung rasch voranschritt, aber wenigstens war er nach ein paar Tagen imstande, wieder aufzustehen, und erschien sogar zum Frühstück. Überhaupt fiel Maya auf, dass er mehr Mahlzeiten zusammen mit der Familie einnahm und sich kaum noch Essen in seine Räume bringen ließ. Die Momente bei Tisch waren derzeit auch die einzigen, die sie zusammen hatten, denn Maya besuchte Adrian nicht, solange er krank war. Es war in den vergangenen Tagen immer mal wieder vorgekommen, dass ein Dienstbote bei Nacht bei ihm nach dem Rechten gesehen hatte, und diesem wollte sie keinesfalls über den Weg laufen.

Ihr Magen hatte sich inzwischen wieder beruhigt, und auch die leichte Übelkeit, die sie noch zwei Tage zuvor geplagt hatte, war verschwunden. Zusammen mit Helen stürzte sie sich in die gesellschaftlichen Vergnügungen, zu denen Picknicks, Ausflüge und ein Frühstück auf dem Gipfel des Pedro gehörten. Die Familien mieteten Rikschas zum Ramboda Pass und zu den Moon Plains, einer ausgedehnten, sanft gewellten Hochebene mit Wäldern und Bachsenken, die früher für ihren Reichtum an Edelsteinen bekannt gewesen war. Es gab schon bei dem Aufstieg reichlich Gelächter, und oben angekommen, beteiligten sich alle an der Suche nach Edelsteinen, obwohl jeder wusste, dass dieser Schatz bereits zur Zeit der Kandy-Könige geplündert worden war. Spaß machte es dennoch und gelegentlich entdeckte man sogar ein kleines Stück Kristall. Es fanden Spaziergänge im Wald statt, Reitausflüge und Pferderennen. Mayas Tage waren so angefüllt, dass sie abends todmüde ins Bett fiel. Adrian ging es immerhin wieder so gut, dass er sich ihnen entweder anschloss oder sich mit Lewis in der Stadt traf.

Zu einem Picknick in dem Waldstück, das zu den Cameron-Ländereien gehörte, erschien halb Nuwara Eliya. Die andere Hälfte hatte sich einem Ausflug angeschlossen, zu dem Mrs Chadwick eingeladen hatte, was Mayas Mutter als persönlichen Affront betrachtete. Weiß gekleidete Tamilen breiteten Decken auf der Lichtung aus und trugen Körbe mit Leckereien heran. Kinder spielten unter der Aufsicht der Kinderfrauen und Ammen, Gruppen von Mädchen in hellen Sommerkleidern und dazu passenden Hüten standen plaudernd beisammen oder gingen eingehakt am leise plätschernden Bach spazieren, während junge Männer übermütig um ihre Aufmerksamkeit heischten. Damen tauschten Gesellschaftsklatsch aus, während die Herren sich über die aktuellen Teepreise unterhielten und ihr Wissen über das politische Tagesgeschehen zum Besten gaben.

Helen wirkte ungewöhnlich ernst und gleichzeitig aufgeregt. »Wir müssen reden«, raunte sie Maya zu, die gerade auf einer Decke Platz genommen hatte und nach einem Stück Kuchen griff. Maya entschuldigte sich bei ihrer Mutter und erhob sich. Hand in Hand lief sie mit Helen zum Rand der Lichtung, wobei es ihrer Freundin nicht schnell genug gehen konnte. Helens Wangen waren leicht gerötet, wie das stets der Fall war, wenn sie Neuigkeiten erfahren hatte und fast platzte in dem Wunsch, sie schnellstmöglich mit jemandem zu teilen.

»Ich habe nachgeforscht«, erzählte sie auch sogleich, nachdem sie sich vergewissert hatte, dass es keine unliebsamen Zuhörer gab.

»Über das Kellerverlies?«

Einen Moment lang wirkte Helen irritiert, dann schien sie sich zu erinnern und schüttelte vehement den Kopf. »Nein, über Adrian. Es gab einen Skandal in England.«

Maya hob die Brauen und wartete.

»Von meinem Vater hätte ich davon niemals erfahren, Mädchen dürfen von diesen Dingen ja nichts wissen«, fuhr Helen fort, »also habe ich Minny-May Palmer darauf angesetzt.« Als verheiratete Frau hatte Minny-May einen anderen Status und erfuhr Dinge, die man als unverheiratetes Mädchen nicht so ohne Weiteres erzählt bekam.

»Du hast ihr aber nichts von mir und Adrian gesagt, oder?«

Helen wirkte empört. »Natürlich nicht. Ich habe nur angedeutet, dass in London etwas vorgefallen sein muss, weil die Frosts Adrian außer Landes wissen wollten – also um es etwas überspitzt auszudrücken. Und Minny-May hat sich unter dem Siegel der Verschwiegenheit erkundigt.« Helen machte eine dramatische Pause.

»Und?«, fragte Maya atemlos.

»Adrian Frost hat in England ein Mädchen in Schwierigkeiten gebracht, die Tochter eines Londoner Kaufmanns.«

»Mit Schwierigkeiten meinst du …« Maya zögerte.

»Er hat sie geschwängert. Und dann«, Helens Augen weiteten sich, »hat er ihr Geld für eine Abtreibung gegeben, bei der sie jedoch gestorben ist.«

Maya war, als habe ihr jemand die Faust in den Magen gestoßen, und sie rang nach Atem. »Das kann doch nur ein Gerücht sein.«

»Leider nicht. Man hat es weitgehend unter Verschluss gehalten, aber gänzlich zum Schweigen bringt man das Gerede über dergleichen Skandale ja nie. Ich bin mir sicher, deine Großmutter weiß auch davon.«

Ein leichtes Beben ging durch Mayas Körper, ließ ihre Knie weich werden. Sie sank auf einen Baumstumpf, während es vor ihren Augen anfing zu flimmern.

»Maya?« Helens Stimme schien von weit her zu kommen. »Maya?« Hände umfassten ihre Schultern und Maya blickte auf. »Soll ich dir Wasser bringen?«

»Nein.« Maya erhob sich schwankend. Sie wollte heim. Vor ihren Augen formte sich das Bild von ihr und Adrian in enger Umarmung. Wie leichtfertig sie sich von ihm hatte küssen lassen. Wäre sie mit ihm weiter gegangen, wenn er es wirklich gewollt hätte? Aber er hatte nicht gewollt. Oder besser gesagt: gewollt vielleicht schon, aber er hatte es nicht getan. Weil er anständig war und dieses Gerücht eine Lüge? Oder weil er wusste, wohin es führen konnte, eine Tochter aus gutem Haus zu verführen. *Ein gebranntes Kind scheut das Feuer.*

Ohne weiter auf Helen zu achten, lief Maya zum Bach, sie wollte allein sein und nachdenken. Aber ihre Freundin folgte ihr. »Du wirst doch nun nicht ins Wasser gehen, oder?«

Auf einmal machte Helens Drang zur Dramatik sie wütend. »Um mich im kniehohen Bach zu ertränken?«, fauchte sie.

Helen schwieg und Maya wünschte ihre Freundin weit weg, wünschte sich selbst weit weg. Sie hatte Adrian geküsst, hatte von Dingen geträumt, die so unschicklich waren, dass sie rote Wangen bekam, wenn sie nur daran dachte. Und trotz allem, was sie nun über ihn wusste, brannte die Sehnsucht nach ihm ungebrochen in ihr. Was für ein Irrsinn war das? Und was stimmte mit ihr nicht, dass sie einen Mann so sehr liebte, der Mädchen entehrte und zu Kurpfuschern schickte, um seinen eigenen Fehltritt zu vertuschen? Der ein ungeborenes Kind töten ließ …

»Maya?« Ihr Vater musste ihre Abwesenheit bemerkt haben. »Fehlt dir etwas? Du wirkst ganz verstört.« Bei der letzten Frage sah er Helen an, die mit den Schultern zuckte und eine Entschuldigung murmelte. Kleine Äste knackten unter ihren Schuhen, als sie zu den anderen zurückging und Maya mit ihrem Vater allein ließ.

»Was ist los?« Henry Cameron stellte sich neben Maya, die wieder starr in das Wasser blickte.

»Gab es einen Skandal, der Adrian nach Ceylon getrieben hat?«, fragte sie unumwunden, ohne ihren Vater anzusehen.

Der schwieg zunächst, und Maya hörte ihn mehrmals tief Luft holen, als setzte er zu einer Antwort an. »Wer hat dir davon erzählt?«, fragte er schließlich. »Helen?«

»Warum ist das wichtig? Stimmt es oder stimmt es nicht?«

»Ja, es stimmt.«

Wieder flimmerte es vor Mayas Augen. »Er ist ein Verwandter«, brachte sie tonlos hervor, ehe ihr Vater in ihre Bestürzung etwas anderes hineindeuten konnte. »Und ich kenne ihn schon so lange.«

»Es kommt vor, dass Menschen sich in Situationen manövrieren, die ihnen die, die sie kennen, nicht zutrauen. Und so ungewöhnlich ist es nicht, was Adrian getan hat, nur hatte es in seinem Fall schlimme Folgen.«

»Ein Mädchen ist gestorben.«

»Junge Männer, nun ja«, ihr Vater schien nach den richtigen Worten zu suchen, »schlagen schon mal über die Stränge und tun Dinge, die jedem Sinn für Anstand widersprechen. Und oft können sie nicht zu ihren Fehltritten stehen und dann sind die jungen Frauen die Leidtragenden. In Adrians Fall hat diejenige mit dem Leben bezahlt.«

»Wart ihr deshalb so aufgebracht, als ihr dachtet, er und Irene …« Ihre Stimmer erstarb.

»Es war einer der Gründe. Er ist noch sehr jung, zu jung, um schon an eine Verlobung zu denken. Noch hat er nicht bewiesen, dass er reif genug ist für eine Ehe.«

Maya antwortete nicht, sondern schlang die Arme um ihren Oberkörper und hielt den Blick weiterhin reglos aufs Wasser gerichtet. Sie würde mit Adrian sprechen, in dieser Nacht noch.

Weil er wusste, wie unglaubwürdig es klingen würde, hatte Adrian seinem Freund Lewis nichts von dem Verdacht erzählt, mit Arsen vergiftet worden zu sein. Falls er diesen bizarren Besuch in seinem Zimmer wirklich geträumt hatte, hätte er sich damit nur lächerlich gemacht. Und selbst wenn nicht, fehlten ihm die Beweise. Tatsache war, dass es ihm allmählich besser ging, daher beschloss er, das Thema ruhen zu lassen, und beschränkte sich darauf, einfach vorsichtig zu sein.

»Warum bist du nicht mit Maya beim Picknick?« Lewis war der Einzige, der wusste, wie es um ihn und Maya stand.

»Mir ist nicht nach großen Gesellschaften.« Derer gab es nach Adrians Geschmack in letzter Zeit viel zu viele, und die Möglichkeit, allein mit Maya zu sprechen, würde sich nicht ergeben.

»Hast du ernste Absichten?«

»Ja.«

»Und hast du dich ihr erklärt?«

Adrian dachte an seinen missglückten Antrag und zog eine Grimasse. »Sagen wir, ich hatte es vor, bin es aber irgendwie falsch angegangen.«

Lewis grinste.

»Und nun warte ich den richtigen Moment ab.«

»Na dann, nur zu, ehe ihr erwischt werdet und euch rausreden müsst.«

»Wir sind vorsichtig.«

»Ja, das sagte schon so manch einer, ehe er vor dem Schrotgewehr eines wütenden Vaters die Flucht ergreifen musste.« Das Grinsen wich nicht aus Lewis' Gesicht, und Adrian versetzte ihm einen Stoß in die Rippen, der ihn aufkeuchen ließ.

Sie spazierten durch die Straßen der Stadt, nickten einigen Saisongästen grüßend zu und überlegten, wie sie sich die Zeit am besten vertreiben konnten. Lewis' Eltern hatten sich Ella Chadwicks Ausflug nach Gampola angeschlossen.

»Und was macht deine Suche?«

Adrian kickte einen Stein aus dem Weg. »Bisher erfolglos. Das Zimmer im Keller gibt nichts her, und Hesters Buch habe ich so oft gelesen, dass ich es inzwischen auswendig kenne. Auch dort finden sich keine versteckten Hinweise oder so. Ich habe das Zimmer meiner Mutter abgesucht, ich glaube, es gibt keinen Winkel, wo ich nicht nachgeschaut habe.« Adrian zog die Brauen zusammen und blinzelte in die Sonne.

Der alte John Primrose, von dem es schon in Adrians Kindheit geheißen hatte, er habe mindestens fünf Urenkel, saß auf einem Stuhl am Straßenrand und murmelte etwas vor sich hin. Als er Adrian und Lewis sah, deutete er mit seinem Stock auf sie. Um nicht unhöflich zu sein, gingen sie zu ihm. Gelegentlich bat er die jungen Leute, ihm einen Tee zu holen und ein wenig mit ihm zu plaudern, was stets eine ermüdende Angelegenheit war.

»Ich hab sie gesehen«, setzte er auch sogleich an, kaum, dass Adrian und Lewis in Hörweite waren. »Keiner von den anderen, obwohl sie unter uns weilt.«

Die beiden jungen Männer nickten höflich und sahen sich ratlos an.

»Hab damals mitgeholfen bei der Suche.« John Primrose zeichnete mit seinem Stock ein Muster in den Sand, das von einer Wegbeschreibung bis zu einem missglückten Baum alles sein konnte. »War natürlich fort. Hat außer mir ja keiner bemerkt, dass der Kerl ein Schuft war. Und nun sieht sie außer mir ebenfalls keiner. Oder sie wollen sie nicht sehen.«

»Wen?«, wagte Adrian zu fragen, auch wenn er vermutete, dass der wirre Redefluss des alten Mannes nun nicht mehr zum Versiegen kommen würde. John Primrose jedoch schien die Frage zu ärgern. Er nahm seinen Stock und hatte den Griff in Adrians Halstuch gehakt, ehe dieser reagieren konnte. Mit einem Ruck zog der alte Mann ihn zu sich heran.

»Die Wahrheit, die hinter der offensichtlichen Wahrheit steht, du Narr.«

Adrian befreite sich von dem Stock. »Was …«

»Und nun holt mir einen Tee.« Der alte Mann schloss die Augen. Offenbar hatte er ihnen nichts mehr zu sagen.

Irgendwie hatte Maya den Picknicknachmittag hinter sich gebracht und auch den Abend mit Haltung überstanden, den die Familie mit einigen Besuchern im lampiongeschmückten Garten ausklingen ließ. Nun lag sie im Bett und beobachtete einen silbrig blauen Schimmer auf dem Teppich, wo sich die Nacht an den Vorhängen vorbei in ihr Zimmer geschlichen hatte. Ihre Großmutter war früh zu Bett gegangen und vermutlich schliefen auch ihre Eltern bereits. Mit wild klopfendem Herzen richtete Maya sich im Bett auf. Sie war voll bekleidet und tastete mit den Füßen nach ihren weichen Lederpantoffeln, mit denen sie lautlos über die Dielen huschen konnte.

Rasch schlich sie sich in den alten Damensalon, ging im

Dunkeln zum Geheimgang und machte erst hier Licht, aus Angst vor den Spinnen. Je näher sie Adrians Räumen kam, desto schwerer wurden ihre Schritte. Sie wusste, dass er erst seit Kurzem daheim war, hatte gehört, wie er in den Hof geritten gekommen war. Die Fragen an ihn brannten ihr in der Kehle, und obwohl sie am liebsten in ihr Zimmer zurückgelaufen wäre, weil sie Angst vor den Antworten hatte, so wollte sie dieses Gespräch doch endlich hinter sich bringen.

Als Maya die Tapetentür aufstieß, schnitt das Licht einen hellen Kegel in den dunklen Salon. Sie löschte es und trat hinaus in den Korridor. Wie sie es erwartet hatte, schlief Adrian noch nicht, das bewies der zartgelbe Schimmer unter seiner Zimmertür. Maya tat einige tiefe Atemzüge und drückte eine Hand auf ihr heftig schlagendes Herz, als könne sie es damit zur Ruhe bringen. Dann öffnete sie die Tür zögernd.

Adrian stand neben seinem Bett und hielt ein Buch in der Hand. Bei Mayas Anblick lächelte er und ihr sank das Herz. Sie schluckte, drückte die Tür hinter sich ins Schloss und blieb daran gelehnt stehen. Adrian legte das Buch auf das Nachtschränkchen und nahm die Brille ab. Das Lächeln verblasste, er hatte gemerkt, dass etwas nicht stimmte.

»Was ist los, Maya?« Seine Stimme klang sanft, besorgt.

Einen kurzen Moment lang schloss Maya die Augen, dann sah sie ihn wieder an. »Was ist in London passiert?«

Er schwieg lange, erwiderte ihren Blick, dann wandte er sich ab. »Du weißt es nun also?«

Wieder spürte Maya den dumpfen Druck im Magen und Übelkeit wallte in ihr auf. Sie wollte antworten, aber die Worte steckten ihr im Hals fest und verklumpten.

»Ich«, begann Adrian, »hatte es dir längst erzählen wollen.«

»Es stimmt also«, presste Maya hervor.

»Dass Imogen Fillion schwanger war und an einer Abtreibung gestorben ist? Ja, das stimmt.« Seine letzten Worte gingen in einem trockenen Aufschluchzen von Maya unter. »Aber das Kind war nicht von mir.«

Maya presste ihre ineinander verschränkten Arme vor den Oberkörper, erstickte jeden weiteren Laut.

»Ich werde dir die ganze Geschichte erzählen, ja?« Adrians Stimme hatte nichts Flehendes oder Bittendes, sondern klang nur erschöpft und ein bisschen traurig. Maya nickte und ging mit steifen Schritten zu einem Sessel unter dem Fenster, auf dem sie sich niederließ. Sie streifte die Schuhe ab und zog die Beine unter ihren Rock. Adrian setzte sich auf den kleinen Tisch, der zwischen den beiden Sesseln stand, sodass seine Knie die ihren beinahe berührten, und er lehnte sich leicht vor, als wollte er seinen Worten etwas Eindringliches geben und sicherstellen, dass sie jedes davon verstand.

»Ein Jahr bevor ich nach Ceylon kam, lernte ich im Haus meines Onkels Zach die Tochter eines guten Freundes der Familie kennen, Imogen Fillion. Ich war zu der Zeit siebzehn und sie nur wenige Monate jünger als ich. Schon bei unserem ersten Treffen habe ich mich in sie verliebt.«

»War sie hübsch?« Im selben Moment kam Maya diese Frage unglaublich töricht vor und sie biss sich auf die Lippen.

»Ja«, antwortete Adrian nach kurzem Zögern, »das war sie. Aschblondes Haar, blaue Augen, sie war hübsch und hatte etwas Liebliches an sich. Ich musste immerzu an sie denken, es war das erste Mal, dass ich wirklich verliebt gewesen bin.« Er sah Maya an, eine leichte Röte war in seine Wangen gestiegen. Maya nickte ihm kaum merklich zu, um ihm zu bedeuten, dass er fortfahren solle. Sie hatte nicht erwartet, dass es vor ihr kein anderes Mädchen gegeben hatte, auch wenn sie es nicht gern hörte.

»Irgendwann hatte ich den Mut gefasst, ihr meine Gefühle zu offenbaren. Wir saßen in einer Gartenlaube und der Moment war perfekt. Schweigend hörte sie mir zu, während ich ihr meine Liebe gestand. Dann sagte sie mir, dass sie diese nicht erwidern könnte, da ihr Herz bereits einem anderen gehörte. Ich war so verrückt nach ihr, dass ich denjenigen am liebsten gefordert hätte. Auf meine Frage hin, wer es sei, schüttelte sie nur den Kopf.« Adrian löste seinen Blick von Maya und sah zum Fenster. Er hatte sich vorgebeugt und die Ellbogen auf den Knien abgestützt.

»Ich habe sie in den folgenden Wochen immer wieder gesehen, wenn sie mit ihrem Vater bei uns war, und obwohl ich mir vorgenommen hatte, sie nicht zu bedrängen, stellte ich ihr doch immer wieder die Frage, wer der andere Mann sei. Sie wurde kühl und abweisend und schließlich gab ich es auf und mied sie. Bis sie eines Tages, viele Monate später, auf einmal unbedingt mit mir reden wollte. Es war Sommer, ich hatte die Schule beendet und wohnte bei meinem Onkel, ehe es weiter nach Ceylon gehen sollte. Sie bat mich um einen Spaziergang im Garten, und in der Laube, in der ich ihr zuvor meine Liebe gestanden hatte, sagte sie mir, dass sie Hilfe brauchte. Der Mann, mit dem sie sich eingelassen hatte, wollte nichts mehr von ihr wissen, nachdem sie ihm eröffnet hatte, schwanger zu sein.« Wieder machte Adrian eine Pause, und sein Blick kehrte zu Maya zurück, als wollte er ihre Reaktion ausloten. »Sie war vollkommen verzweifelt und wusste nicht mehr, was sie tun sollte. Noch sah man es nicht, aber das wäre nur eine Frage der Zeit. Ich war im ersten Moment in meinem Stolz verletzt. Schließlich hatte ich sie heiraten wollen, und sie hatte mich abgelehnt, um sich dann von irgendeinem Kerl schwängern zu lassen. Aber dann tat sie mir leid und natürlich wollte ich ihr helfen. Also fragte ich sie, was ich für sie tun könne. Sie schien enttäuscht. Offenbar hatte sie auf eine rasche Eheschließung mit mir gehofft. Ich mochte sie nach wie vor, aber die Verliebtheit hatte ich bereits überwunden und ich wollte sie nicht nur um des Kindes willen heiraten. Dann sagte sie, es gebe im Norden ein Haus für Mädchen wie sie, die in Schwierigkeiten waren und dort diskret ihr Kind zur Welt bringen konnten, das man dann an liebevolle Pflegeeltern gab. Sie hatte eine Freundin eingeweiht und würde ihren Eltern sagen, dass sie deren Familie besuchte. Das Einzige, was ihr noch fehlte, war Geld. Und davon habe ich nun mehr als genug.«

»Hast du erfahren, wer der Vater des Kindes war?«, fragte Maya.

»Ja, sie hat es mir erzählt. Mein Vetter Evan, ein notorischer Schürzenjäger. Er ist zwanzig, gut aussehend, aus reicher Familie und die Mädchen sind wie verrückt hinter ihm her. Jeder gibt er das Gefühl, dass sie diejenige ist, die ihn endlich gezähmt hat. Und wenn er ihrer überdrüssig geworden ist, dann verlässt er sie und sucht sich die Nächste. Imogen war nur eine von vielen Eroberungen. Ob Bauernmädchen oder Tochter aus reichem Haus: Ist sie hübsch genug, ist sie nicht vor ihm sicher. Ich habe ihn zur Rede gestellt, aber er hat mich nur ausgelacht und mir gesagt, Imogen habe ihm alles von meiner törichten Verliebtheit erzählt. Und sie solle ihm erst einmal beweisen, dass es sein Kind sei, denn so leicht, wie sie ihn rangelassen hatte, habe sie es anderen vermutlich auch nicht besonders schwer gemacht. Und er meinte, dass dies nun meine Möglichkeit wäre, sie doch zu bekommen. Nun, es lief auf eine sehr würdelose Prügelei hinaus, woraufhin sein Vater mir vorläufig das Haus verboten hat. Am nächsten Tag hob ich Geld von der Bank ab. Ich konnte es Imogen jedoch nicht persönlich bringen, da ich in ihrem Haus nur schwerlich etwas zu suchen hatte. Und auch ein reiner Höflichkeitsbesuch hätte zu unliebsamen Fragen geführt, immerhin musste ich ihr das Geld geben, ohne dass es jemandem auffiel. Ich schrieb ihr einige kurze Zeilen, steckte das Geld zu dem Brief, versiegelte ihn und schickte ein Dienstmädchen damit zu ihr. Erst schien alles gut zu werden, ich hörte nichts mehr von ihr. Dann kam die Nachricht, dass man sie in einem sehr üblen Viertel tot aufgefunden hatte, und man fand heraus, dass sie infolge einer missglückten Abtreibung verblutet war. Der Arzt hatte Angst bekommen und ihre Leiche in einer Straße abgelegt, um den Eindruck zu erwecken, sie sei überfallen worden. Aber natürlich stellte sich jeder schnell die Frage, was sie in so einem Viertel überhaupt zu suchen gehabt hatte. Die Familie hatte alle Hände voll zu tun, den Skandal aus der Öffentlichkeit fernzuhalten. Ihre Freundin, die in der Tat eingeweiht gewesen war, hat die Polizei zu dem Arzt geführt. Dann fand man den Brief von mir und Onkel Zach erfuhr von meiner Abhebung bei der Bank. Und so zog man seine Schlüsse.«

Maya starrte auf ihre Hände, die in ihrem Schoß ineinander verschlungen waren, so fest, dass ihre Knöchel weiß hervortraten. Sie löste sie und streckte die schmerzenden Finger. »Hast du ihnen erzählt, dass dein Cousin der Vater des Kindes war?«

»Ja, aber der hat alles abgestritten. Letzten Endes wurde es dadurch noch schlimmer für mich. Man warf mir nicht nur vor, ein Mädchen geschwängert und zur Abtreibung gedrängt zu haben, sondern auch zu feige zu sein, dazu zu stehen. Und darüber hinaus einen unbescholtenen Verwandten belastet zu haben. Meine Familie hatte ja mitbekommen, wie verliebt ich in Imogen gewesen war und wie oft ich ihre Nähe gesucht hatte.«

»Und dann bist du nach Ceylon gereist?«

»Ja, ich hatte die Reise schon länger geplant, bin dann aber übereilt abgereist und mein Aufbruch glich eher einer Flucht.«

»Hat dein Onkel Zach dir geglaubt?«

»Zumindest hat er das gesagt. Aber wie alle anderen war auch er der Meinung, ich solle erst zurückkommen, wenn sich die Wogen wieder geglättet haben.« Adrian wirkte verzagt. »Glaubst du mir?«

Maya zögerte. Sie war entsetzt gewesen, verstört, enttäuscht, und in ihr hatten Fragen und Vorwürfe gebrannt. Davon war nicht einmal mehr ein Schwelfeuer übrig. Aber glaubte sie ihm? »Ja«, sagte sie langsam, »vermutlich tue ich das.«

Eine kleine Falte erschien zwischen seinen Brauen, gab sich jedoch mit ihrer Antwort zufrieden. Hinter Mayas Stirn begann es zu pochen und sie drückte die Finger gegen die

Schläfen. Glaubte sie ihm wirklich? Und wenn er sich nun rausredete, wie seine Familie es ihm vorwarf? Wäre es nicht naheliegend gewesen, Imogen einfach als Geliebte seines Vetters darzustellen? Mayas Beine streiften Adrians, als sie die Füße auf den Boden stellte und nach ihren Pantoffeln tastete.

»Ich muss eine Nacht darüber schlafen«, sagte sie.

Adrian nickte nur. Eilig erhob sie sich, und er stand ebenfalls auf, schien unschlüssig zu sein, ob er sie begleiten sollte. Maya fiel auf, wie blass er immer noch war, aber vielleicht lag das weniger an der gerade überwundenen Krankheit als vielmehr an dem Skandal, der ihn wieder eingeholt hatte.

»Bleib nur«, sagte sie. »Ich muss ein wenig allein sein.«

Er lächelte traurig. Maya drehte sich um und verließ sein Zimmer. Als sie im alten Damensalon angekommen war, löschte sie das Licht im Gang und betrat den Flur. Kurz glaubte sie, eine Bewegung hinter sich wahrzunehmen, und fuhr herum, spähte in den Korridor, den eine Funzel erhellte, damit die Dienstboten auch bei Nacht den Weg fanden. Lauerte da jemand in den Schatten? Maya trat einen Schritt vor, aber da war niemand. Vermutlich hatten ihr ihre überreizten Nerven einen Streich gespielt.

Nachdem Maya fort war, legte sich Adrian voll bekleidet aufs Bett und starrte an die Decke. Seine Erinnerungen malten Imogens Gesicht in die Schatten, ihre blauen Augen, übermütig blitzend, kalt, abweisend, verzweifelt. Hätte er ahnen müssen, dass ihr Plan eine Lüge gewesen war? Dass ihre Eltern sie nicht so ohne Weiteres in den Norden geschickt hätten, ohne sich vorher mit der Familie der Freundin abzusprechen? Wie hätte ein siebzehnjähriges Mädchen eine solche List bewerkstelligen sollen? Sie hatte gehofft, er würde ihr helfen, gehofft, er würde sie immer noch lieben. Adrian erinnerte sich zu gut an den Hauch von Genugtuung, den er empfunden und für den er sich im nächsten Atemzug geschämt hatte, als er sie abgewiesen hatte. Ja, er hatte ihr helfen wollen, und ihr Geld zu geben, war so einfach gewesen.

Müde rieb Adrian sich die Augen und spürte einen Anflug von Unwohlsein in seinem Magen, der ihm bewies, dass er noch nicht gänzlich genesen war. Evan hatte ihn ausgelacht wegen seiner Gefühle für Imogen, hatte seine Bitte, ihr zu helfen und zu ihr zu stehen –wenigstens zu ihr! –, mit einem spöttischen Kommentar zurückgewiesen. Seither hatte es andere Mädchen gegeben, Mädchen, die erfahrener gewesen waren, vorsichtiger oder die einfach mehr Glück gehabt hatten als Imogen und keine Beweise ihrer Liebschaft in sich trugen.

Zu einem Arzt aus ihren Kreisen zu gehen, hatte Imogen sich selbstverständlich nicht getraut, denn auf deren Verschwiegenheit war nicht zu zählen. Irgendwie wäre herausgekommen, wer sie war, man kannte ihren Vater und hätte es ihm zugetragen. So hatte sie sich einem Arzt anvertraut, zu dem sich niemand aus ihrer Gesellschaftsschicht verirrte, eine Vorsichtsmaßnahme, die sie das Leben gekostet hatte.

13

»Und du hast ihm geglaubt?« Helen löffelte genussvoll einen Rest Eis aus ihrer Schale.

»Ja.«

»Aber?«

Maya zuckte mit den Schultern. Obwohl sie keinen Hunger hatte, knabberte sie an einem Plätzchen, um sich irgendwie zu beschäftigen und Helens forschendem Blick auszuweichen. Sie saßen auf der Veranda und genossen die Nachmittagssonne.

»Es ist natürlich eine sehr romantische Version der Geschichte.« In Helens Augen trat ein verträumter Glanz.

»Ein Mädchen wird geschwängert, verlassen, stirbt bei dem Versuch einer Abtreibung und wird in einer dreckigen Straße entsorgt. Das nennst du romantisch?«

»Du bist ein hoffnungsloser Fall, Maya. Adrians verzweifelte Liebe und sein Wunsch, dem Mädchen zu helfen, *das* ist romantisch. Nun ja, er hätte sie heiraten können, das wäre ein wahrer Liebesbeweis gewesen.« Dann bemerkte Helen Mayas Blick und verstummte. Sie lehnte sich vor und stellte das Schälchen auf den Tisch vor sich. »Und was wirst du jetzt tun?«

»Weiß ich noch nicht.« Maya zupfte an einem Faden, der sich an einem Knopf gelöst hatte, und wickelte ihn um den Finger. Natürlich war es schlimm, einem solchen Verdacht ausgesetzt zu sein, und Maya wollte unbedingt an Adrians Unschuld glauben. Aber ein kleiner Keim des Zweifels blieb, und er würde Wurzeln schlagen und wachsen, wenn es ihr nicht gelang, ihn gänzlich auszurotten. Mayas Fingerkuppe lief rotviolett an, so fest hatte sie den Faden darumgeschlungen. Als sie ihn abwickelte, löste sich der Knopf von ihrem Kleid und fiel mit einem leisen *Pling* zu Boden.

»Falls es zwischen euch aus ist, gibst du ihm dann auch den Schal seiner Mutter zurück?«

»Herrje, Helen!«

Entschuldigend neigte ihre Freundin den Kopf, wirkte indes nicht wirklich reuevoll. Maurice kam durch die halb offene Verandatür hinaus und strich schnurrend um Helens Röcke. Diese bückte sich, um den Kater zu streicheln. »Ich wünschte, unsere Katze wäre so.«

»Frag doch Irene, ob ihr tauschen könnt.«

Helen hob Maurice hoch. »Er würde jederzeit hierher zurückkommen.« Ihre Stimme bekam einen sanften Klang. »Du lässt dich nicht einfach so wegtauschen, nicht wahr?«

Maurice stieß ein bestätigendes Knurren des Wohlbehagens aus und sah Maya über Helens Arm hinweg an. *So viel zu dummem Geschwätz.*

»Oh, sieh mal.« Helen deutete mit dem Kinn zum Gartenweg, der von den Teefeldern aus zum Haus führte, und Maya wurde der Mund trocken. Adrian kam zusammen mit Lewis auf die Veranda zu, vertieft in ein Gespräch, das er jedoch unterbrach, als er die beiden Mädchen entdeckte. Vermutlich wären sie mit einem Gruß weitergegangen, aber Helen sprach sie an.

»Genießt ihr auch den schönen Nachmittag?«

Lewis zwinkerte ihr zu. »Bisher ja, aber jetzt ruft die Pflicht.«

»Hier im Haus?« Helen erwiderte sein Lächeln keck.

»Ich habe Adrian versprochen, ihm bei etwas zu helfen.«

Damit hatte er Helens volles Interesse. »In der Tat? Ihr plant nicht zufällig einen Abstecher ins Kellerverlies?«

»Helen!« Maya stieß sie an.

»Was denn? Du hast doch gesagt, Lewis wisse Bescheid.«

»Ich denke, da unten wird sich keine neue Erkenntnis auftun«, entgegnete Lewis.

Helen bog den Kopf zurück, um Lewis in die Augen sehen zu können, was diesen sichtlich entzückte. »Ja, vermutlich. Obwohl ich es zu gerne gesehen hätte.«

»Es sind nur einige geschäftliche Unterlagen, die ich mit ihm durchgehe.«

»Also nichts Aufregendes?«

Maya hörte dem Geplänkel der beiden nur mit halbem Ohr zu, während ihr Blick in dem Adrians versank. Als er sich abwandte und mit Lewis den Weg zum Ostflügel einschlug, beschloss sie, mit ihm zu sprechen, wenn alle im Haus schliefen.

Maya rauschte das Blut in den Ohren, als sie den hell erleuchteten Gang zu Adrians Trakt entlanglief. Sie liebte ihn und konnte ihn nicht aufgeben, das war ihr nun mehr als klar. Und was war ihre Liebe schon wert, wenn sie bei einem solch ungeheuerlichen Vorwurf lieber anderen glaubte als ihm?

Sie betrat Adrians Salon und schlich von dort zu seinem Zimmer. Behutsam klopfte sie an, bevor sie langsam die Tür öffnete. Gerade als sie sich darüber wunderte, dass der Raum leer war, trat Adrian aus dem angrenzenden Ankleidezimmer, die Ärmel seines Hemdes über die Handgelenke aufgerollt und mit geöffnetem Kragen. Sein Haaransatz war feucht, als habe er sich gerade gewaschen. Ein Lächeln huschte über sein Gesicht, verweilte in seinen Mundwinkeln, getragen von einer Spur Erleichterung, in die sich Freude mischte.

»Ich …« Maya suchte nach den richtigen Worten, »ich konnte diese ganze … Angelegenheit nicht so zwischen uns stehen lassen.«

»Glaubst du mir?«

Sie atmete Unruhe und Zweifel weg. »Ja«, wisperte sie kaum hörbar. »Ja, das tue ich.« Sie hob die Hand, berührte sein Gesicht mit den Fingerspitzen. »Wenn ich dir nicht trauen kann, dann …« Die Stimme versagte ihr. Adrian umfasste ihr Gesicht und küsste sie, kleine, zarte Berührungen seiner Lippen, und sie trank seinen Atem. In diesem Moment wusste sie, dass sie rettungslos verloren war. Sie schmiegte sich in seine Arme, während eine wilde Sehnsucht in ihr aufkeimte.

»Maya.« Adrian löste sich von ihr und kam nur mühsam zu Atem, dann küsste er sie erneut. Sie spürte den harten Schlag seines Herzens an ihrer Brust. Es war Adrians Stimme der Vernunft, die sie dazu brachte, den Kuss zu beenden, ehe der letzte dünne Faden von Selbstbeherrschung riss. Adrian hielt sie umfangen und lehnte seine Stirn an die ihre.

»Ich möchte, dass du mir nach London folgst«, sagte er leise. »Willst du das tun?«

»Ja«, antwortete sie leise. »Und meine Eltern …«

»Werden es erlauben, wenn wir vorher heiraten.«

Das war nicht ganz die Art von Antrag, die Maya sich vorgestellt hatte, aber in ihrem Glückstaumel wollte sie nicht kleinlich sein. Ein übermütiges Lachen stieg in ihrer Brust auf und sie legte Adrian den Arm um den Nacken, wollte sein Gesicht wieder zu sich heranziehen. Er hielt sie jedoch auf Abstand.

»Soll das ein Ja sein?«

»Ja«, stieß Maya lachend hervor. »Ja, ja.« Wieder wollte sie ihn küssen und dieses Mal gab er nach.

Als sie später mit gelöschtem Licht am Fenster standen, lehnte Maya ihren Kopf an seine Schulter und versuchte, sich jedes noch so winzige Detail einzuprägen, um in kleinen Happen davon zu zehren, wenn Adrian fort war. Denn er würde gehen. Sie war erst sechzehn. Leise seufzte sie. Und falls ihr Vater seine Einwilligung nicht gab? Daran wollte sie nicht denken. Sie spürte Adrians Hand an ihrem Rücken und seine Wange in ihrem Haar. Ob er mit anderen Mädchen auch schon so dagestanden und in die Dunkelheit geschaut hatte? Und ob er diese zuvor auch bis zur Atemlosigkeit geküsst hatte?

»Woran denkst du?«

»Gab es andere Frauen in England?«, platzte sie heraus.

»Keine, die ich hätte heiraten wollen.«

»Aber welche, mit denen du zusammen warst?«, hakte Maya

nach. »Auf … auf jene Art, die man dir mit Imogen vorgeworfen hat?«

»Nein, auf diese Art war ich mit noch keiner Frau zusammen.«

»Aus einem Mangel an Gelegenheiten?«

Ein leises Lachen regte sich in Adrians Brust. »Ein Ehrenmann schweigt über dergleichen Dinge.«

»Ich möchte es aber wissen.«

Er küsste ihr Haar. »Zwecklos, meine Liebe. Du bist die Erste, das zu wissen, muss dir genügen.«

Für einen kurzen Augenblick war Maya verstimmt, dann war da aber wieder dieses tiefe Glücksgefühl und sie lächelte.

Mayas Herz tanzte in ihrer Brust. Ihre Füße schienen über den Boden zu schweben und ein weiches Lächeln lag auf ihren Lippen. Nachdem sie das Licht gelöscht hatte, empfing sie im Salon nachtblaue Dunkelheit. Leise schloss sie die Tapetentür und trat hinter der spanischen Wand hervor. Im nächsten Augenblick fuhr sie erschrocken zusammen und schnappte hastig nach Luft, als sie die Silhouette in dem Sessel neben der Tür bemerkte, reglos, lauernd. In diesem Moment erhob ihre Großmutter sich, und ehe Maya sich von ihrem Schreck erholen konnte, warf eine Ohrfeige ihren Kopf zurück. Maya konnte nicht einmal reagieren, da traf sie ein weiterer Schlag, und der Ring ihrer Großmutter ließ ihren Mundwinkel aufplatzen.

»Du missratene Kreatur!« Eine Hand krallte sich in Mayas Haare und riss ihren Kopf mit einem Ruck nach unten, sodass sie gebückt neben ihrer Großmutter stand. »Welche Art von Mädchen schleicht bei Nacht zu einem Mann ins Zimmer?«

Verzweifelt versuchte Maya, sich zu befreien, Tränen schossen ihr in die Augen, in ihren Mund trat ein metallischer Geschmack. Sie fuhr mit der Zungenspitze über die Lippen und spürte ein Brennen im Mundwinkel. Ohne ein weiteres Wort zu sagen, wickelte ihre Großmutter sich Mayas Haar fester um die Hand und zerrte sie hinter sich her auf den Korridor. Maya stolperte und taumelte in ihrer gebückten Haltung den Flur entlang, bis ihre Großmutter vor dem Zimmer ihrer Eltern stehen blieb.

»Henry!« Margery McFarlane schlug mit der Faust gegen die Tür. »Henry!« Die Stimme steigerte sich zu einem schrillen Crescendo.

Schritte waren zu hören, das Knarren der Dielen, dann wurde die Tür aufgerissen. »Was um alles in der Welt ist passiert?« Henry Cameron klang erschrocken.

»Deine Tochter!«

»Was …«

Ihre Großmutter schleuderte Maya an den Haaren ins Zimmer, sodass sie zu Boden fiel. »Deine Tochter!«, geiferte sie erneut.

»Maya?« Ihr Vater ging neben ihr in die Hocke. »Was ist geschehen?«

»Bei Adrian Frost war sie die halbe Nacht lang. Ich habe auf sie gewartet.«

Nun hörte Maya ein Rascheln im Bett und ihre Mutter erhob sich. »Verlass auf der Stelle diesen Raum!«

Erst glaubte Maya, sie sei gemeint, und wollte sich aufrappeln, aber ihre Mutter ging an ihr vorbei. »Hast du mich verstanden?«

»Sie gehört verprügelt«, antwortete ihre Großmutter. »Henry!«

»Wenn du gewusst hast«, sagte Anne Cameron kalt, »dass sie bei Adrian Frost war, warum hast du Henry nicht Bescheid gegeben, damit er sich darum kümmert?«

Darauf wusste ihre Großmutter nichts zu sagen.

»Nun geh.«

Maya sah, dass ihr Vater nickte, und ihre Großmutter musste sich geschlagen geben. Nachdem die Tür ins Schloss gefallen war, wandten sich ihre Eltern an Maya, die nun aufstand, um sich nicht ganz so klein und hilflos zu fühlen. Auch wenn ihr klar war, dass ihr gewaltiger Ärger bevorstand. Ihre Eltern jedoch schwiegen, sahen sich an, schienen ein stummes Gespräch zu führen.

»Geh auf dein Zimmer«, sagte ihr Vater. »Wir reden später. Jetzt habe ich erst einmal etwas anderes zu klären.« Wieder folgte ein stummes Zwiegespräch zwischen ihren Eltern.

»Ja, aber …« Maya sah ihn irritiert an. Ihre Mutter umfasste ihren Arm.

»Du hast deinen Vater gehört. Geh auf dein Zimmer.« Sie schob Maya zur Tür, öffnete diese und stand Margery McFarlane gegenüber, die offenbar nicht verpassen wollte, wie die beiden mit der ungehorsamen Tochter verfuhren. Anne Cameron ignorierte sie. »Nun los.«

»Sie soll auf ihr Zimmer gehen? Was ist denn das für eine Strafe für so ein Benehmen?«

»Überlass das uns, Mutter.« Maya sah ihren Vater im Morgenmantel das Zimmer verlassen. Mit eiligen Schritten durchquerte er den Korridor, und man musste nicht hellseherisch begabt sein, um zu wissen, wohin ihn sein Weg führen würde.

Als Adrian die Schritte im Korridor hörte, wusste er, dass man Maya erwischt hatte. Er war bereits im Begriff gewesen, sich umzukleiden, und knöpfte nun sein Hemd hastig wieder zu. Er hatte eben den letzten Knopf geschlossen, als die Tür aufflog und Henry Cameron ins Zimmer stürzte, im Morgenmantel, das Haar wirr vom Schlaf und in einer Hand – Adrian wollte seinen Augen nicht trauen – einen Rohrstock. Mit diesem deutete er auf Adrian.

»Sieh mir in die Augen und sag mir, ob du sie berührt hast.«

»Nein, das habe ich nicht.«

Henry Cameron taxierte ihn, schien den Wahrheitsgehalt der Antwort ausloten zu wollen. »Du versicherst mir also bei deiner Ehre, dass du ihr nicht …« Er schien ein Wort zu suchen, das nicht ganz so drastisch beschrieb, was Adrian seiner Tochter womöglich angetan hatte, »beigewohnt hast?«

»Ja.«

Der Rohrstock zitterte leicht in Henry Camerons Hand. »Wie lange geht das mit euren nächtlichen Treffen schon?«

Adrian zögerte. »Ein paar Wochen.«

»Und was hat sie hier getan?«

Das wiederum wollte Adrian nun nicht genauer ausführen, denn Henry Cameron wirkte nicht so, als sei er besonders duldsam gegenüber einem Mann, der seine Tochter umarmt und geküsst hatte. »Nichts, was sie nicht auch bei Tag in einem eurer Salons hätte tun können. Es war das Abenteuer, das zu nächtlichen Treffen verleitet hat. Und vielleicht auch ein wenig Romantik.«

Der Stock wurde leicht gesenkt. »Du hast eine Vergangenheit in England, Adrian, die ich nicht ignorieren kann. Maya wäre nicht das erste Mädchen, das du in aller Heimlichkeit verführst.«

Ein bitteres Lachen glitt über Adrians Lippen. »Niemand von euch hat mich je gefragt, was von dieser Geschichte der Wahrheit entspricht. Und wenn ich euch erzählt hätte, dass mein Vetter das Mädchen geschwängert hat, hättet ihr mir Glauben geschenkt? Und dass ich ihr das Geld auf ihre Bitte hin gab, weil sie mir gesagt hatte, dass sie ihr Kind heimlich zur Welt bringen wollte, obwohl sie schon da geplant hatte, es abtreiben zu lassen. Hättet ihr das nicht als Lüge bezeichnet? So wie jeder in London es getan hat?«

»Du hättest es versuchen können.«

»Ihr hättet mich fragen können, ehe ihr diese Geschichte habt herumgehen lassen.«

Henry Cameron senkte den Rohrstock. »Du hast das Mädchen nicht zu einer Abtreibung getrieben?«

»Grundgütiger, nein! Sie brauchte Geld, deshalb kam sie zu mir, zu ihren Eltern konnte sie ja nicht.« Adrian wusste nicht, ob Mayas Vater ihm glaubte, aber zumindest entdeckte er einen Anflug von Zweifel in dessen Augen.

»Und wie hast du dir das mit Maya vorgestellt? Ein kleines Abenteuer, um dir den Aufenthalt hier angenehmer zu gestalten?«

»Nein, ich …«

»Warum sonst die Heimlichkeit?« Nun wurde Henry Camerons Stimme wieder lauter. »Denkst du, ich weiß nicht, wie es ist, ein junger Mann zu sein? Hättest du einer solchen Versuchung nicht irgendwann nachgegeben?«

Ob er ahnte, wie kurz Adrian in dieser Nacht davor gewesen war? Adrian schüttelte den Kopf. »Es ist mir ernst mit ihr, ich möchte sie heiraten.«

»Und wann hattest du vor, mir das zu sagen? Offiziell um sie zu bitten?«

»Sobald ich etwas vorzuweisen habe. Ich wusste, dass ich mit deiner Einwilligung zum jetzigen Zeitpunkt nicht rechnen konnte.«

Henry Cameron nickte. »Das ist richtig. Sie wird sich nicht mit dir verloben. Wie es mit euch weitergeht, entscheide ich, wenn ich gesehen habe, ob mehr in dir steckt als nur der Erbe eines großen Vermögens. Und bis dahin«, er richtete den Stock wieder drohend auf Adrian, »näherst du dich ihr nur noch in einer Form, die der Anstand erlaubt, hast du das verstanden? Keine nächtlichen Treffen mehr, keine Heimlichkeiten.«

Adrian nickte und fügte leise hinzu: »Wir lieben uns.«

»Maya ist zu jung, um eine derart weitreichende Entscheidung treffen zu können.« Mit diesen Worten ließ er Adrian zurück.

Unruhig lief Maya in ihrem Zimmer auf und ab. Sie hoffte, dass ihr Vater gleich bei ihr vorbeischauen würde, und so atmete sie auf, als sie endlich seine Schritte hörte. Sie wollte die Sache einfach nur hinter sich bringen. Als sie jedoch den Rohrstock in seiner Hand sah, riss sie erschrocken die Augen auf.

»Keine Sorge, Maya, ich werde dich nicht schlagen, auch wenn du es verdient hättest.« Ihr Vater klopfte sich mit dem Stock ans Bein. »Ich nehme an, du weißt auch so recht gut, in welche prekäre Situation du dich gebracht hast. Wir können nur hoffen, dass keiner der Dienstboten etwas mitbekommen hat, deine Großmutter war ja nun nicht gerade diskret. Ansonsten macht die Sache wohl schnell ihre Runde in der Stadt.«

Das war Maya herzlich gleichgültig, aber sie war klug genug, dies nicht kundzutun.

»Adrian hat gesagt, es sei ihm ernst mit dir und er wolle dich heiraten. Stimmt das?«

Obwohl Maya sich überrumpelt fühlte, nickte sie. »Er hat mir einen Antrag gemacht.«

»Ihr werdet euch nicht verloben, ehe ich nicht weiß, ob er etwas taugt.«

»Aber das ...«

»Wird noch mindestens drei Jahre dauern. Zeit genug, dir über deine Gefühle im Klaren zu werden. Mit sechzehn fühlt die Liebe sich immer großartig an. Aber wird sie das auch noch sein, wenn Adrian wieder in England ist und du hier andere junge Männer kennenlernst?«

»Die interessieren mich nicht.«

Ihr Vater sah sie prüfend an. »Das sagst du jetzt. Aber sei es drum, ich werde keinen Disput mit dir führen. Darüber hinaus hast du vier Wochen lang Hausarrest. Keine Ausritte, keine Spaziergänge, keine Besuche bei Helen, nichts, was außerhalb gesellschaftlicher Aktivitäten liegt.«

»Das kannst du nicht tun!«

Ihr Vater hob die Brauen. »Kann ich nicht?«

»Ich … aber …« Mayas verzagte Worte endeten in einem tiefen Seufzer.

»Damit wäre alles gesagt, nicht wahr?«

14

Du liebe Güte, wie siehst du denn aus?« Irene richtete sich in ihrem Bett auf, noch schlaftrunken, das Haar in einem geflochtenen Zopf, aus dem sich einige wirre Strähnen gelöst hatten.

Maya berührte ihren angeschwollenen Mundwinkel. »Großmutter hat mich letzte Nacht erwischt, als ich von Adrian kam. Sie hat mich im Salon erwartet und an den Haaren zu Papa geschleift.«

Irenes Augen weiteten sich und ihr Mund wurde zu einem stummen »O«. In raschen Worten erzählte Maya von den Ereignissen der letzten Nacht.

»Da hast du dich ja in einen schönen Schlamassel geritten. Aber wenigstens lehnt Papa Adrian nicht gänzlich ab.«

»Ich muss drei Jahre warten. Und ich darf einen Monat lang das Haus nur noch zu gesellschaftlichen Anlässen verlassen.«

»Er hätte dich auch verprügeln können, manch anderer hätte es getan. Und dann hätte er sagen können, dass ein Mann, der seine Tochter auf Abwege führt, diese niemals heiraten darf. Du kannst also von Glück sagen.« Irene strich sich einige verirrte Haarsträhnen aus dem Gesicht. »Ich muss mit Ramon sprechen«, sagte Irene. »Wenn Großmutter so wachsam ist, sind wir vielleicht die Nächsten. Er muss mit Papa reden.«

»Denkst du, das ist jetzt der richtige Zeitpunkt?«

»Ja, ehe die Sache so herauskommt.«

Maya ließ sich auf Irenes Bett fallen. Plötzlich verspürte sie eine lähmende Erschöpfung.

»Und Mama hat gar nichts gesagt?«

»Nein. Und gleich sehe ich sie alle beim Frühstück.« Maya vergrub angesichts dieser entsetzlichen Aussicht das Gesicht im Kissen. Vielleicht sollte sie einfach schlafen. Dann stünde ihr jedoch noch mehr Ärger ins Haus und der würde sich zweifellos spätestens beim Mittagessen entladen.

Irene stieß sie an. »Komm schon. Du hast gewusst, dass es gefährlich war.«

»Aber es fühlte sich so gut an«, kam es gedämpft zurück.

»Trag die Konsequenzen mit Fassung.«

Stöhnend richtete Maya sich auf. »Ich finde es grauenvoll, wenn du so vernünftig daherredest.« Sie hörte ein dumpfes Geräusch und sah einen roten Schatten, der über das Bett huschte. An Irenes Seite ließ Maurice sich nieder und sah Maya an, ganz offensichtlich ebenfalls der Meinung, dass es nun an der Zeit für Konsequenzen war.

Angesichts der Überzahl gab Maya sich geschlagen und stand auf. »Aber wir gehen zusammen runter«, sagte sie.

Irene lächelte spöttisch. »Natürlich, Angsthäschen. Und nun zieh dich an, ich hole dich ab, sobald ich fertig bin.«

Mit einer Spur von Erleichterung kletterte Maya vom Bett

und lief in ihr Zimmer. Sie läutete nach Nila und kleidete sich sehr sorgfältig an, ein cremegelbes Tageskleid mit honigbraunem Saum, eine Farbe, die sich am Kragen und den Ärmelaufschlägen wiederholte. Nila steckte ihr gerade das Haar zu einem schlichten Knoten hoch, als es klopfte und Irene das Zimmer betrat.

»Fertig?«

Maya nickte.

»Na dann, auf in die Schlacht.«

An Irenes Seite trat Maya hinaus auf den Korridor und auf der Treppe kamen ihnen Edward und Lizzi entgegen.

»Wir sollen heute im Kinderzimmer frühstücken«, sagte Edward.

»Großmutter war furchtbar unleidlich«, fuhr Lizzi fort. »Und Mama hat uns wieder aus dem Frühstückszimmer geschickt.«

»Weil sie denkt, wir bekommen dann nicht mit, was geredet wird.« Edward zwinkerte ihnen zu.

»Davon will ich nichts wissen«, sagte Irene streng.

Edward und Lizzi nickten in scheinbarer Fügsamkeit und Maya zog Irene mit sich die Treppe hinunter. Nichts konnte sie gerade weniger bekümmern als der Ungehorsam ihrer kleinen Geschwister.

Sie betrat mit Irene zusammen das Frühstückszimmer und murmelte ein »Guten Morgen«.

»Nun, einen *guten Morgen* kann man das ja nicht gerade nennen«, antwortete ihre Großmutter gallig.

»Guten Morgen, ihr beiden«, sagte ihr Vater, während ihre Mutter nur knapp nickte.

»Henry«, war Margery McFarlanes knarrende Stimme zu hören, »dürfen wir erfahren, was du bezüglich Adrian und Maya zu unternehmen gedenkst?«

»Es gab nur einen einzigen Weg, den der Anstand geboten hat«, kam Anne Cameron ihrem Mann zuvor. »Wenngleich ich lieber anders entschieden hätte.«

»Du willst doch wohl nicht sagen, du erlaubst, dass Adrian ihr nun als Belohnung für dieses Verhalten den Hof macht?«

Maya goss sich starken schwarzen Kaffee ein und setzte sich an den Tisch, genau in dem Moment, in dem Adrian – sichtlich übernächtigt – den Raum betrat.

»Es ehrt dich«, bemerkte ihr Vater bei seinem Anblick, »dass du dich an diesem Morgen zu uns gesellst. Bitte, setz dich.«

Adrian kam der Aufforderung mit einem gemurmelten »Danke« nach. Er sah Maya an und für die Länge eines Lidschlags hielt er ihren Blick fest, dann wandte er sich ab.

»Ich nehme an, du hast uns einiges zu sagen?« Ihre Großmutter konnte keine Ruhe geben. Und ehe Adrian etwas erwidern konnte, fuhr sie fort: »Und Maya ist zufrieden damit, die zweite Wahl nach Irene zu sein?«

»Mutter, das reicht jetzt.« Henry Cameron lief rot an.

Margery McFarlane ließ von Adrian ab, aber nur um sich eine Sekunde später Maya zuzuwenden. »Meine Zofe hat dich gesehen, als du bei Nacht im Salon verschwunden bist und dich stundenlang nicht wieder hast blicken lassen. Sie dachte, du würdest dort drin jemanden treffen. Nachdem du herausgekommen bist, hat sie nachgesehen, aber der Raum war leer. Das erschien ihr seltsam und so hat sie mich davon unterrichtet.«

»Und anstatt uns einzuweihen«, spann Anne Cameron das Gespräch weiter, »hieltest du es für das Beste, Maya vor dem gesamten Haus bloßzustellen, gleich, welche Folge das Gerede für die Familie haben könnte.« Wie zur Bestätigung schoss sie einen vernichtenden Blick auf Adrian ab.

Margery McFarlane beabsichtigte ganz offensichtlich nicht, ihre Beweggründe zu diskutieren, und so wurde das Frühstück in unbehaglichem Schweigen fortgesetzt. Adrian war der Erste, der den Tisch verließ, kurz darauf verabschiedete sich Maya. Sie stieg die Treppe hoch, um in ihr Zimmer zu gehen, während sie über Adrian, den Hausarrest und ihre Zukunft an sich nachdachte.

Im Korridor hörte sie Gehämmer, und als sie diesen folgte, stellte sie zu ihrem Entsetzen fest, dass sie aus dem alten Damensalon kamen. Maya eilte hinein und sah, wie zwei Tamilen ein Holzbrett vor die Tapetentür nagelten. Offenbar hatte ihr Vater beschlossen, dass ihrem Wort allein nicht zu trauen war. Tiefes Bedauern stieg in Maya auf. Warum hatte sie bloß nicht besser aufgepasst? Und was wäre passiert, wenn sie ihrem Vater von Anfang an gesagt hätte, wie es um sie und Adrian stand? Mit um den Oberkörper geschlungenen Armen stand Maya da und beobachtete die Männer. Dann hörte sie die Stimmen ihre Mutter und Großmutter, aufgebracht, aber zu leise, um zu verstehen, worüber sie redeten. Maya trat aus dem Damensalon und verbarg sich hinter einer Säule.

»Es ist nicht deine Angelegenheit«, sagte Anne Cameron sehr bestimmt.

»Natürlich ist es das, du dummes Ding. Was glaubst du, wie viele Bastarde diese Familie noch erträgt?«

Maya hielt die Luft an, aber ihre Mutter antwortete nicht, sondern eilte mit raschen Schritten weiter. Kurz darauf fiel eine Tür ins Schloss.

Besuche gestand man ihr zu, das war ja immerhin etwas. Maya musste unbedingt mit Helen sprechen, und so schrieb sie ihr einen mit allerlei geheimnisvollen Andeutungen gespickten Brief und trug einem Diener auf, diesen nach *Blacklinton* zu bringen. Danach überlegte sie, ob sie Adrian ganz offiziell bitten sollte, ihr ein wenig Gesellschaft im Garten zu leisten. Das würde man ihnen ja wohl nicht verwehren. Maya kam jedoch nicht dazu, diesen Plan weiterzuverfolgen, denn sie sah vom Fenster aus, wie Adrian auf seinem Goldfuchs fortritt. Wo wollte er bloß hin?

Während Maya auf Helens Antwort wartete, vertrieb sie sich die Zeit damit, ein Tagebuch zu beginnen. Nachdem sie eine Stunde lang die Ereignisse der letzten Wochen festgehalten hatte, verstaute sie es ganz hinten in ihrem Schrank – ihre Großmutter würde kaum die Dreistigkeit besitzen, noch einmal alles zu durchsuchen, und auf Nila war Verlass. Dann verließ sie ihr Zimmer und suchte nach Irene, in der Hoffnung auf ein wenig Geplauder. Diese war jedoch nicht aufzufinden, weder in ihrem Zimmer noch in der Bibliothek oder im Salon. Enttäuscht schlenderte Maya zum hinteren Ausgang des Hauses, der direkt in den Garten führte und durch den sie zuletzt mit Adrian gegangen war, als sie sich aufgemacht hatten, den Keller zu erforschen. Bei dem Gedanken daran stieß Maya einen tiefen Atemzug aus.

In einem Erker nahe der Tür entdeckte sie Edward und

Lizzi, die die Köpfe zusammengesteckt hatten und eifrig flüsterten. Die beiden bemerkten sie ebenfalls, verstummten und starrten sie neugierig an. Edward winkte sie zu sich.

»Mama und Papa haben sich deinetwegen gestritten«, erzählte er.

»Mama war wütend und sagte, Papa sei zu nachsichtig«, fuhr Lizzi fort.

»Adrian hätte Prügel verdient, ebenso wie du.«

»Und sie ist überhaupt nicht damit einverstanden, dass du ihn heiratest.« Lizzi machte große Augen. »Das tust du doch, oder?«

»Nein, tut sie nicht«, widersprach Edward. »Weil Papa sagt, dass sie ihn eh vergisst, wenn er erst wieder in England ist.«

In Maya stieg eine heiße Welle der Wut auf. »Ach, tatsächlich?«

»So ein Blödsinn«, fauchte Lizzi. »So was kann nur ein Mann denken. Oder einer, der noch einer werden will.«

»Das hat Mama auch gesagt, und Papa sagt, das sei typisch romantisches Frauengeschwätz.«

Die beiden sahen Maya an, in der Hoffnung, dass sie dieses Mysterium für sie löste. Maya jedoch presste die Lippen zusammen und schüttelte wütend den Kopf. Und dann sagte sie, weil ihr nichts Besseres einfiel: »Ihr sollt nicht an Türen lauschen und über Dinge sprechen, die euch nichts angehen.«

»Wir haben nicht an der Tür gelauscht«, widersprach Edward.

»Sie haben einfach zu laut gesprochen.«

»Es war unmöglich, sie *nicht* zu hören.«

»Eigentlich wie immer, wenn sie streiten«, schloss Lizzi.

Maya ging kopfschüttelnd weiter in den Garten und atmete die frische Luft ein, als sei sie monatelang eingesperrt gewesen. Wurde ihr schon der erste Tag so lang, wie sollte sie da nur die siebenundzwanzig weiteren aushalten? Sie ließ sich in einen Sessel sinken – in eben jenen, in dem sie nachts bei Adrian gesessen hatte – und gab sich ihrem Selbstmitleid hin. Noch während sie stumm und mit Blick in die Ferne litt, ertönte Helens atemlose Stimme von der Verandatür zum Salon aus.

»Nun erzähl schon!«

Helen sah aus, als müsse sie um Atem ringen, während Maya redete. »Oh, Maya, das ist so … oh, das ist so wildromantisch!«

»Helen, ich glaube, du liest einfach die falschen Bücher. Ich wurde erwischt, von meiner Großmutter geschlagen, an den Haaren durch den Korridor geschleift und habe nun einen Monat Hausarrest.«

»Und Adrian hat in all den Wirren um deine Hand angehalten.«

»Mein Vater stand mit einem Rohrstock vor ihm, das dürfte ihm die Entscheidung, sich mitzuteilen, sehr erleichtert haben.«

»Denkst du, es ist ihm nicht ernst?«

»Ich denke, er könnte mir zuliebe auf *Leighs End* bleiben. Stattdessen hatte er es gar nicht erwarten können auszureiten.«

»Vielleicht möchte er nicht noch Öl ins Feuer gießen und deinen Eltern aus dem Weg gehen, bis sich die Gemüter ein wenig beruhigt haben.«

Maya verdrehte die Augen.

»Wollen wir nicht ein wenig spazieren gehen?«, versuchte Helen ihre Freundin auf andere Gedanken zu bringen.

Maya jedoch schüttelte den Kopf. Dann fiel ihr unvermittelt ein, was ihre Großmutter gesagt hatte. *Was glaubst du, wie viele Bastarde diese Familie noch erträgt?* Hatte es zu Zeiten ihres Urgroßvaters einen Bastard gegeben? Aber warum hatte ihre Mutter dann so unleidlich reagiert? Ob sie selbst betroffen war? Nein, unter diesen Umständen hätte ihre Großmutter nie in eine Ehe eingewilligt. War Hester schwanger gewesen? Oder Isobel? Vielleicht von einem Mann, den die jeweils andere liebte? Und dann hatte sie die Nebenbuhlerin umgebracht und war verschwunden? Nachdenklich knabberte Maya an ihrer Unterlippe. Ob sie Adrian davon erzählen sollte?

»Woran denkst du?«

»Nichts Besonderes.« Und das stimmte im Grunde auch. Sie würden dem Geheimnis um die verschwundenen Frauen nicht auf die Spur kommen und auf einmal war es Maya in der Tat gleich. Ihr eigenes Leben entglitt ihr derzeit, und dies wieder in die richtigen Bahnen zu lenken, erschien ihr wichtiger. Wenn die Sache mit Hester überhaupt zu etwas gut war, dann dazu, ihr zu zeigen, dass man sein Leben auch in die eigenen Hände nehmen konnte. Natürlich würde sie nicht heimlich davonlaufen, aber sie würde dafür sorgen, dass sie selbst mehr Entscheidungen traf, was ihr Leben anging. Und zunächst wollte sie ihrem Vater beweisen, dass ihre Liebe zu Adrian keinesfalls eine romantische Anwandlung war, sondern dass sie es ernst meinte. Und dann würde sie nach England gehen. Bis dahin hieß es jedoch, noch drei Jahre überbrücken. Und ihre Mutter brauchte sich gar nicht einfallen zu lassen, ihr hier einen Teepflanzer oder Händler nach dem anderen zu präsentieren.

Aus dem großen Salon waren plötzlich erregte Stimmen zu hören. Der Raum ging direkt zum Garten raus und das Fenster stand offen. Helen schien etwas sagen zu wollen, aber Maya hob die Hand und gebot ihr zu schweigen.

»Das kann ich nicht glauben, Irene«, war Henry Camerons Stimme zu hören.

Irene sprach leiser, und von dem, was sie sagte, waren nur vereinzelt Wörter zu verstehen.

»Erst Maya und nun kommst du mit einer solchen Ungeheuerlichkeit?«

»Er … Längerem …«

»Ich habe gehört, was er gesagt hat. Meine Antwort lautet dennoch Nein.«

»Das ist nicht gerecht!« Nun wurde Irene laut.

»Es ist das einzig Richtige. Was Maya getan hat, war schon skandalös, von *dir* hätte ich dergleichen am wenigsten erwartet. Und bitte vergiss nicht, Adrian ist immerhin eine annehmbare Partie.«

»Es … ernst … Langem … Und außerdem …«

»Nein!« Henry Cameron brüllte nun fast. »Eher bringe ich den Kerl um, als dass ich zulasse, dass er dich anrührt!«

Schweigen. Dann fiel eine Tür mit einem Knall ins Schloss. Maya und Helen zuckten zusammen.

»Was war das denn?«, fragte Helen mit erschrocken geweiteten Augen.

Maya überlegte kurz, ob es einen Vertrauensbruch darstellte, wenn sie ihre Freundin einweihte, entschied dann jedoch, dass ihre Schwester die Sache nun ohnehin offiziell machen wollte. »Irene möchte einen Mann heiraten, den mein Vater als unpassend ansieht.«

»Denk mal an, so weit konnte ich auch folgen. Aber um wen geht es? Ramon?«

»Wie kommst du gerade auf ihn?«

»Na, wie vielen gesellschaftlich unpassenden Männern begegnet Irene denn tagtäglich? Und welcher davon wäre einen solchen Kampf wert?« Da war er wieder, Helens verträumtromantischer Blick. »Ihr beide habt es wirklich glücklich getroffen.«

Maya ersparte sich eine Antwort. Im nächsten Moment wurde das Fenster im Salon sehr nachdrücklich geschlossen. Offenbar hatte ihr Vater das Geplauder der beiden Mädchen gehört und war sich zu spät möglicher Mithörer bewusst geworden. Helen erhob sich.

»Sag, darfst du nun auch vier Wochen lang nicht zu mir kommen?«

»Solange bei euch keine Feier ansteht, die als offizielles gesellschaftliches Ereignis gilt, vermutlich nicht.«

»Dann sorge ich dafür, dass mein Vater ein paar Gäste zum Abendessen einlädt.« Helen zwinkerte ihr zu. »Ich werde dich auf jeden Fall besuchen, sooft es geht.«

Maya brachte ihre Freundin zur Tür und sie verabschiedeten sich mit einem Kuss auf die Wange. Dann schlug sie den Weg zu Irenes Zimmer ein, stellte jedoch fest, dass ihre Schwester sich eingeschlossen hatte und mit niemandem reden wollte.

»Da kommt dieser Kerl doch wirklich und fragt, ob er unsere Irene heiraten darf.« Margery McFarlane konnte sich kaum beruhigen. »Ein Eurasier und ein Cameron-Mädchen!«

Tamilische Dienerinnen trugen das Mittagessen auf, eine cremige Fischsuppe als Vorspeise, die Maya normalerweise mochte, aber bei deren Geruch sich ihr an diesem Tag der Magen umdrehte.

»Ich nehme an, du hast den Kerl vom Hof gejagt?«, fuhr die alte Frau fort.

Henry Cameron schüttelte den Kopf. »Ich bin mit dieser Verbindung nicht einverstanden, aber ich werde ihn nicht fortschicken, nur weil er um die Hand meiner Tochter angehalten hat.«

»Also, ich bitte dich, Henry«, mischte sich nun Mayas Mutter ein, die sehr blass aussah. »Du weißt, dass mehr dahinterstecken muss. Irene will diese Ehe ebenfalls, es ist also nicht zu verantworten, dass er weiter hierbleibt.«

»Da stimme ich Anne zu. Wer weiß, wozu sie sich hinreißen lässt, um dich zu einer Einwilligung in die Ehe zu zwingen.«

Maya löffelte schweigend die Suppe. Weil Irene sich weigerte, ihr Zimmer zu verlassen, und man Edward und Lizzi angesichts der zu erwartenden Gespräche auch vom Mittagessen ausgeschlossen hatte, saß sie allein mit ihren Eltern und ihrer Großmutter am Tisch und wünschte sich weit fort. Und Adrian war natürlich auch noch nicht wieder zurück.

»Hätte er keine ehrenwerten Absichten, hätte er nicht offiziell gefragt«, sagte ihr Vater.

»Er will in die englische Gesellschaft einheiraten«, widersprach Margery McFarlane. »Und dafür ist diesem Schlag von

Männern jedes Mittel recht. Ein Mischling! Allein die Dreistigkeit, mit einem solch ungeheuerlichen Anliegen an dich heranzutreten!«

Maya legte den Löffel hin und sah ihre Großmutter an. »War Großvater nicht auch zu einem Viertel Franzose? Empfand dein Vater seinen Wunsch, dich zu heiraten, auch als Ungeheuerlichkeit?«

Auf den Wangen ihrer Großmutter erschienen rote Flecke. »Anne, wann wirst du endlich damit anfangen, diesem Kind eine Erziehung angedeihen zu lassen?«

»Fällt dir keine andere Antwort darauf ein?«, fragte Maya.

Margery McFarlane fuhr auf und langte über den Tisch hinweg nach Maya, aber die wich zurück, sodass ihre Großmutter ihren halb vollen Teller Suppe auf den Parkettboden fegte, wo er in tausend Teile zersprang. Ehe die alte Frau erneut nach ihr greifen konnte, sprang Maya vom Stuhl. Die Stuhlbeine schrammten dabei mit einem knirschenden Geräusch durch Scherben und Suppe.

»Geh auf dein Zimmer!«, schrie ihre Großmutter. »Aber augenblicklich!«

Henry Cameron wandte sich an seine Tochter, die neben dem Tisch stehen geblieben war. »Geh. Tu, was man dir sagt.«

Maya warf ihm einen Blick zu, der sehr deutlich sagte, dass sie sich von ihm verraten fühlte, dann wandte sie sich hastig ab und verließ das Esszimmer. Als sie ihr Kleid raffte, um die Treppe hochzusteigen, griff sie in erkaltende, nasse Flecken, die die Suppe auf dem Rock hinterlassen hatte. Vor Irenes Zimmertür blieb sie stehen und klopfte sehr nachdrücklich an. »Mach auf!«

Erst war nichts zu hören, dann näherten sich Schritte und die Tür wurde aufgeschlossen. Irene war kreidebleich, ihre Augen rot umrandet, als hätte sie geweint, und das Haar hatte sich zur Hälfte aus den Nadeln gelöst.

»Nun lass mich schon rein«, sagte Maya. »Immerhin habe ich mir deinetwegen gerade fast eine Ohrfeige eingefangen und wurde vom Mittagstisch weggeschickt, nachdem Großmutter meinen Teller mit Suppe vom Tisch gefegt hat.«

Irenes Verzweiflung wich flüchtigem Erstaunen und sie ließ Maya eintreten.

»Der Zeitpunkt«, erklärte Maya, »war wirklich ungünstig, aber du wolltest ja nicht auf mich hören.«

»Vater hätte zu jedem anderen Zeitpunkt genauso reagiert. Hast du beim Frühstück davon erfahren?«

»Nein, das Fenster vom Salon stand offen.«

»Ach so.« Irene schloss die Tür und ließ sich wieder auf ihr Bett fallen. »Ramon hat ihn heute Vormittag gefragt, und Papa war so verblüfft, dass er erst gar nicht geantwortet hat. Und dann ist er wütend geworden, als sei die Frage allein schon unverschämt. Er hat einige nicht sehr freundliche Dinge zu Ramon gesagt und ihm verboten, das Thema je wieder zur Sprache zu bringen.«

»Das war doch zu erwarten.«

»Ich hatte gedacht, er würde wenigstens mit sich reden lassen.«

Maya setzte sich ebenfalls aufs Bett. »Irgendwann wird er das bestimmt, du musst nur beharrlich genug bleiben und ihm zeigen, wie wichtig dir das ist. Immerhin hat er Ramon nicht entlassen.«

»Das wird er gewiss noch tun.«

»Nein, wird er nicht«, widersprach Maya, »das hat er vorhin jedenfalls gesagt.«

Ein Hoffnungsschimmer glomm in Irenes Augen auf.

»Es ist auf jeden Fall nicht hilfreich, wenn du dich hier im Zimmer einschließt und dir die Augen ausheulst. Mir hast du heute Morgen selbst gesagt, ich müsse die Konsequenzen für mein Handeln tragen. Du solltest mit hoch erhobenem Haupt zum Essen erscheinen. Also zu diesem jetzt besser nicht mehr, aber heute Abend.«

Irene nickte zaghaft.

»Na dann«, Maya erhob sich, »hole ich dich zum Abendessen ab.«

15

Nahezu zwei Tage erschien Adrian nur zum Schlafen auf *Leighs End.* Als er am Morgen des dritten Tages in aller Frühe in den Stall ging, fing Maya ihn dort ab, die Arme vor der Brust verschränkt und nicht gewillt, sich einfach abwimmeln zu lassen. Er wirkte müde, als hätte er schon länger nicht richtig geschlafen, und sofort fragte Maya sich, was ihn wohl um den Schlaf gebracht haben mochte. Sie kniff die Augen zusammen und musterte ihn, ohne sein angeschlagen wirkendes Lächeln zu erwidern.

»Wie lange willst du mir noch aus dem Weg gehen?«

»Ich gehe dir nicht aus dem Weg. Ich möchte nur, dass sich die Stimmung im Haus wieder etwas beruhigt.«

»Ich habe Hausarrest.«

»Das weiß ich.«

»Und die meiste Zeit langweile ich mich fast zu Tode.« Maya hatte nicht vor, den Weg zur Box seines Wallachs freizugeben. »Ich darf nicht ausreiten, nicht spazieren gehen, während du kommst und gehst, wann du möchtest, und allen damit beweist, dass du womöglich nicht zu deinem Wort stehst und nur von Ehe geredet hast, um meinen Vater zu beruhigen.«

»Du weißt, dass es anders ist.«

»Ja, aber mich nimmt hier niemand ernst.«

Adrian streckte die Hand aus und berührte ihre Wange. »Wichtig ist doch, dass wir beide es ernst nehmen, oder? Dein Vater wird schon noch sehen, dass er sich geirrt hat. Drei Jahre sind eine lange Zeit, aber die bringen wir irgendwie hinter uns. Ich werde dich, sooft es geht, hier besuchen.«

Maya nickte nur. Ein Stallbursche trat aus der Kammer und Adrian zog rasch seine Hand zurück. Der Junge grüßte sie mit »Guten Morgen, Sin-Aiyah, guten Morgen, Sin-Amma« und beachtete sie dann nicht weiter.

»Und du reitest jetzt schon wieder fort?«

»Ja, ich muss etwas erledigen, aber zum Mittagessen bin ich zurück.« Er lächelte und sein bleiches, übermüdetes Gesicht bekam etwas Geisterhaftes.

»Hast du von Irene und Ramon gehört?«

Jetzt verdunkelte sich seine Miene und er nickte.

Maya rieb sich die Oberarme, als müsse sie sich wärmen. »Also dann …« Adrian berührte erneut flüchtig ihr Gesicht, aber dieses Mal hielt sie seine Hand fest und schmiegte ihre Wange hinein.

»Bis später«, murmelte sie, ließ ihn los und eilte aus dem Stall.

Als sie den Hof überquerte, bemerkte sie ihren Vater im Gespräch mit einigen Männern, die dann ausströmten wie auf der Suche nach jemandem. Mit gerötetem Gesicht – ein deutliches Zeichen für seine Wut – ging er zum Haus und nickte Maya im Vorbeigehen knapp zu. Diese folgte ihm mit etwas Abstand und versuchte zu ergründen, was los war. Sie wusste, dass es sinnlos war, ihren Vater danach zu fragen, da verließ sie sich lieber auf Edward und Lizzi. Kurz vor der Haustür blieb sie stehen und schlug den Weg zum Kontor ein. Alles, was innerhalb des Hofes und Gartens lag, war erlaubtes Terrain während des Hausarrestes.

Als sie das Kontor betrat, erwartete sie, auf Ramon zu treffen, der um diese Uhrzeit stets die Bücher prüfte und Listen erstellte. Sein Platz war jedoch leer, Bücher und Schreibgerät unberührt. Maya strich über ein Blatt, dessen Tinte schon lange getrocknet war. Dann ging sie in die hinteren Räume, fand jedoch auch diese verwaist vor. Durch das offene Fenster hörte sie die Stimmen einiger tamilischer Vorarbeiter, sie konnte jedoch nicht verstehen, was sie sagten.

Nachdem sie nichts finden konnte, was Aufschluss darüber gab, warum ihr Vater so aufgebracht war, verließ Maya das Kontor wieder und ging zum Haus.

Im Frühstückszimmer war es kühl, die Fenster standen offen und die Dienstmädchen räumten ab und putzten. Auch im kleinen Salon herrschte emsige Geschäftigkeit, ebenso in der Bibliothek und in all den anderen Räumen, die morgens nicht genutzt wurden. Maya vermutete ihren Vater in seinem Arbeitszimmer, aber da sie sich nicht dabei erwischen lassen wollte, wie sie versuchte, durch Lauschen an der Tür etwas zu erfahren, ging sie die Treppe hoch in ihr Zimmer. Sie hatte den Korridor gerade erreicht, als sie die triumphierende Stimme ihrer Großmutter vernahm, die aus Irenes offener Zimmertür drang.

»Was habe ich gesagt? Er taugt nichts und er meint es nicht ernst.«

»Ihm muss etwas passiert sein, er würde niemals fortlaufen.« Irene klang, als sei sie den Tränen nahe.

»Und genau das hat er getan. Fort bei Nacht und Nebel, wie ein Strauchdieb. Ich hoffe nur, du hast dich nicht zu einer Unbesonnenheit hinreißen lassen, deren Folgen wir in den nächsten Wochen sehen werden.«

»Werde bitte nicht geschmacklos.«

»Nun, von uns bin nicht ich diejenige mit einem abartigen Geschmack für Mischlinge. Ich hoffe, du kommst jetzt wieder zur Vernunft, ehe die Sache Kreise zieht. Es ist ohnehin nicht zu erwarten, dass es sich gänzlich verbergen lässt, aber solange du dich nicht hast schwängern lassen, können wir von einer weiblichen, romantischen Verirrung sprechen, das wird die heiratswilligen Männer zumindest nicht gänzlich abschrecken.«

»Ich werde niemanden von ihnen heiraten!« Irenes Verzweiflung barg eine Spur von Kampfeswillen.

»Natürlich wirst du das, und zwar so schnell wie möglich. Ich bin froh, wenn wir euch Mädchen aus dem Haus und anständig verheiratet haben. Was uns wohl mit dem Wildfang Elizabeth noch bevorstehen mag, wenn selbst *du* schon so unberechenbar bist.«

Schweigen.

»Nun, ich denke, mehr gibt es nicht zu sagen. Ich hoffe, du vergisst diese Narretei so schnell wie möglich. Dein Vater soll nach einer passenden Partie für dich und danach eine für Maya suchen.«

Maya spürte, wie Zorn als heiße Welle in ihr aufbrandete. Ohne zu überlegen, lief sie in Irenes Zimmer. »Glücklicherweise sind das Entscheidungen, die nicht du zu treffen hast.«

»Ach, lauscht man jetzt schon an Türen?«

»Wie du bemerkt haben müsstest, stand sie weit offen, und du hast dir ja nicht mal Mühe gegeben zu verbergen, wovon du sprichst. Vermutlich, weil du möchtest, dass die Dienerschaft es in der ganzen Stadt herumtratscht. Dann kannst du meiner Mutter wieder vorwerfen, wie sehr sie mit ihrer Erziehung versagt hat.«

»Hüte deine Zunge, Mädchen!«

»Und wenn hier jemand versagt hat, dann du, ihre Töchter sind ihr schließlich nicht davongelaufen.« Obwohl Maya es hätte kommen sehen müssen, traf die Ohrfeige sie gänzlich unvorbereitet. Ihre Wange brannte wie Feuer und ihr stiegen die Tränen in die Augen. »Wenn du mich noch einmal schlägst«, schrie sie, »sorge ich dafür, dass die ganze Stadt von dem kleinen Verlies unten im Keller erfährt.«

Margery McFarlane wurde wachsbleich. »Untersteh dich.«

»Untersteh du dich, mir jemals wieder ins Gesicht zu schlagen.«

Ihre Großmutter öffnete und schloss den Mund wie ein Fisch auf dem Trockenen, dann drehte sie sich kommentarlos um und ging.

Irene stieß einen langen Seufzer aus. »Was um alles in der Welt war das? Von welchem Kellerverlies hast du gesprochen?«

»Adrian und ich haben es entdeckt.«

»Ihr scheint in der kurzen Zeit, seit Adrian auf *Leighs End* ist, recht abenteuerlich gelebt zu haben.«

Weniger abenteuerlich, als Maya es sich gewünscht hatte. »Wovon hat Großmutter gesprochen? Ist Ramon fort?«

Irene nickte. »Ihm muss etwas zugestoßen sein. Er würde nie einfach fortgehen, erst recht nicht, ohne mir Bescheid zu geben.«

»Wenn ihm etwas geschehen ist, werden sie ihn hier irgendwo finden«, sagte Maya und Irene sah sie erschrocken an. Sofort machte Maya eine beschwichtigende Geste. »Aber wahrscheinlich ist alles in Ordnung mit ihm.«

»Manchmal geht er abends in die Stadt.«

»Sollte er einen Unfall gehabt haben, hätten wir spätestens heute Morgen davon erfahren. Und einen Überfall kann man vermutlich ausschließen, denn auch der wäre nicht unbemerkt geblieben.« Maya zuckte in einer unbestimmten Geste die Schultern. »Was denkst du denn, was passiert sein könnte?«

»Wenn ich das nur wüsste.« Irene blinzelte und Tränen hingen in ihren Wimpern. »Er würde mich doch niemals einfach so, ohne ein Wort, verlassen.«

»Vielleicht tut er das, weil er denkt, es sei das Beste für dich.«

Irene schüttelte den Kopf, wirkte jedoch auf einmal zweifelnd. Möglicherweise passte diese Art falsch verstandener Ritterlichkeit zu Ramon. Er glaubte womöglich, Irene sei ohne ihn besser dran. Und am Ende war es gar nicht so abwegig, dass er fortgegangen war, dass er bewusst darauf verzichtet hatte, sich zu verabschieden, weil ihm klar sein musste, dass sie seine Meinung nicht teilte. Damit gab er sie frei für einen passenderen Mann. Aber warum dann überhaupt erst die ganzen Heimlichkeiten, wenn er beim geringsten Widerstand sofort aufgab? Hatte er nicht damit gerechnet, dass ihr Vater so reagierte, wie er es getan hatte? Ramon kannte die Gesellschaft. Er musste doch gewusst haben, dass ein Henry Cameron ihm trotz seines liberalen Geistes nicht mit einem Bruderkuss um den Hals fallen und ihn in seiner Familie willkommen heißen würde. Was ging in den Männern bloß vor?

Maya wollte Irene in den Arm nehmen, aber diese hob abwehrend die Hände und wandte sich ab. »Ich glaube nicht, dass er gegangen ist«, wiederholte sie mit gezwungener Festigkeit. »Ihm ist etwas zugestoßen. Oder jemand hat ihm etwas angetan.«

Unwillkürlich dachte Maya an das Kellerverlies und erschauerte. Aber das konnte doch nicht sein, oder?

Es war erstaunlich, wie schnell Dinge, die eigentlich im Verborgenen bleiben sollten, die Runde in der Stadt machten. Ella hörte von Mayas unerhörter Liaison mit Adrian Frost und musste lächeln. Adrian war so ganz sein Vater. Und sie hörte von Irene und Ramon Varathan. Die armen Camerons, sagten die Leute. Gleich zwei Töchter auf Abwegen, wobei der Frost-Erbe ja noch eine annehmbare Partie war, wenn er sich erst einmal die Hörner abgestoßen hatte und erwachsen geworden war. Aber ein Mischling? Kein Wunder, dass Henry Cameron so zornig geworden war. Und nun war der Eurasier verschwunden. Wen sollte das wundern? Jetzt musste man abwarten und Irenes Bauch im Auge behalten.

Margery McFarlane war auf ihre alten Tage offenbar indiskret geworden, anders war es nicht zu erklären, warum derartige Geschichten an die Öffentlichkeit gelangt waren. Vielleicht bereitete es ihr aber auch eine Art gehässige Genugtuung, Henry Camerons Töchter bloßzustellen und ihn damit zu Maßnahmen zu zwingen, die er möglicherweise sonst nicht ergriffen hätte. Sie konnte recht drastische Konsequenzen in Erwägung ziehen, wenn jemand von dem Weg abwich, den sie als den richtigen erachtete. Jeder wusste das.

Kurgäste flanierten über die Straßen und genossen die kühle Bergluft und einige Frauen hoben gar ihre blassen Gesichter der Sonne entgegen. Ella hatte schon in aller Frühe Jagdgesellschaften aufbrechen sehen, die zusammen mit einem Rudel Jagdhunde Hirsche hetzen würden. An diesem Ereignis nahmen auch viele Damen teil, und oft wurde das Bedauern geäußert, dass keine mehrwöchigen Jagdausflüge auf Elefanten mehr stattfanden. Aber das scheiterte schlicht daran, dass es inzwischen einfach nicht mehr genug von den Dickhäutern gab. Ella war ebenfalls gefragt worden, ob sie die Jagdgesellschaft begleiten wollte, was sie mit einem Schaudern abgelehnt hatte. Seinerzeit war die Elefantenjagd ein gesellschaftliches Großereignis gewesen, dem Zuschauer von erhöhten Plätzen aus bei Dinnerfeiern zugesehen hatten. Von Tribünen aus hatte man beobachten können, wie Elefanten in Einfriedungen getrieben worden waren. Eine Szene war besonders anrührend gewesen, als eine Elefantenmutter ihrem Kalb in die Gefangenschaft gefolgt war und es dort tröstete, weil nun kein Entkommen mehr möglich war. Von dem einstigen Elefantenreichtum zeugten nun vor allem die Grabsteine der Jäger und die erbeuteten Trophäen.

Als Ella Adrian bemerkte, blieb sie stehen und beobachtete ihn aus der Ferne. Er unterhielt sich mit Lewis Jellay, der mit ernstem Gesicht zuhörte und mehrmals nickte. Ein wirklich gut aussehender junger Mann war aus Adrian geworden. Ob er auch so durchsetzungsstark war wie sein Vater? Verstehen konnte man Maya, dass sie solch ein Risiko auf sich genommen hatte. Und nun würde sich zeigen, ob er es wert war. Damit wanderten Ellas Gedanken wieder zu den Camerons und der alten Margery McFarlane. Auf ihrem Zimmer lag eine Einladung, gedruckt auf cremefarbenem Papier. Eine Gartenfeier in *Leighs End*. Obwohl Ella im Grunde genommen genau darauf gewartet hatte, wurde ihr flau im Magen. Aber sie schob dieses Gefühl beiseite. Es wurde Zeit, den Vorhang für den letzten Akt zu heben.

Maya saß im Garten, als Adrian heimkehrte. Sie legte ihr Buch beiseite und erhob sich. Das Kleid mit einer Hand gerafft, ging sie die Stufen der Veranda hinunter und bemühte sich darum, sich keine Eile anmerken zu lassen, die einem Beobachter am Fenster als undamenhaft erscheinen konnte.

»Ich muss unbedingt mit dir sprechen.« Ihre Stimme klang atemlos.

Adrian wirkte alarmiert. »Ist etwas passiert?«

»Ramon ist verschwunden und Irene ist vollkommen verzweifelt. Großmutter sagt, er sei fortgegangen, weil es ihm nicht ernst war, aber das will Irene nicht glauben.« Maya bemerkte, dass Adrian das Gesagte offenbar nicht überraschte, und so musterte sie ihn prüfend. »Hast du ihn fortgehen sehen?«

»Nein.«

»Mir ist ein Verdacht gekommen, aber dem kann ich nicht ohne deine Hilfe nachgehen. Vielleicht hält Großmutter ihn im Kellerzimmer gefangen.«

Adrian wirkte, als käme ihm eine Erinnerung, die er rasch wieder beiseiteschob.

»Allein bekomme ich die Falltür nicht auf, also kann ich nicht selbst nachsehen«, fuhr Maya fort. »Kannst du das nicht machen?«

Ein kurzes Zögern ging Adrians Antwort voraus. »Das wird nicht nötig sein. Er ist dort nicht.«

»Woher weißt du das?«

Wieder zögerte Adrian. »Hör zu, Maya, du darfst niemandem etwas verraten.« Er sah sich um, als befürchte er mögliche Zuhörer. »Ich weiß, wo er ist. Aber das darf deine Großmutter nicht erfahren.«

Maya hielt für einen Moment den Atem an. »Und Irene?«

»Kann man sich auf ihre Verschwiegenheit verlassen?«

»Ja. Vor allem, da es um Ramon geht. Du weißt doch selbst, wie lange sie die Sache erfolgreich vor allen verheimlicht hat.«

»Gut, hol sie und dann kommt in meinen Salon.«

Maya nickte und eilte ins Haus zurück. Sie flog die Stufen förmlich hoch und lief durch den Korridor zu Irenes Schlafzimmer. Ohne sich mit Anklopfen aufzuhalten, stieß sie die Tür auf und fand ihre Schwester auf dem Bett liegend, Maurice in den Armen. Irene fuhr auf und der Kater reagierte äußerst ungehalten auf die rüde Störung.

»Adrian sagt, er wisse, wo Ramon ist. Wir sollen zu ihm in seinen Salon kommen.«

Mit einem Ruck erhob sich Irene.

»Los.« Ungeduldig zupfte Irene an Mayas Ärmel.

Sie nahmen den Weg durch die Halle zum Ostflügel. Maya zog die schwere Tür auf und schloss sie leise wieder. Ein unruhiges Flattern machte sich in ihrem Magen bemerkbar. Die Schwestern gingen die breite Treppe hoch, die in den Korridor mit Adrians Räumen führte. Wehmütig dachte Maya an die verschlossene Tapetentür.

Irene sah sie an. »Hier ist es, nicht wahr? Oder hat er noch einen anderen Salon?«

»Nein, nur den hier.« Maya stieß die Tür auf.

»Da seid ihr ja.« Adrian wirkte angespannt. Auf einem Tisch vor ihm lag Verbandsmaterial, daneben stand eine braune Flasche, die dem Etikett nach ein Medikament enthielt, und dann gab es noch zwei kleinere, ebenfalls braune Fläschchen, eine Tinktur und eine mit Laudanum. Maya starrte auf die Ansammlung.

»Ich habe Lewis eingeweiht, sein Bruder Andrew ist mit dem Medizinstudium beinahe fertig und kennt sich deutlich besser aus als ich. Ich weiß nicht, ob die Schweigepflicht auch schon bei Studenten gilt, aber er hat mir versichert, dass niemand etwas von ihm erfahren wird.« Adrian sah die beiden Mädchen an. »Er wird später kommen.« Er ging an ihnen vorbei zur Tür und bedeutete ihnen, ihm zu folgen.

»Ich muss euch vorher noch etwas erklären«, sagte er, während sie durch den Flur liefen, »damit ihr euch nicht erschreckt, es sieht vermutlich schlimmer aus, als es ist.«

Maya spürte, wie Irene ihre Hand umklammerte, so fest, dass es schmerzte. Ein leiser Wehlaut glitt über ihre Lippen und Irenes Griff lockerte sich etwas.

»Eure Großmutter«, fuhr Adrian fort, »hat sich offenbar nicht damit abfinden wollen, dass Ramon auf *Leighs End* bleiben wollte. Also hat sie Männer geschickt, die ihn fortprügeln sollten. Da er jedoch hartnäckiger war als erwartet, ging es ziemlich zur Sache.«

»Sie wollte ihn töten lassen«, entfuhr es Irene entsetzt. »Grundgütiger!«

»Ich weiß nicht, ob sie so weit gegangen wären. Vielleicht hätten sie ihn irgendwo eingesperrt, bis er nachgegeben hätte, aber wir werden es wohl nicht erfahren. Ich bin gestern Nacht aus der Stadt zurückgekommen, als ich bemerkt habe, wie mehrere Männer auf jemanden einschlugen. Ich habe ihnen zugerufen, dass ich die Arbeiter alarmieren werde, wenn sie den Mann nicht augenblicklich in Ruhe ließen.«

»Das war wirklich mutig«, sagte Maya.

»Nun, ich wäre mit dem Pferd schneller gewesen als sie zu Fuß, falls sie mich als neues Opfer auserkoren hätten.« Adrian lächelte schwach. »Auf jeden Fall haben sie von ihm abgelassen und beim Näherkommen habe ich Ramon erkannt. Es ist mir gelungen, ihn unbemerkt ins Haus zu bringen, und nun liegt er in einem der Gästezimmer.«

»Oh, Adrian.« Irene ließ Mayas Hand los. »Danke. Und Ramon …« Tränen erstickten ihre Stimme. »Wird er es schaffen?«

»Ja, so schlimm ist es nicht, er sieht nur ziemlich übel aus.«

Und das sah er in der Tat, wie Maya feststellte, als Adrian

sie in das Gästezimmer führte, dessen Möbel nur notdürftig von den Laken befreit worden waren. Ramons hübsches Gesicht entstellten Schwellungen und schwarzblaue Blutergüsse. Irene stieß einen Schrei aus und eilte zu ihm. Sie legte ihren Kopf neben seinen und ihr halb gelöstes Haar ergoss sich über das weiße Kissen. Ramons geschundene Lippen bewegten sich, und er drehte sich leicht, um ihr die Hand auf die Wange zu legen. Irene schüttelte nur den Kopf, ihre Schultern zuckten.

Um die beiden nicht ungebührlich zu beobachten, ging Maya geschäftig im Zimmer umher, befreite die Möbel von den Laken und versuchte, alles etwas wohnlicher herzurichten. Vom Bett her waren leise Stimmen zu hören. Maya spürte Adrians Blick in ihrem Nacken und sie drehte sich zu ihm um.

»Was nun?«, fragte sie kaum hörbar.

»Er wird hierbleiben, bis es ihm besser geht, danach sehen wir weiter.«

»Wir sollten es Vater sagen.«

»Der wird deine Großmutter danach fragen und sie wird eine solch ungeheuerliche Unterstellung empört von sich weisen.«

»Er wird Ramon dennoch glauben.«

»Das ändert aber nichts. Vielleicht wird er ihm sogar nahelegen zu gehen, damit dergleichen nicht erneut passiert. Wir müssen uns etwas überlegen.«

Maya sah zum Bett, Irene hatte Ramon dabei geholfen, sich aufzurichten. Sein Gesicht war schmerzverzerrt.

»Hat er sich etwas gebrochen?«

»Möglicherweise ein paar Rippen, weil sie mit Knüppeln

auf ihn eingeschlagen haben, aber das wird Andrew nachher sicher feststellen können.«

»Papa hat Ramon heute überall gesucht. Er schien sich Sorgen zu machen.«

»Er macht sich eher Sorgen um mich«, mischte sich Irene ein, »weil er diese Enttäuschung gerne von mir ferngehalten hätte. Aber eine gewisse Erleichterung konnte ich ihm ansehen, als er von Ramons Verschwinden erfahren hatte.«

Maya biss sich auf die Unterlippe und schwieg.

»Wir werden fortlaufen«, sagte Irene.

»Ganz sicher nicht«, widersprach Adrian.

Irene setzte zum Widerspruch an, aber Ramon kam ihr zuvor. »Mr Frost hat recht, ich schleiche mich nicht bei Nacht mit dir davon wie ein Sittenstrolch.«

»Wir finden eine Lösung«, versprach Adrian. »Aber du musst Geduld haben. Und nun werde ich nachschauen, ob Andrew bereits da ist, ehe ein Dienstbote den ganzen Korridor auf der Suche nach mir durchkämmt. Ihr beide geht jetzt besser, ich möchte nicht, dass Andrew euch hier sieht. Was Ramon angeht, wird er sicher schweigen, aber eurem Vater gegenüber könnte er auf die Idee kommen, als Ehrenmann handeln zu wollen.«

Sichtlich widerstrebend erhob sich Irene, und auch Maya wäre lieber geblieben, konnte aber nicht leugnen, dass Adrian recht hatte. Sie verließ zusammen mit Irene das Zimmer. Adrian brachte sie bis zur Tür, die aus dem Ostflügel hinausführte.

Wie Adrian vermutet hatte, waren ein paar Rippen gebrochen, ansonsten hatte Andrew außer einigen Prellungen nichts feststellen können. Er versorgte Ramon medizinisch, gab ihm Laudanum gegen die Schmerzen und verband seinen gestauchten linken Arm.

»Mehr kann ich nicht tun«, sagte er. »Ich komme in zwei Tagen noch einmal wieder. Und nein, ich will nichts Genaueres wissen, bring mich nicht in Gewissenskonflikte.« Damit war er gegangen, und Adrian wälzte das Problem, wie er nun weiter vorgehen sollte. So zuversichtlich, wie er gegenüber den Schwester getan hatte, war er nämlich keineswegs. Henry Cameron von einer Verbindung zwischen Irene und Ramon zu überzeugen, würde schwierig werden, aber unmöglich war es nicht. Nun stellte sich jedoch die Frage der Herangehensweise. Adrian wollte nichts überstürzen, aber wenn er zu lange wartete, verlor Irene möglicherweise die Geduld. Es würde auch so schon nicht leicht sein, sie davon abzuhalten, jeden Tag nach Ramon zu sehen. Da blieb ihm nur, an ihre Vernunft zu appellieren und zu hoffen.

Adrian ging in das Zimmer seiner Mutter und von dort aus in den Ankleideraum. Schmuck und jegliche andere Habe von Wert befand sich in Gewahrsam seines Onkels. Sobald Adrian in London war, würde er darum bitten, ein Schmückstück aussuchen zu dürfen, um es Maya zu schenken. Kein Ring, das würde Henry Cameron nicht dulden, aber vielleicht einen hübschen Anhänger für eine Kette. Oder ein Armband. Adrian erinnerte sich an eines aus tropfenförmig in Gold eingefassten Bernsteinperlen.

Sein Blick fiel auf ein graziles Tischlein mit verzierten

Beinen und einer Marmorplatte, auf dem früher vermutlich allerlei Zierrat gelegen hatte. Duftige Schals, die für den Abend herausgelegt worden waren, Spangen, Haarnadeln, kleine Flakons, die nur zu seltenen Gelegenheiten genutzt wurden. Dann wanderte sein Blick zur Wand, die mit einer ausgebleichten altrosa Tapete bespannt war, und von da zum Boden. An dieser Stelle war die Fußleiste etwas dunkler, und als er in die Hocke ging, bemerkte er, dass die Verfärbung nicht an der natürlichen Holzmaserung lag, sondern sich als fingerbreiter blasser bräunlicher Streifen an der Wand fortsetzte und hinter der Fußleiste verschwand. Offenbar hatte man versucht, ihn wegzuschrubben, hatte aber nicht verhindern können, dass ein Fleck zurückgeblieben war. Vielleicht ein umgekippter Flakon. Adrian musste unwillkürlich an die fleckige Matratze im Kellerzimmer denken.

Als er sich aufrichtete, begegnete er seinem Abbild im Spiegel des Frisiertisches. Seine Finger glitten über die Kante des Tisches, suchten nach einem versteckten Fach, gleich dem, das Maya in ihrem Schrank gefunden hatte. Aber da war nichts, was neue Geheimnisse in sich barg.

16

Weder Maya noch Irene stand der Sinn nach einer Gartenfeier, aber sie würde ihnen nicht erspart bleiben. In der Küche herrschte seit Tagen emsige Geschäftigkeit, Silber war poliert und das gute Geschirr auf Beschädigungen untersucht worden. Tischtücher und Servietten wurden ausgebreitet, um zu überprüfen, ob es vergilbte Stellen gab, dann wurden sie erneut geplättet. Am frühen Morgen hatten Diener damit begonnen, Lampions in den Bäumen aufzuhängen, und der Gärtner beschnitt noch einige Büsche, mit denen Mayas Mutter nicht zufrieden war. Alles blühte und nach dem Regen der letzten Nacht wirkte das Grün dunkel und kräftig. Der Tag hätte nicht besser gewählt sein können.

Irene jedoch machte keine Anstalten, ihre Niedergeschlagenheit zu verbergen. Schon beim Frühstück war sie dafür von ihrer Großmutter scharf getadelt worden. »Sollen die Leute unbedingt denken, dass du diesem unstandesgemäßen Kerl nachtrauerst?«

Irenes einzige Antwort war ein giftiger Blick gewesen.

»Jeder weiß inzwischen, dass er einfach davongelaufen ist«,

setzte ihre Großmutter nach. »Und um so einen Mann tut es dir leid?«

An diesem Punkt hatte Irene ihre Tasse mit einem Klirren abgestellt und war aus dem Raum geflohen. Niemand machte den Versuch, sie aufzuhalten, und Maya dachte abermals, dass ihre Großmutter von den Schlägern tatsächlich nichts von Adrians Eingreifen erfahren haben konnte. Vielleicht wollten die sich ob ihres missglückten Anschlags nicht die Blöße geben.

Im Salon hingen die Kleider, die Anne Cameron für Maya und Irene hatte anfertigen lassen – nachtblau und kupferrot. Irene durfte wie immer als Erste wählen, aber sie sagte, es sei ihr gleich. Maya wusste sofort, dass sie das Nachtblaue haben wollte, es war geradezu hinreißend. Das andere würdigte sie kaum eines Blickes.

»Irene bekommt das Blaue«, beschloss ihre Mutter, als sie den Salon betrat. »Wenn sie sich nicht entscheiden möchte, dann tue ich es für sie.«

»Suchst du eigentlich immer absichtlich eine schöne und eine hässliche Farbe aus?«, entfuhr es Maya.

Ihre Mutter drehte sich zu ihr um. »Rede keinen Unsinn, die Kleider sind beide bezaubernd.«

»Ich möchte das blaue haben.«

»Du trägst das andere und dabei bleibt es.«

Missmutig biss Maya auf der Innenseite ihrer Wange herum.

»Hör auf damit«, befahl ihre Mutter, »eine junge Dame benimmt sich nicht wie ein trotziges Kind.« Sie rief nach Nila und trug ihr auf, das Kleid in Mayas Zimmer zu bringen.

Dann verließ sie den Salon, während Adrian ihn vom Garten aus betrat. Sein Blick fiel auf das blaue Kleid.

»Du hast das andere gewählt? Kluge Entscheidung.«

»Es wurde mir aufgezwungen, du brauchst nicht höflich zu sein.«

»Glaub mir, du wirst großartig darin aussehen.«

»Adrian, es ist wirklich unnötig, was du da versuchst. Es ist zweifellos die schlechtere Wahl.«

Adrian musterte das blaue Kleid noch einmal. »Als ich die Kleider gesehen habe, konnte ich mir das kupferfarbene sofort an dir vorstellen.«

Maya schüttelte den Kopf. Was verstand er schon davon? »Wie auch immer, mir bleibt ohnehin nichts anderes übrig. Also wirst du heute Abend in das Vergnügen kommen.«

Nachdem er sich umgesehen hatte, drückte Adrian ihr einen Kuss auf die Lippen. »Ich kann es kaum erwarten.« Er schaffte es, diesen harmlosen Worten einen anzüglichen Klang zu geben, und Maya versetzte ihm einen Klaps auf den Arm.

»Gehen wir in den Garten?«, fragte sie.

»Zu ungemütlich. Man kann keinen Schritt tun, ohne einem Diener über den Weg zu laufen, und auf der Veranda wird gleich das Buffet aufgebaut.«

»Ein Spaziergang im Hof?«

»Ich würde gerne, Liebes, aber ich muss noch etwas erledigen. Wir sehen uns doch heute Abend, dann gehöre ich ganz dir.«

»Großartig, das fängt ja gut an.«

Adrian lachte. »Heute Abend, versprochen.« Er küsste sie erneut, dieses Mal länger, und Mayas Herz flatterte.

»Ist das *eklig*!«, rief Edward und beide fuhren auseinander.

»Du erzählst niemandem davon«, warnte Maya ihn mit brennenden Wangen.

Edward warf Adrian einen Blick zu, der besagte, dass jener gerade einiges an Sympathien eingebüßt hatte. Dann schüttelte er in völligem Unverständnis den Kopf. »Ich suche Lizzi, habt ihr sie gesehen? Wenn ich sie nicht zuerst finde, wird Großmutter sie dazu zwingen, auf ihrem Zimmer damenhaftes Benehmen zu üben.«

»Hier war sie nicht. Vermutlich hat sie sich in weiser Voraussicht versteckt.«

Edward zuckte mit den Schultern. »Gut möglich. Ich suche mal unsere Plätze ab.« Damit entwischte er durch die Verandatür, nur wenige Augenblicke, bevor Margery McFarlane den Salon betrat. Argwöhnisch flog ihr Blick von Maya zu Adrian. Da sie jedoch nichts zu beanstanden hatte, wies sie Maya lediglich an, sie solle sich nützlich machen und ihrer Mutter bei den Vorbereitungen zur Hand gehen. Mit den Worten »Wohin dieses Kind nur immer verschwindet« verließ sie den Salon wieder.

»Komm nur rein«, sagte Henry Cameron, als Adrian vor der offenen Tür zu seinem Arbeitszimmer im Kontor stand und an den Türrahmen klopfte. »Was kann ich für dich tun?« In seiner Stimme schwang nach wie vor ein kühler Unterton mit. Dass Adrian sein kleines Mädchen auf Abwege geführt hatte, verzieh er so bald nicht, auch wenn dieser daraus ein ehrenwertes Anliegen gemacht hatte. Aber wo käme man da hin, wenn jeder junge Mann nachts anständige Mädchen auf sein Zimmer einlud und sich dann, sobald er erwischt wurde, lapidar mit einem Heiratsantrag rausredete?

Adrian trat über die Schwelle und schloss die Tür hinter sich. »Ich muss mit dir sprechen.«

»Falls es wieder um Maya geht, so hat sich an meiner Haltung nichts geändert.« Aus Henry Camerons Kragen wuchsen rote Flecke seinen Hals hoch. »Und wäre es nach Anne gegangen …«

Adrian hob beschwichtigend die Hände. »Ich bin dir überaus dankbar dafür, dass du dich unserem Heiratswunsch nicht gänzlich verweigert hast.«

»Dein Antrag gilt noch nicht als angenommen.«

»Auch das weiß ich. Ich bin nicht hier, um über mich zu sprechen, sondern über Irene.«

Nun lehnte Henry Cameron sich zurück, verschränkte die Arme vor der Brust und sah ihn aus leicht verengten Augen an. »Was ist mit ihr?«

»Sie leidet.«

»Das geht dich nun wirklich nicht das Geringste an.«

»Dich umso mehr, will ich meinen.«

»Nimm dich in Acht!«

Adrian setzte sich und schlug ein Bein über das andere, täuschte mehr Gelassenheit vor, als er empfand. »Was ist gegen Ramon Varathan einzuwenden?«

»Du meinst abgesehen von seiner Herkunft? Aber dieses Problem hat sich ja ohnehin von allein erledigt. Er ist fortgelaufen.«

»Und wenn er das nicht wäre? Wenn ich wüsste, wo er ist? Und wenn er sich versteckt hielte, weil Tante Margery Männer damit beauftragt hatte, ihn von deinem Land zu prügeln?«

Nun erreichten die roten Flecke Henry Camerons Gesicht. »Das würde meine Mutter niemals tun.« Allerdings lag ein Anflug von Zweifel in seiner Stimme.

»Ramon ist schlimm zugerichtet, und es wäre noch schlimmer geworden, wäre ich nicht rechtzeitig dazugekommen. Er wollte nicht fort, und ich weiß nicht, welche Maßnahmen die Handlanger deiner Mutter noch ergriffen hätten, um ihn verschwinden zu lassen.«

»Dergleichen vermag ich mir kaum vorzustellen, Adrian.«

»Wen von uns beiden bezichtigst du der Lüge? Ihn oder mich?«

»Himmel!« Henry Cameron lehnte sich erregt vor und ballte seine Hände zu Fäusten. »Natürlich niemanden von euch. Das Ganze kann ein Missverständnis sein. Marodierende Männer, denen Ramon über den Weg gelaufen ist.«

»Und die sich des Nachts auf dein Grundstück verirrt hatten?«

Nun schwieg Mayas Vater. »Wo ist er?«

»Das kann ich dir nicht sagen.«

»Vertraust du mir nicht?«

»Doch, aber ich habe ihm mein Wort gegeben.«

Henry Cameron nickte. »Nun gut. Und was jetzt?«

»Was hast du dagegen, dass ein redlich arbeitender Mann, dem du deine gesamten Finanzen anvertraust, deine Tochter heiraten möchte?«

»Du weißt recht gut, warum es nicht geht.«

»Warum sprichst du es nicht aus? Weil er ein Mischling ist. Ein Eurasier. Dabei ändern sich die Zeiten, es ist nicht mehr so wie vor einigen Jahren. Und er hat Mut bewiesen, den Periya-Dorahi um die Hand seiner Tochter zu bitten.«

»Irene weiß nicht, worauf sie sich einlässt.«

»Sie wollte mit ihm fliehen, aber er hat abgelehnt.«

»Alles andere sähe ihm auch nicht ähnlich.« Henry Cameron rieb sich die Augen. »Hör zu, Adrian, du bist ein anständiger Kerl, und es ehrt dich, dass du versuchst, Irene zu helfen, aber ich kann in diese Verbindung nicht einwilligen. Ich kenne die Gesellschaft besser als du. Man würde sie ächten und dem kann ich meine Tochter nicht aussetzen.«

Adrian zuckte mit den Schultern. »Wie du meinst.« Er erhob sich. »Noch hast du die Möglichkeit, ihr einen Weg zu bieten, der sie glücklich macht und dich nicht deiner Tochter beraubt. Sonst verlierst du sie, auch wenn sie nicht fortläuft.« Damit drehte er sich um und verließ den Raum.

Um überhaupt etwas zu tun zu haben, hatte Maya ihrer Mutter geholfen und den Dienstboten Anweisungen beim Aufbau der Tische im Garten gegeben. Danach überwachte sie das Anbringen des Blumenschmucks im Salon und begutachtete das polierte Silber – wobei sie argwöhnte, dass ihre Mutter noch einen Kontrollgang anschließen würde, um zu sehen, ob Maya wirklich auf alles geachtet hatte. Im Grunde genommen machte das Mayas Tätigkeit überflüssig, aber da sie ohnehin nicht wusste, womit sie den Tag rumbringen sollte, wollte sie nicht kleinlich sein. Das Mittagessen bestand aus kaltem Braten und Brot. In der Küche hatte man anderes zu tun. Maya und ihren Geschwistern – Lizzi war mittags mit unschuldigem Gesicht im Esszimmer erschienen – war dies nur recht, denn so fiel das Essen formlos aus.

Nachdem ihre Mutter sie entlassen hatte, ging Maya hoch, um Vorbereitungen für den Abend zu treffen. Sie wollte ein Bad nehmen, sah aber erst nach, ob Nila den richtigen Schmuck rausgelegt hatte, und betrat das Ankleidezimmer, wo sie Maurice entdeckte, der auf ihrem Kleid lag.

»Du Unglückskater!« Maya scheuchte ihn davon und begutachtete den Schaden. Der Stoff war dort, wo Maurice es sich gemütlich gemacht hatte, zerknittert und voller roter Katzenhaare. Wütend lief sie dem Kater nach, der in ihrem Zimmer auf die Fensterbank sprang. »Wie soll ich das Kleid denn nur in so kurzer Zeit wieder herrichten?«

Maurice gab sich gelangweilt und machte deutlich, dass das mitnichten sein Problem war.

»Oh, ich könnte dich …« Maya rang nach Worten, als die Tür aufging und Irene ins Zimmer trat. Mit einem herzzerreißenden Maunzen verließ Maurice seinen Platz am Fenster und kam zu ihr gelaufen. Irene ging in die Hocke und nahm ihn in die Arme.

»Was hast du mit ihm gemacht?«

»Frag lieber, was er mit meinem Kleid gemacht hat!«

Irene erhob sich mit Maurice im Arm. »Dann verschließ die Tür zum Ankleidezimmer.«

Also das konnte doch nicht wahr sein! »Dein Kater führt sich unmöglich auf!«

»Ein liebes Katerchen bist du.« Irene hätschelte ihn trotzig und fügte tadelnd hinzu: »Du kannst doch von ihm keine Vernunft erwarten.« Triumphierend sah Maurice Maya über Irenes Arm hinweg an und schmiegte seinen Kopf an ihre Brust. »Ich bin eigentlich nur hier«, fuhr Irene fort, »um dir zu sagen, dass ich heute Abend nicht komme.«

»Damit machst du es nicht besser.«

»Soll ich etwa die folgsame Tochter spielen?«

»Nein, du sollst Zeit schinden. Abgesehen davon wird Mama dir das nicht durchgehen lassen.«

»Was soll sie schon tun? Mich zum Fest prügeln?«

Darauf wusste Maya keine Antwort.

»Du hast natürlich leicht reden.« Irene klang bitter. »Der Frost-Erbe macht für Mama und Papa mehr her als ein Eurasier.«

»Nun bist du ungerecht.«

Irene zuckte mit den Schultern, als sei ihr dies gleich. Sie drehte sich um und verließ mit dem Kater das Zimmer. Währenddessen läutete Maya nach Nila, damit diese den Schaden an dem Kleid besehen konnte.

»Das bringe ich in Ordnung, Sin-Amma«, versprach Nila und nahm das Kleid mit sich.

Maya ließ sich auf einen Sessel fallen und sah aus dem Fenster in den strahlenden spätnachmittäglichen Himmel. Es war ja nun nicht so, dass sie gerne auf Gesellschaften ging, aber Adrian war da, und zudem hatte Ella Chadwick zugesagt, was einer der Gründe dafür war, dass ihre Mutter so nervös alles kontrollierte. Wenn sie einen guten Eindruck machten, bestand vielleicht die Möglichkeit, dass Oliver Chadwick wieder seine Geschäfte mit *Leighs End* aufnahm. Aber natürlich verstand Maya, dass Irene einen solchen Groll gegen ihre Eltern hegte und sich strikt weigerte, an ihrer Seite die folgsame Tochter zu spielen.

Nachdem sie eine Weile in den Himmel gestarrt hatte, erhob Maya sich und ging in ihr Badezimmer, um sich endlich ein Bad einzulassen. Während der Boiler das Wasser erhitzte, beobachtete Maya eine winzige Spinne, die am Fenster ein Netz spann. Der Boiler machte zischende Geräusche und von draußen drangen Stimmen von Dienstboten zu ihr hoch. Maya drehte den Hahn für kaltes und dann den für heißes Wasser auf und beobachtete den aufsteigenden Dampf, der erst die Armaturen, dann den Wannenrand und den Boiler in sanften Nebel hüllte und wabernd über dem Wasser lag.

Als Maya ihr Bad beendet und ihre Leibwäsche angezogen hatte, kam Nila mit dem Kleid zurück, das ordentlich geplättet war und auf dem es keine Spur mehr von Katzenhaaren gab. Mit Nilas Hilfe beendete sie ihre Garderobe und betrachtete sich im Spiegel. Maya war erstaunt darüber, dass ihr das Kleid tatsächlich stand, ja, dass sie geradezu hinreißend darin aussah. Die Seide schimmerte je nach Bewegung in einem rötlichen Goldton, eine Farbe, die hervorragend mit ihrem Haar und ihrem Teint harmonierte. Nila steckte ihr Haar am Hinterkopf mit Nadeln und einer goldenen, rubingeschmückten Haarspange fest, die zu dem Schmuck passte, den Maya nun anlegte – eine goldene Kette mit einem Rubinanhänger, ein Armband und dazugehörige Ohrringe.

Es klopfte an der Tür, und noch ehe Maya hereinbitten

konnte, trat Irene ein. Zu Mayas Erstaunen trug sie das nachtblaue Kleid und Saphirschmuck. Nur ihr Haar fiel ihr noch gelöst über die Schultern.

»Du hast deine Meinung geändert?«

Irene nickte knapp und sah zu Nila, wie um zu verdeutlichen, dass sie in der Gegenwart Dritter nicht darüber sprechen würde, was den Sinneswandel ausgelöst hatte. Maya schickte ihre Zofe fort und sah ihre Schwester dann erwartungsvoll an.

»Ramon hat gesagt, ich solle gehen«, sagte Irene.

»Wann hast du mit ihm gesprochen?«

»Ich war eben bei ihm. Adrian war zwar nicht gerade begeistert über mein unangemeldetes Auftreten, aber das ist mir gleich. Ramon sagte, ich darf Mama und Papa nicht noch mehr gegen mich aufbringen, das könnte unserem Wunsch eher hinderlich als nützlich sein. Also überwinde ich mich und tue, was sie von mir verlangen.« Irene hob unbehaglich die Schultern. »Auch wenn ich die Vorstellung unerträglich finde. Alle wissen Bescheid, und ich kann mir ihre Blicke schon vorstellen, diese Häme, diese Genugtuung, dass Ramon mich nun doch verlassen hat.« Irene hatte die Hände zu Fäusten geballt und zerknitterte die Seide ihres Rockes zwischen den Fingern.

»Sie werden auch starren, wenn ihr verheiratet seid, also gewöhn dich daran und ignorier sie.«

Irene schien zu einer Antwort anzusetzen, blieb jedoch stumm.

»Soll ich dir rasch das Haar machen? Viel Zeit hast du nicht mehr.« Maya erhob sich und Irene ließ sich auf dem Stuhl vor dem Frisiertisch nieder.

Ohne viel Aufhebens entschied sich Maya für einen schlichten Knoten, den sie mit wenigen Nadeln feststeckte und aus dem sie ein paar Strähnen zog, die sich weich in Irenes Nacken schmiegten. Nach einigem Suchen fand sie zwei kleine Kämme, die mit dem Saphirschmuck harmonierten, und steckte sie ihrer Schwester seitlich ins Haar.

»Sehr hübsch«, bemerkte sie schlussendlich.

Irene nickte nur unglücklich.

Als sie gemeinsam die Halle betraten, sah ihre Mutter sie erstaunt an. Maya war sonst immer die Letzte und nach ihrer Hilfsbereitschaft am Vormittag schien dies nun wahrhaft alarmierend zu sein. Lizzi und Edward wurden von ihrer Großmutter die Treppe hinuntergescheucht. Während Edward röchelnde Geräusche von sich gab, womit er darauf hinweisen wollte, dass der Kragen einfach zu eng war, protestierte Lizzi gegen ihr zu straff hochgestecktes Haar, indem sie immer wieder kleine Strähnchen hervorzog, wobei die Löckchen, die nun ihr Gesicht und ihren Hals umspielten, hinreißend aussahen. Eine Wirkung, die ihr apfelgrünes Kleid noch unterstrich. Adrian erschien nun ebenfalls in Abendgarderobe, erblickte Maya und seine Augen weiteten sich kurz, dann lächelte er anerkennend.

Ihre Mutter ließ den Blick über ihre Töchter schweifen und nickte zufrieden. Für Edward gab es noch eine knappe Ermahnung, sich endlich zu benehmen, dann gab sie ihnen Anweisungen, wie sie sich aufzustellen hatten, bevor sie ebenfalls ihren Platz einnahm und den Dienstboten bedeutete, die Flügeltüren zur Halle zu öffnen. Kleine Steinchen knirschten unter Kutschrädern, Pferde wieherten, englische Stimmen mischten sich unter die der tamilischen Diener. Dann betraten die ersten Gäste die breite, halbrunde Freitreppe.

Den ganzen Tag über hatte Ella eine bebende Unruhe erfüllt. Als sie abends schließlich in ihrem eleganten Kleid, weiß mit einem Stich ins Cremegold, das Hotel verließ, hämmerte ihr das Herz schmerzhaft in der Brust. Sie bemühte sich darum, ruhig zu atmen, täuschte Gelassenheit vor und spürte die Blicke der Leute auf sich, die sich zu abendlichen Spaziergängen in den Straßen einfanden oder ihrerseits zu gesellschaftlichen Anlässen aufbrachen.

In der Kutsche befühlte sie ihr hochgestecktes Haar, eine überflüssige Geste, denn ihre Zofe verstand es, eine Frisur so hinzubekommen, dass sich selbst nach durchfeierten Nächten keine Strähne aus den Nadeln löste. Eine elfenbeinerne Nadel, die in Gold gefasst war, stand in atemberaubendem Kontrast zu Ellas dunklem Haar. Der übrige Schmuck – Armband, Halsband und Ohrringe – war aus schlichtem Gold und ihre Hand zierte über dem weißen Handschuh nur ihr Ehering.

Die Dunkelheit begann in samtig blauem Schimmer über den Bergen, und während der Himmel noch hell war, wurde es zwischen den Bäumen bereits düster. Noch konnte man die sanft gewellten Ebenen erkennen, die Teegärten, die nun still dalagen. Ella zerknüllte ein Taschentuch zwischen den Fingern, glättete es und drückte es erneut zusammen. Sie tastete nach ihrem kleinen Täschchen, als stünde zu befürchten, sie habe es auf dem Weg verloren, dann wieder zwang sie ihre Hände zur Ruhe.

So lange hatte sie auf diesen Moment gewartet, und nun, da er da war, hätte sie nichts lieber getan, als sich umzudrehen und davonzulaufen. Sie dachte an Oliver, an seine aufmunternden Worte in dem Telegramm, das am Morgen für sie eingetroffen war. An den Brief ihres ältesten Sohnes, den sie vor zwei Tagen erhalten hatte. Wie sehr sie ihn und seine drei Brüder vermisste. Und wie sehr sie sich nach Oliver sehnte, danach, dass er ihre Hand mit seinem warmen Griff umschloss. Aber das hier war etwas, das sie allein schaffen musste. Oliver hatte das verstanden.

Leighs End kam in Sicht. Ella schloss die Augen, wappnete sich, öffnete die Augen wieder und lehnte sich zurück. Ihr Blick war starr aus dem Fenster gerichtet. Dann hielt die Kutsche an. Ella hörte den Kutscher in den Kies springen, seine Schritte, und im nächsten Moment wurde der Kutschschlag geöffnet.

»Mrs Chadwick.« Er reichte ihr seine Hand, um ihr aus dem Gefährt zu helfen.

Als sie vor dem Haus stand, tat sie einen tiefen Atemzug und beobachtete die Menschen, die auf den Eingang zuströmten. Einige Gäste erkannten sie und winkten ihr grüßend zu. Sie winkte zurück und setzte ihren Weg zur geschwungenen Freitreppe fort.

Als sie die Tür passierte und die Eingangshalle betrat, steuerte sie direkt auf die Familie zu. Die alte Frau, ihr Sohn, ihre Schwiegertochter, die Enkelkinder – der Junge mit dem spitzbübischen Gesichtsausdruck, die beiden Ältesten in der

Blüte ihrer Jugend, das blonde Mädchen, das eine Schönheit zu werden schien. Und Adrian Frost.

Ella trat vor, als die Gäste vor ihr die Familie passiert hatten. Anne Cameron sah sie an, runzelte die Stirn und musterte sie, erst prüfend, dann ungläubig. Henry war leichenblass geworden und Margery McFarlane schien einer Ohnmacht nahe. Sie wankte, griff haltsuchend nach Henrys Arm und öffnete den Mund, brachte jedoch erst nach mehreren Versuchen einen Laut heraus.

»Hester!«

Ella lächelte. »Guten Abend, Mutter.«

17

Maya starrte Ella Chadwick ungläubig an, spürte die Unruhe, die sich in der Halle ausbreitete. Als sei sie ein gewöhnlicher Gast, ging Ella Chadwick weiter in den Salon, der in den Garten führte, bewegte sich wie selbstverständlich in dem Haus, mit müheloser Vertrautheit. Adrian machte Anstalten, ihr zu folgen.

»Wo willst du hin?«, fragte Margery McFarlane scharf.

»Ich muss mit ihr sprechen.«

»Das müssen wir alle. Du bleibst!«

Obwohl es Adrian sichtlich widerstrebte, fügte er sich und blieb mit hinter dem Rücken verschränkten Händen stehen. Dann flanierten die nächsten Gäste an ihnen vorbei. Aber so sehr sich Mayas Großmutter und Eltern auch den Anstrich von Normalität zu geben versuchten und versicherten, welch großes Vergnügen es sei, jeden von ihnen begrüßen zu dürfen, so konnte doch all das nicht darüber hinwegtäuschen, wie tief erschüttert die Familie war. Maya fand das albern. Da tauchte nach so vielen Jahren die verschollene Tochter wieder auf und dennoch musste man zunächst an der Etikette festhalten.

Sie selbst brannte darauf zu erfahren, was passiert war, und es fiel ihr sehr schwer, ruhig zu bleiben.

Aus dem Salon war ein erregtes Stimmgewirr zu hören. Natürlich würde nur ein Thema den Abend beherrschen. Als der Besucherstrom langsam abebbte und die letzten Gäste ebenfalls im Salon verschwunden waren, wandte sich Margery McFarlane mit einem Ruck ab und verließ die Halle, gefolgt von ihrem Sohn, Maya und Adrian. Mayas Mutter kam mit Irene, Edward und Lizzi langsam nach. Es galt, dem Abend wenigstens einen Anstrich von Normalität zu geben.

Ella Chadwick war nicht in den Garten gegangen, sondern stand an einem der hohen Fenster und sah hinaus, eine schlanke Gestalt in einem schimmernden weißen Kleid. Man beobachtete sie, aber niemand traute sich, sie anzusprechen, und sie selbst schien darauf auch nicht den geringsten Wert zu legen. Als spüre sie die Anwesenheit ihrer Familie, drehte sie sich um, und wieder lächelte sie, aber es lag keine Wiedersehensfreude in diesem Lächeln, sondern Kühle und ein klein wenig Spott.

»Da seid ihr ja.« Sie kam näher. »Ich nehme an, ihr wollt mit mir reden? Mutter? Henry?« Ihr Blick wanderte zu Maya und Adrian. »Und ihr?«

»Halt die Kinder da raus.«

Adrian stieß einen protestierenden Laut aus.

»Aber keineswegs«, sagte Ella Chadwick und ließ ihren Blick auf den beiden ruhen. »Genau euch vier möchte ich sprechen.« Sie nickte Anne zu. »Kümmere dich nur um deine Gäste, meine Liebe, ich löse keinen Skandal aus, das verspreche ich dir.« Wieder dieses Lächeln. »Zumindest hoffe ich das.«

Ihr Blick wanderte zu ihrer Mutter, als wolle sie deutlich machen, an wem dies letzten Endes scheitern könnte.

»Komm mit.« Margery McFarlane drehte sich um und verließ den Raum, um ihnen voran in ihren kleinen, privaten Salon zu gehen. Ihre Haltung war starr, ihre Bewegungen eckig. Nachdem sie die Tür hinter ihnen geschlossen und Licht gemacht hatte, sah sie Ella Chadwick an. »Und nun erkläre mir, was dieser Auftritt zu bedeuten hat.«

Maya traute ihren Ohren kaum und auch Adrian war erstaunt. Ihr Vater, der bisher geschwiegen hatte, sagte nun: »Ist das alles, was dir zu ihrer Rückkehr einfällt?«

»Oh, dazu fällt mir eine Menge mehr ein, aber nichts davon ist tauglich, laut ausgesprochen zu werden.«

Maya vernahm ein Beben in der Stimme ihrer Großmutter, das Angespanntheit verriet, eine Spur von Wut und Angst, die sich in ihren Augen widerspiegelte. Aber wieso Angst?

Ella Chadwick sah ihren Bruder an und lächelte, dieses Mal wärmer. »Ganz die liebende Mutter, die sie immer war. Ich habe nichts anderes erwartet.«

»Du …« Margery McFarlane war so bleich, dass ihr Mund grotesk rot erschien.

Ella Chadwick ignorierte sie und wandte sich an ihren Bruder und an Maya. »Ich bin euch eine Erklärung schuldig. Aber dafür muss ich länger ausholen.«

Mayas Vater deutete auf die Sessel. »Wir haben Zeit.« Er wartete, bis sich alle – abgesehen von seiner Mutter, die am Fenster stehen geblieben war – gesetzt hatten, dann ließ er sich ebenfalls nieder, lehnte sich leicht vor und stützte die Ellbogen auf die Oberschenkel. »Erzähl.«

Ella Chadwick befeuchtete die Lippen mit der Zunge und zögerte einen Moment, sie wirkte beinahe befangen, dann straffte sie die Schultern, hob das Kinn und sagte: »Ich habe immer gerne auf *Leighs End* gelebt. Für mich war klar, dass ich irgendwann auf Ceylon heiraten würde, und ich war zufrieden mit dieser Vorstellung. Außer Reichweite meiner Mutter und dennoch hier, bei meinen geliebten Teegärten und in dem Land, das meine Heimat war.« Margery McFarlane stieß ein verächtliches Schnauben aus. »Ich war einige Jahre älter als du, Maya, als mein Stiefvater ein sehr ungebührliches Interesse an mir offenbarte. Erst habe ich dies ignoriert, vermochte es mir nicht vorzustellen, aber eines Nachts ...« Sie verstummte. »Es ist nichts, was ich in Gegenwart eines jungen Mädchens aussprechen würde.« Sie sah ihren Bruder an, der wie erstarrt war, dann senkte sie den Blick. »Irgendwann merkte ich, dass ich ein Kind erwartete.«

»Du infames Geschöpf!«, geiferte Margery McFarlane. »*Du* hast zugelassen, dass er ...«

»Mutter!« Henry Camerons Stimme war so scharf, dass alle in dem Raum zusammenzuckten. »Wenn Hester die Wahrheit sagt – und dergleichen würde sie sich nur schwerlich ausdenken –, dann will ich mir nicht einmal ausmalen, was das bedeutet. Und was es über dich aussagt.« Er drehte sich zu seiner Schwester. »Warum hast du mir nichts erzählt?«

Ella Chadwicks Blick wurde weicher. »Weil ich wusste, dass du überstürzt handeln könntest und etwas tun würdest, was dich in ernsthafte Schwierigkeiten bringen würde. Und ich habe mich zu sehr geschämt. Also wandte ich mich an unsere Mutter. Sie war außer sich vor Wut, auf mich, nicht auf ihn, schrie mich an, dass ich ihr ihren Mann abspenstig machen würde, dass ich mich schämen solle und so vieles mehr.« Ihre Stimme war klein geworden.

»Ich habe auch ihm Vorwürfe gemacht«, verteidigte sich Margery McFarlane. »Aber er sagte, du habest ihn verführt.«

Um Ella Chadwicks Lippen spielte ein verächtliches Lächeln. »Und mir sagte sie, dass ich, solange man es noch nicht sah, mein normales Leben weiterführe könne. Danach würde man mich fortbringen, damit mein Kind unbemerkt zur Welt komme.«

»Ab da war ich eingeweiht«, sagte Henry Cameron. »Sie erzählte mir, dass du dich auf eine verbotene Liaison eingelassen hättest und den Vater des Kindes nicht nennen wolltest.«

»Sie schickte mich jedoch nicht auf einen anderen Teil der Insel, sondern sperrte mich in den Keller, aus Angst, jemand könne erfahren, wie es um mich bestellt war.« Ihr Blick suchte und fand den ihres Bruders. »Du wirkst nicht erstaunt?«

»Ich habe von dem Versteck im Keller erfahren, nachdem du fort warst.«

Maya tastete nach Adrians Hand, die sich fest um die ihre schloss.

»Das Kind wuchs, und so sehr ich es anfangs gehasst habe, so wurde es doch ein Teil von mir, und ich konnte und wollte es nicht *ihm* überlassen. Ein hilfloses Geschöpf, das sich ein solches Dasein ebenso wenig ausgesucht hatte wie ich. Und als es zur Welt kam und sie es mir fortnahmen, habe ich Mutter darum gebeten, es mir zurückzugeben. Im Gegenzug wollte ich fortgehen. Aber Mutter befürchtete die Schande und lehnte ab. Ich wusste, dass ich das Kind Tag für Tag sehen würde und immer eine Charade spielen müsste. Dem fühlte ich mich nicht gewachsen.« Sie verstummte.

»Und was ist aus dem Kind geworden?«, wagte Maya in die Stille zu fragen.

Drei Augenpaare richteten sich auf sie – das ihres Vaters und ihrer Großmutter sowie Ella Chadwicks. Und alle schwiegen.

»Nein«, entfuhr es Maya kaum hörbar.

»Wir wollten es dir nie erzählen«, setzte ihr Vater an.

Maya sprang auf und entriss ihre Hand Adrians. »Nein! Das ist unmöglich. Das hätte doch jemand gemerkt! Mama muss doch mit mir schwanger gegangen sein.«

»All das war ihr von Anfang an zuwider, aber sie hat sich gefügt und die Schwangerschaft vorgetäuscht. Später haben wir dich als unser Kind ausgegeben. Niemand hat je daran gezweifelt.«

Mayas Blicke flogen wie getrieben zwischen den Anwesenden hin und her. Adrian wirkte bestürzt, sie öffnete den Mund, würgte an Worten, die auszudrücken vermochten, was sie empfand, dann drehte sie sich um und lief aus dem Raum.

»Maya!«, hörte sie ihren Vater rufen.

Schritte folgten ihr. »Maya, warte!« Adrian.

Aber selbst ihn wollte sie nicht sehen und so rannte sie weiter, eilte die Treppe hinauf in ihr Zimmer, warf die Tür zu und drehte den Schlüssel im Schloss. Schwer atmend ließ sie sich auf ihr Bett fallen und drückte das Gesicht in die Tagesdecke.

Das war einfach zu viel. Ihr Großvater, der ihr stundenlang

Geschichten erzählt hatte, war ihr leiblicher Vater? Und ihr richtiger Vater – und nichts anderes war er für sie, er würde nie *Onkel Henry* sein – hatte sie die ganze Zeit über belogen. Ebenso ihre Mutter. Und Irene, Lizzi und Edward waren nicht ihre Geschwister. Sie waren alle von derselben Amme gestillt worden, hatten dasselbe Kindermädchen gehabt, waren zusammen aufgewachsen – näher konnten sich doch auch leibliche Geschwister nicht sein. Und Ella Chadwick war ihre Mutter? Maya hatte kaum vermocht, sie sich als *Tante Hester* vorzustellen, und nun war sie ihre *Mutter*? Und überhaupt, musste sie nun fort von hier?

Ein dumpfer Kopfschmerz breitete sich hinter Mayas Stirn aus und sie drehte sich auf den Rücken. Dann hörte sie ein Miauen und richtete sich auf.

»Wo kommst du denn her?«

Maurice sprang auf ihr Bett und sah sie mit schief gelegtem Kopf an. Maya streckte die Hand nach ihm aus und berührte sein dickes, weiches Fell. Dann brach sie in hemmungsloses Weinen aus.

»Gab es keinen anderen Weg, ihr *das* beizubringen?«

Ella beobachtete Adrian. Ja, er war in der Tat der Sohn seines Vaters, wie er so dastand, aufgebracht und Antworten einfordernd.

»Sicher gab es die, aber wären sie weniger schockierend gewesen?«, fragte sie. »Reg dich nicht auf, Adrian. Ich habe mitbekommen, dass du nach deiner Mutter forschst, und auch mich interessiert Isobels Verbleib brennend. Du kannst dich nun weiterhin empören oder aber mir bis zum Ende zuhören.«

Adrian rang sichtlich mit sich, setzte sich dann jedoch wieder.

»Nun gut«, fuhr Ella fort. »Meine Mutter hätte mich nach der Geburt gerne wieder ins Haus geholt, immerhin musste meine lange Abwesenheit Fragen aufwerfen.« Sie sah ihre Mutter an, die mit zusammengekniffenen Lippen dastand und ihren Blick mied. »Aber *er* hat immer wieder gesagt, sie sollte noch abwarten. Natürlich hatte er Angst davor, dass ich mit der Wahrheit herausrücken könnte. Ich nehme an, Mutter war diese Verzögerung nur zu recht, musste sie doch befürchten, dass ich mein Kind nicht kampflos aufgeben würde. Auch wenn mir sicher niemand geglaubt hätte, denn mein Wort hätte gegen Henrys und Annes gestanden, und wer hätte mir schon geglaubt, mit einer Mutter, die über jeden Zweifel erhaben ist?«

»Wir wollten damals nur das Beste für Maya«, mischte sich Henry ein. »Ich konnte nicht wissen, dass dies gegen deinen Willen geschah. Ehe du fort warst, schienst du nichts mehr zu wollen, als dieses Kind loszuwerden.«

»Ich mache dir keinen Vorwurf, Henry.« Ellas Blick wanderte zu ihrer Mutter, dann erzählte sie weiter. »Ich weiß bis heute nicht, woher Isobel wusste, dass ich dort unten gefangen war, aber eines Tages ließ sie mich frei und sagte, ich solle fliehen. Sie gab mir Geld und drängte mich dazu, Maya zurückzulassen. Es fiel mir schwer, aber ich wusste auch, dass meine Mutter und vor allem *er* mich sofort wieder einsperren würden. Ich hatte keine Wahl. Und mitnehmen ins Ungewisse konnte ich sie nicht, da war sie hier sicherer. Was wäre das für ein Leben gewesen für sie? Als Kind einer ledigen Mutter. Auch ohne Kind war es schwer genug.«

»Und was geschah dann mit meiner Mutter?«, fragte Adrian.

»Ich weiß es nicht, Adrian, ich habe sie zu dem Zeitpunkt das letzte Mal gesehen. Nachdem sie mich befreit hatte, gelang es mir, nach Colombo zu fliehen. Völlig am Boden zerstört, kam ich dort an. Ich besorgte mir eine Karte für die Überfahrt nach Indien, aber dort wollte ich nicht bleiben, ich befürchtete, man könne mich finden. Also reiste ich weiter bis nach London. Von dem Geld hatte ich mir eine notdürftige Reisegarderobe zusammengestellt, und es blieb nach der Überfahrt noch genug, um mich in ein billiges Zimmer einzumieten.« Bei der Erinnerung an diese Zeit verschwamm das Zimmer vor Ellas Augen, und sie war wieder in den Straßen Londons, wo alles lauter und schmutziger war, als sie es von daheim kannte. Wieder verspürte sie jenes Heimweh, das sie seinerzeit zu überwältigen drohte, die Angst vor dem Ungewissen und eine tiefe, uferlose Traurigkeit. Wie von selbst bewegten sich ihre Lippen, als sie von ihrer Suche nach Arbeit erzählte, von jenen Tagen, in denen sie in einer Weberei geschuftet hatte und entlassen worden war, weil sie zu langsam arbeitete. Von ihrer Ungeschicklichkeit als Näherin, denn ihre Künste mochten für feine Handarbeiten reichen, aber sie versagte gänzlich darin, neue Kleidungsstücke aus alten, aufgetrennten zu nähen. Dann hatte eine Frau sie darauf aufmerksam gemacht, dass *Chadwick Tea* Arbeiterinnen suchte, die den Tee in Dosen füllten. In diesem Moment war Ella klar geworden, dass das Leben eine neue Wendung für sie bereithielt. Schon früh am nächsten Tag stand sie vor den Toren des Kontors und wurde eingestellt, zusammen mit elf weiteren Frauen. Tag für Tag dieselbe Tätigkeit, die, so eintönig sie war, ein Stück Zuhause in ihr Leben brachte. Sie atmete die Aromen der Tees ein. Und irgendwann hielt sie einen in den Händen, der falsch gelagert und modrig geworden war. Ohne lange zu überlegen, erhob sie sich von ihrem Platz und ging zu ihrer Vorarbeiterin, um ihr zu sagen, dass der Tee verdorben sei.

Die Frau war furchtbar wütend auf sie geworden, beschimpfte sie, fragte, was ihr denn einfiele und für wen sie sich hielt. Daraufhin war eine Gruppe von Männern auf sie aufmerksam geworden, allen voran ein eleganter, dunkelhaariger Mann, Oliver Chadwick persönlich, der an diesem Tag das Ceylon-Kontor inspizierte. Er hieß die Frau zu schweigen und wandte sich an Ella. Mit warmer, dunkler Stimme forderte er sie auf zu begründen, wie sie darauf käme, dass in seinem Kontor mit verdorbenem Tee gehandelt würde. Ella war puterrot angelaufen und hatte versichert, es so nicht gemeint zu haben, aber ein Sack sei offenbar falsch gelagert worden. An diesem Tag hatte Oliver Chadwick sie das erste Mal bemerkt.

»Und dann hat er dich zu seiner Hure gemacht«, unterbrach ihre Mutter sie, »und sah sich schließlich gezwungen, dich zu heiraten, weil du schwanger geworden bist.«

Um Ellas Lippen spielte kalte Verachtung. »Das ist die Welt, in der du lebst, Mutter, nicht wahr? Aber Oliver hat sich mir zu keinem Zeitpunkt ungebührlich genähert. Er hat mich stets nur bei Tag ausgeführt und dafür gesorgt, dass ich vor Einbruch der Dunkelheit daheim war, um jedes Gerede im Keim zu ersticken. Und ich musste noch viele Monate in seinem Kontor arbeiten, denn es sollte nicht der Gedanke aufkommen, er würde mich aushalten. Aber er hat sich in mich verliebt, ebenso wie ich mich in ihn. Wir haben uns verlobt und schließlich ordnungsgemäß geheiratet. Du kannst dir seine Überraschung sicher vorstellen, als er erfuhr, dass ich nicht nur eine Cameron, sondern eine von *den* Camerons bin.«

»Ist denn das Verschwinden der Tochter des Hauses nicht bis nach England vorgedrungen?«, fragte Adrian erstaunt.

»Doch, aber ich habe unter meinem Zweitnamen gelebt, und Elizabeth Cameron ist kein so ungewöhnlicher Name.«

»Und er weiß *alles* über dich?« Margery McFarlane klang zweifelnd.

»Ganz recht, Mutter.«

»Du hast es ihm nach der Hochzeit erzählt, als du ihn fest in den Fingern hattest?«

»Nein, davor.« Ella lächelte. »Und er hat auf seine Art darauf reagiert.«

»Deshalb also«, murmelte Henry. »Und ich habe mich immer gefragt, warum er keine Geschäfte mehr mit mir tätigt.«

»Was das angeht, ist er konsequent«, bestätigte Ella. Sie hatte Oliver kein Jahr nach der Hochzeit den ersten Sohn geboren, zwei Jahre später den nächsten und war keine drei Monate nach der Geburt wieder schwanger geworden. Auf diesen Sohn war drei Jahre später der jüngste gefolgt, der erst vier war und ihr furchtbar fehlte. Sie fragte sich, was ihre Söhne dazu sagten, wenn sie ihnen ihre Schwester präsentierte. Aber ehe sie die Sprache darauf brachte, gab es noch etwas zu klären. »Was ist mit Isobel passiert?«

Henry zuckte mit den Schultern und wandte sich an seine Mutter. Die hatte wieder die Lippen zusammengepresst und den Blick abgewandt, schien mit sich zu ringen. Ella rechnete bereits damit, keine Antwort mehr zu erhalten, als ihre Mutter zu sprechen anfing.

»Wir sind stets nur bei Nacht zu dir gegangen, damit niemand etwas merkte. Ich drängte Frederic dazu, dich endlich freizulassen. Es wurde langsam schwierig, vor den Leuten diese Geschichte mit der Schwermut aufrechtzuerhalten und deine Abwesenheit zu erklären. Auch Henry fing an, misstrauisch zu werden, und stellte Fragen. Eines Nachts, als wir aus dem Keller kamen, sah ich Isobel, die gerade aus dem Korridor zum Ostflügel in die Halle trat. Da ich mir nicht sicher war, ob sie uns bemerkt hatte, erzählte ich Frederic nichts davon, und wir gingen hoch in unser Zimmer. Zwei Tage später warst du verschwunden. Wir mussten Henry einweihen, ließen dich überall suchen und befragten Dienstboten. Natürlich durfte niemand von dem geheimen Zimmer wissen, und da man glaubte, du seist schwermütig, hielt man es nicht für ausgeschlossen, dass du dir etwas angetan hattest. Ich erinnerte mich nach einigen Tagen wieder daran, Isobel gesehen zu haben. Vielleicht hätte ich allein mit ihr sprechen sollen, aber ich habe es Frederic erzählt, unüberlegt, wie mir im Nachhinein klar wurde. Wir gingen zu ihr und fanden sie in ihrem Ankleidezimmer. Sie hatte gerade Adrian zu Bett gebracht und wollte sich umziehen für einen abendlichen Spaziergang. Auf unsere Frage hin leugnete sie zunächst alles, aber dann gestand sie, dich freigelassen zu haben. Frederic geriet außer sich und schlug sie so heftig ins Gesicht, dass sie beinahe gestürzt wäre. Da wurde sie wütend und machte den großen Fehler, Frederic zu sagen, du habest ihr alles erzählt und er solle sich nur in Acht nehmen und nie wieder Hand an sie legen, oder sie würde alles öffentlich machen. Da schlug er noch einmal zu und noch einmal, und beim dritten Mal stürzte sie so unglücklich, dass sie mit dem Kopf auf einen Tisch fiel und dann reglos am Boden lag. Erst glaubte ich, sie habe ihr Bewusstsein verloren, aber schließlich wurde mir zu meinem Entsetzen klar, dass er sie getötet hatte. Nicht absichtlich, es war ein Unfall, aber dennoch …«

»Ein Unfall!« Adrian erhob sich ruckartig von seinem Sessel. »Ein *Unfall*?«

»Frederic war selbst erschrocken.«

»Habt ihr einen Arzt geholt?«, fragte Adrian. »Man kann sich irren, wenn der Puls sehr schwach und kaum zu fühlen ist.« Aber natürlich kannte er die Antwort auf diese Frage bereits. »Oder habt ihr sie einfach nur rasch entsorgt?«

Die Wortwahl missfiel der alten Frau sichtlich. »Frederic hat sie in den Wald getragen und beerdigt, während ich die Spuren im Zimmer beseitigt habe. Ein Todesfall in unserem Haus – das hätte für uns alle das Ende bedeutet. Niemanden hätte interessiert, dass sie nur unglücklich gestürzt ist.«

»Er hat sie niedergeschlagen, verdammt!«, brüllte Adrian. »Das war kein Unfall und kein unglücklicher Sturz.«

»Hätte er sie töten wollen, hätte er sie erwürgt, erstochen oder was auch immer«, nahm Margery McFarlane ihren toten Gemahl in Schutz.

»Dass du ihn auch noch verteidigst! Aber natürlich, du bist ja schließlich selbst darin verwickelt, hast die Spuren seiner Tat beseitigt.«

Margery McFarlanes Mund war nur noch ein schmaler Strich.

»Wo liegt sie?«

»Das hat er mir nicht erzählt, ich wollte es nicht wissen. Irgendwo im Wald.«

»Irgendwo im Wald«, murmelte Adrian.

Henry rieb sich die Augen. »Und nun?«, fragte er seine Schwester.

»Ich nehme Maya mit mir und gehe zurück nach England.«

»Das wirst du ganz sicher nicht tun.«

Ein winziges Lächeln umspielte Ellas Mundwinkel. »Ach nein?«

Das Klopfen blieb hartnäckig. »Maya, bitte, ich mache mir Sorgen. Sag wenigstens etwas.«

Aber Maya zog sich nur das Kissen über den Kopf und ignorierte ihren Vater.

»Maya!« Wieder klopfte es.

Seufzend erhob sie sich, entriegelte die Tür und ging zurück zum Bett, auf das sie sich bäuchlings warf. Sie hörte, wie die Tür geöffnet und geschlossen wurde, dann näherten sich Schritte.

»Können wir sprechen?«

Sie schwieg.

»Ich weiß, dass das alles sehr verwirrend für dich ist.«

Maya richtete sich auf und strich sich eine Haarsträhne zurück, die an ihrer Wange klebte. »*Verwirrend?*« Sie lachte bitter. »Ja, es ist in der Tat *verwirrend* zu erfahren, dass mein ganzes Leben eine Lüge ist.«

»Das ist es nicht. Du bist dieselbe wie vorher.«

»Oh, bitte! Meine Tante ist meine Mutter, mein Großvater ist mein Vater, da er meiner Tante … Gewalt zugefügt hat. Meine Großmutter hat meine Mutter eingesperrt, bis sie geflohen ist, und meine Eltern sind mein Onkel und meine Tante, meine Geschwister meine Cousinen und mein Cousin. Ich bin *verwirrt*. In der Tat.«

»Dass mein Stiefvater diese … diese Ungeheuerlichkeit verbrochen hat, wusste ich selbst nicht. Ich dachte, meine Schwester hätte sich mit dem falschen Mann eingelassen. Und mir erschien es ungleich besser, dich als Tochter der Familie aufwachsen zu lassen als in dem Bewusstsein, das uneheliche Kind einer in Ungnade gefallenen Tochter zu sein, die noch dazu ohne dieses Kind geflohen ist. Und von den eigenen Eltern in einem Keller gefangen gehalten worden war.«

Maya schwieg.

»Es war so am besten. Mag sein, dass deine Großmutter nur die Familienehre im Sinn hatte und Anne mitgespielt hat, weil ihr keine Wahl blieb, aber ich habe dich geliebt, vom ersten Moment an, als sie dich uns gebracht haben. Und ich wusste, dass du nie etwas anderes als meine Tochter sein würdest, die ich vor allem Schlimmen bewahren möchte.«

Immer noch schwieg Maya, während ihr Tränen in die Augen stiegen. »Ich wünschte, sie wäre niemals gekommen«, murmelte sie, wohl wissend, dass sie sich damit widersprach. Aber genau das war es, sie wollte, dass das Leben, in dem sie aufgewachsen war, für sie wahrhaftig blieb. »Du wirst für mich nie *Onkel Henry* sein. Und auch wenn Mama mich nicht liebt, bleibt sie meine Mutter und nicht Ell … Tante Hester.« Tränen liefen ihr über die Wangen, und sie spürte daran, wie das Bett sich senkte, dass ihr Vater sich zu ihr setzte, behutsam, als befürchte er, sie zu verschrecken. »Wird sich nun alles ändern?«

»Nein, von mir aus nicht. Du bleibst mein Mädchen, Maya. Aber wir dürfen Hester auch kein Unrecht mehr zufügen, sie hat genug davon erlitten.«

Mayas Lippen bebten. »Muss ich mit ihr fort?«

»Nur, wenn du das willst.«

Vor Maya tat sich plötzlich die ganze Welt auf, und nun stellte sie fest, dass sie die alte nicht so ohne Weiteres verlassen wollte. Was für ein Irrsinn war das?

»Du wolltest immer etwas anderes sehen. Das Leben hier ist dir schon lange zu eng.«

»Woher weißt du das?«

»Weil ich dich seit deiner Geburt kenne.«

Ein Schluchzen stieg in Mayas Kehle auf und sie presste die Hand vor den Mund. »Und was ist nun mit Adrians Mutter?«

Ihr Vater erzählte von dem Moment an weiter, in dem Maya den Salon verlassen hatte. Mit zunehmender Fassungslosigkeit hörte sie ihm zu, dann barg sie das Gesicht in den Armen. Der Mann, der ihr leiblicher Vater war, war nicht nur ein Frauenschänder, sondern auch ein Mörder? Ihr ganzer Körper spannte sich an, während sie aufkommende Schluchzer zurückdrängte. Sanft berührte ihr Vater ihr Haar und strich tröstend über ihren Rücken.

Eines musste man Anne lassen, dachte Ella, während sie allein im Salon ihrer Mutter am Fenster stand. Sie wusste, wie man gesellschaftliche Ereignisse selbst dann rettete, wenn die Gerüchteküche wild brodelte. Vom Garten her waren Stimmen zu hören, gelegentlich ein Lachen, und im Hintergrund spielte ein Streichorchester. Vermutlich blieben die meisten Gäste allein aus dem Grund, weil sie wissen wollten, was es mit Hester und Ella Chadwick auf sich hatte. Man hatte sie nicht erkannt, weil viele Menschen nun einmal nur das sahen, was man ihnen vorsetzte. Mrs Williamson jedoch wusste, wer sie war, dessen war sich Ella gewiss. Und auch Taylor Montgomery, das war offensichtlich gewesen. Als sie in ihrem siebzehnten Lebensjahr gestanden hatte, war er sehr verliebt in sie gewesen, und die erste Liebe vergaß man wohl nicht. Und dann war da noch der alte Mr Primrose, der ihren Stiefvater nie hatte leiden können. Ja, Ella glaubte sogar, dass er ahnte, warum sie geflohen war.

Die Tür öffnete sich und Henry trat ein. Er wirkte müde, erschöpft und rieb sich die geröteten Augen. »Sie wird morgen mit dir sprechen«, sagte er. »Lass ihr heute ihre Ruhe.«

»Natürlich. Das war alles etwas viel. Wo ist Adrian?«

»Der hat sein Pferd aus dem Stall geholt und ist in wildem Galopp davongeritten.«

Ella setzte sich in einen Sessel. »Grollst du mir?«

»Nein, wie könnte ich?«

Wieder dachte Ella an ihre Zeit nach der Ankunft in London. Vielleicht war es gut für sie gewesen, durch die schwere Schule zu gehen, die das Leben dort für sie bereitgehalten hatte, denn sie hatte gelernt, dass sie nur überleben konnte, wenn sie nicht zuließ, dass ihre Vergangenheit auch ihre Zukunft bestimmte. So nahm sie jeden Tag als Möglichkeit an, ihrem Leben eine neue Wendung zu geben. Oliver schließlich hatte ihr behutsam beigebracht, dass körperliche Liebe frei war von Zwängen und Abscheu. Für die Menschen um sie herum hatte es romantisch gewirkt – der reiche Händler, der das arme Mädchen heiratete. Aber es hatte viel Vertrauen und Geduld gefordert, Ellas Ängste zu bannen. Es war ein langer Weg gewesen zu der Frau, die sie nun war.

Während der harten Monate und Jahre, die sie auf sich allein gestellt gewesen war, war sie mehr als einmal froh darum gewesen, sich nicht um ein Kind kümmern zu müssen. Inzwischen wusste sie, wie anstrengend es sein konnte, sich um ein Neugeborenes zu sorgen, um ein Kleinkind, das einen ständig brauchte.

Sie wusste, wie sehr das stetige Weinen an den Nerven zerrte, dass man es nur ertrug, weil man das Kind liebte. Aber wie wäre es um ihre Liebe bestellt gewesen, wenn sie als ledige Mutter keine Arbeit gefunden hätte? Hätte sie ihre Tochter irgendwann gehasst, ihr gar die Schuld für etwas gegeben, an dem sie keine Schuld tragen konnte? Ella wusste es nicht, aber sie wusste, dass sie während dieser schweren Zeit oft erleichtert gewesen war, ihr Kind in guten Händen zu wissen, dass es keinen Hunger leiden musste. Irgendwann, so ihr steter Vorsatz, irgendwann würde sie es zu sich holen. Und nun war sie hier und stellte fest, dass es nicht damit getan war, das Mädchen einfach mitzunehmen.

Als Maya nach Mitternacht ihr Zimmer verließ, waren die letzten Gäste gerade gegangen. Ihr Kleid war zerknittert, ihr Haar hing ihr gelöst auf die Schultern, abgesehen von wenigen Strähnen, die noch in den Nadeln steckten, und die Handschuhe hatte sie schon lange abgestreift. Auf Strümpfen ging sie durch die Halle zur hinteren Tür, die immer noch offen stand. Diener nahmen Lampions von den Bäumen und räumten auf.

»Sie wird morgen wiederkommen«, hörte sie eine Stimme hinter sich.

Langsam drehte Maya sich um. »Wenigstens weiß ich nun, warum du mich nie geliebt hast.«

Ihre Mutter schüttelte den Kopf und blickte zur Seite. Maya konnte erkennen, dass Tränen in ihren Augen schimmerten. »Das ist es, was du denkst? Dass ich dich nie geliebt hätte?«

»Hast du es?«

»Nicht so, wie meine leiblichen Kinder«, gestand Anne Cameron. »Aber du warst immer ein Teil von uns, du gehörtest dazu, du tust es noch. Und ich hatte dich immer gern, auch wenn ich in dir oft das Abbild deiner sündhaften Mutter gesehen habe.« Ein undamenhaftes Schniefen begleitete ihre letzten Worte. »Arme Hester«, fügte sie kaum hörbar hinzu.

»Ich kann in dir nichts anderes sehen als meine Mutter«, sagte Maya.

»Und das werde ich bleiben, wenn du es wünschst«, entgegnete Anne Cameron. Dann wandte sie sich ab, als hätte sie schon zu viel gesagt, und ging die Treppe hoch. Maya sah ihr nach, dann blickte sie wieder hinaus. Am kommenden Tag würde sie mit Irene sprechen, mit Lizzi und Edward. Ob sie ihnen nun fremd wurde? Und was war mit Adrian?

Mayas Strümpfe machten kein Geräusch auf dem Boden, als sie das Haus verließ, die Veranda überquerte, durch den Garten ging und von dort aus durch das Tor um das Haus herum zum Hof, der still dalag. Sie wollte gerade den Ostflügel des Hauses betreten, als sie eine Gestalt ausmachte, die am Rand des Hofes stand und ihr den Rücken zuwandte.

»Adrian?«, kam es kaum hörbar über ihre Lippen.

Er drehte sich um. »Ich habe immer geahnt, dass sie nicht mehr lebt.« Seine Stimme bebte. »Ich wusste, sie hätte mich nie alleingelassen.«

Maya ging zu ihm, legte die Arme um seinen Nacken und zog ihn an sich.

18

Stimmen wisperten in Mayas Schlaf, der am Rande des Bewusstseins trieb. Sie bewegte sich, wollte wieder in ihrer Traumwelt versinken, aber die Stimmen blieben beharrlich, wurden deutlicher.

»Sie ist schon wach.«

»Gar nicht wahr.«

»Doch, gerade haben ihre Lider gezuckt.«

»Mama sagt, wir sollen sie nicht wecken.«

»Tun wir doch auch gar nicht.«

Mit einem tiefen Seufzer schlug Maya die Augen auf, blinzelte, gähnte und streckte sich. »Guten Morgen, ihr beiden.«

»Hab ich doch gesagt, sie ist wach.« Edwards Stimme klang triumphierend.

»Maya, stimmt es, dass du nicht unsere Schwester bist?« Lizzi klang besorgt und hatte offenbar nicht vor, sich mit morgendlichen Floskeln aufzuhalten.

Mit einem Schlag waren die Erinnerungen an die letzte Nacht wieder da und in Mayas Bauch zog es sich schmerzlich zusammen. Hester, ihr Großvater, ihre Eltern, Adrian, der in ihren Armen geweint hatte, seine Hände in ihr Kleid gekrampft. Ihre Geschwister blickten sie erwartungsvoll an.

»Nun, ich bin wohl, wie es aussieht, eure Cousine.«

Edward schüttelte entschieden den Kopf. »Für mich bleibst du meine Schwester.«

»Für mich auch.« Lizzi klang nicht weniger entschlossen.

Maya strich ihnen über die blonden Schöpfe. »Hat Mama es euch heute Morgen erzählt?«

»Nein, Papa und Mama haben es Irene erzählt«, antwortete Edward.

»Und gedacht, wir kriegen nichts mit«, ergänzte Lizzi.

»Aber was letzte Nacht passiert ist, betrifft die ganze Familie.«

»Also auch uns.«

»Und daher war es sozusagen unsere Pflicht, alles mitzuhören.«

Lizzi nickte bestätigend. »Sie denken immer, dass wir kleine Kinder sind, die nichts von dem verstehen, was um sie herum vorgeht.«

In dem Moment wurde die Tür behutsam geöffnet und Irene steckte den Kopf ins Zimmer. »Oh, ihr habt sie geweckt?«

»Sie war schon wach«, verteidigte sich Edward.

Irene trat ein und scheuchte ihre Geschwister vom Bett. »Was wollt ihr hier so früh? Ihr habt gelauscht, nicht wahr?« Sie sah die beiden streng an. Aber das konnte nicht darüber hinwegtäuschen, dass sie nahezu unangemessen glücklich wirkte.

»Wir haben ein Recht zu wissen, was mit Maya ist«, entgegnete Lizzi.

»Schön, aber nun raus mit euch, ich muss mit Maya sprechen. Und untersteht euch, an der Tür zu lauschen.«

Jetzt war Edward sichtlich empört. »Wir lauschen nicht an Schlafzimmertüren. Denkst du, wir wissen nicht, was sich gehört?«

Maya musste lächeln, aber Irene winkte die beiden mit einer entschiedenen Handbewegung raus. Nachdem die Tür hinter ihnen ins Schloss gefallen war, setzte sie sich zu Maya aufs Bett und ergriff ihre Hände.

»Du bist immer für eine Überraschung gut, nicht wahr? Nun sollst du gar nicht meine Schwester sein? Und sollst gar aufbrechen in das abenteuerliche Leben, das du dir immer gewünscht hast? Aber keine Sorge, mich wirst du so schnell nicht los, näher als du kann mir keine leibliche Schwester sein.«

Irenes Sicht der Dinge hatte etwas, das Maya alles weniger schrecklich erscheinen ließ. »Aber ich weiß doch noch gar nicht, ob ich mit ihr gehe.«

»Natürlich tust du das. Wenn es dir in London zu trubelig wird, kommst du hierher zurück. Und wenn du die Stille leid bist, gehst du nach London. Das ist doch genau das, was du dir immer gewünscht hast.«

»Aber Hester … und … Großvater … das ist einfach …«

»Schrecklich, ich weiß. Aber du bist immer noch dieselbe wie zuvor. Du bist Maya. Vielleicht nicht Maya Cameron – obwohl, die bist du auch als Tante Hesters Tochter, denn sie ist ja eine geborene Cameron.«

»Ihr ist so Schlimmes widerfahren.«

»Ja, und sie hat gelernt, es als Teil ihres Lebens zu akzeptieren. Sie hat sich allein durchgeschlagen und einen der reichsten Teehändler Englands geheiratet. Ich bin mir sicher, Großmutter ist fast geplatzt, als sie davon erfahren hat.« Irene lächelte und strich über Mayas Decke. »Papa hat heute lange mit mir gesprochen. Er sagte, ihm seien in der letzten Nacht einige Dinge klar geworden. Mama ist zwar noch dagegen, aber er ist mit einer Verlobung einverstanden, sobald Ramon wieder gesund ist. Er sagte, es müsse aber mindestens ein Jahr Verlobungszeit sein, damit ich mir darüber klar werde, ob es wirklich das ist, was ich möchte, und damit ich sehe, wie sich das Leben in der Gesellschaft für mich ändert.«

»Oh, das ist ja großartig.« Maya beugte sich vor und schloss ihre Schwester in die Arme.

Nachdem sie sich voneinander gelöst hatten, erhob sich Irene. »Ich lasse dir Frühstück bringen, ja? Mama hat es erlaubt, weil du gestern eine so schlimme Nacht gehabt hast.«

Zwar hatte Maya nicht den geringsten Appetit und bezweifelte, dass sie an diesem Tag überhaupt etwas essen würde, aber es war gut, wenn sie noch ein bisschen länger in ihrem Zimmer bleiben konnte. Für das, was an diesem Tag alles auf sie zukommen mochte, fühlte sie sich noch nicht gewappnet.

Ihre Mutter hatte ihr gesagt, dass Hester, oder Ella, wie sie nun genannt wurde, heute mit ihr sprechen wollte. Niemand, so Ella Chadwick am Vorabend, rede sie noch mit Hester an, diesen Namen hatte sie zusammen mit dem alten Leben abgestreift. Aber ob Ella oder Hester, Maya wollte ihr nicht begegnen, noch nicht. In ihrem Kopf wirbelten die Gedanken wild durcheinander, und sie brauchte Zeit, Ordnung dort hineinzubringen, Zeit für sich, um die Dinge in neuem Licht zu betrachten. Sie bat ihren Vater darum, spazieren gehen zu dürfen, und er erlaubte es. Ihre Eltern bemühten sich um Normalität, und solange sie die letzte Nacht nicht ansprach, taten sie es auch nicht.

Mayas Schritte führten sie über die Wege zwischen den Teegärten, in denen die Pflückerinnen in ihren farbenfrohen *Longhis* ihr Tageswerk aufgenommen hatten. Vereinzelt zogen graue Wolken über den Himmel, aber die Luft schmeckte nicht nach Regen. An diesem Morgen nahm Maya alles intensiver wahr, und sie überlegte, was sich ändern würde, wenn sie wirklich fortginge. Während sie in einem Moment dachte, dass sie dies nicht konnte, erwachte im nächsten der unbändige Wunsch nach Veränderung.

Ohne dass sie sich dessen so recht bewusst gewesen war, hatte ihr Spaziergang sie nach *Blacklinton* geführt. Sie betrat den Hof, über den ein Stallbursche gerade Pferde führte. Die morgendlichen Abläufe ähnelten sich auf allen Plantagen und Maya sah bereits die ersten Pflückerinnen mit vollen Körben von den Feldern kommen. Die Diener grüßten sie höflich, und als sie an der Tür läutete, öffnete ihr ein Dienstmädchen und brachte sie umgehend zu Helen. Maya gehörte zu den Gästen, die von Sin-Amma immer empfangen wurden.

Helen und ihr Vater saßen noch bei einem späten Frühstück – in *Blacklinton* war man weniger streng –, als Maya in das Esszimmer geführt wurde. Sofort erhob sich Helen.

»So eine unglaubliche Geschichte.« Sie lief zu ihr und umarmte sie. Natürlich wusste sie von Hesters Rückkehr, auch die Montgomerys waren am Vorabend eingeladen gewesen.

»Papa sagte, er habe sie gleich erkannt. Daher sein närrisches Benehmen an jenem Abend.«

»Helen!«, rief ihr Vater streng.

»Entschuldigung, Papa.« Helen zog Maya mit sich. »Wie geht es deiner Großmutter?«

Die Frage irritierte Maya, aber dann fiel ihr ein, dass man außerhalb der Familie nicht die ganze Geschichte kannte und daher natürlich zuerst nach der Mutter der einstmals verschollenen Tochter fragte. »Recht gut«, murmelte sie.

»Was steckt denn nun hinter all dem?« Helen konnte ihre Neugierde kaum im Zaum halten.

»Möchtest du eine Tasse Tee, Maya?«, fragte Mr Montgomery mit tadelndem Blick zu seiner Tochter.

Maya nickte. Mr Montgomery selbst schenkte ihr Tee ein, goldgelb und aromatisch aus seiner eigenen Pflückung. Sie setzte die Tasse an die Lippen und nippte. Durfte sie erzählen, was passiert war? Aber das musste sie, sie musste dieses Wissen einfach teilen, musste hören, was Menschen außerhalb ihrer Familie darüber dachten. Und auf die Verschwiegenheit von Helen und ihrem Vater war Verlass. Ihre Hand zitterte, als sie die Tasse mit leisem Klirren auf die Untertasse stellte. Tränen trübten ihren Blick. Sie holte tief Luft. Dann begann sie zu erzählen.

Es war sinnlos, das wusste Adrian, während er durch das Unterholz strich. Er konnte nicht den ganzen Wald umgraben. Dabei würde er so gerne wissen, wo seine Mutter die letzte

Ruhe gefunden hatte. Einfach verscharrt von ihrem Mörder, ohne Gebete, ohne Menschen, die um sie getrauert hatten, lieblos in eine eilig ausgehobene Grube geworfen.

»Wo liegt sie?«

»Das hat er mir nicht erzählt, ich wollte es nicht wissen. Irgendwo im Wald.«

Nein, dachte Adrian, das wolltest du nicht wissen. Hass ätzte sich durch seine Brust, ein Gefühl, das er in dieser Heftigkeit nie zuvor empfunden hatte, auch seinem Vetter gegenüber nicht, als dieser lächelnd Imogen geschmäht hatte. Es war ein vernichtendes Gefühl, kalt und von versengender Hitze zugleich. Ein Gefühl, das ihn zugrunde zu richten drohte und alles um ihn herum gleich mit. Wild und verzehrend brannte in ihm der Wunsch nach Rache. Adrian empfand sogar Genugtuung dabei, sich die schlimmsten Dinge auszumalen, die er Margery McFarlane antun konnte, welchen Herzschmerz er ihr zufügen könnte, wie er das Grab ihres Mannes schändete. Und dann, im nächsten Moment, rissen ihn diese Vorstellungen in ein tiefes Loch, nahmen ihm die Luft zum Atmen und ließen die Welt düster und trostlos erscheinen. Das Feuer, das die Rachelust in ihm entfacht hatte, zerfiel zu kalter Asche, nur um im nächsten Moment wieder aufzulodern. Er fühlte sich ausgebrannt und doch stand sein Zorn gleichzeitig in lichterlohen Flammen.

»Adrian?«

Er fuhr herum. »Maya?«

Zögernd kam sie näher. »Ich war auf *Blacklinton* und habe dich im Wald gesehen.« Sie deutete auf den Weg, den sie gekommen war. »Was tust du hier?«

»Ich …« Er rang nach Worten. »Ich bin ein wenig spazieren gegangen.«

»Und wonach hast du gesucht?« Ihre Stimme klang zaghaft, behutsam.

Nach gar nichts, wollte er ihr sagen, dann fiel sein Blick auf seine Hände, an denen frische Erde klebte, als habe er im Boden gewühlt. Seine Fingernägel waren schwarz und auch an seinen Ärmelaufschlägen waren Erdspuren zu sehen.

Sanft umschloss Maya mit ihrer rechten Hand seine linke und führte ihn mit sich. »Komm«, sagte sie leise. »Wir gehen heim.«

Maya hatte Adrian in den Ostflügel gebracht, wo sich Ramon, der inzwischen schon wieder einigermaßen auf den Beinen war – wenn auch unter Schmerzen –, um ihn kümmerte. Sie wäre gern bei ihm geblieben, aber sie wusste, dass es ihm unangenehm gewesen wäre. Schon auf dem Rückweg war die Starre von ihm abgefallen, und Maya hatte zunehmend das Gefühl bekommen, ihm sei sein eigenes Verhalten auf einmal fremd. Er würde ein wenig Zeit für sich brauchen, da war sich Maya sicher.

Aus dem Salon ihrer Eltern waren Stimmen zu hören, die ihres Vaters und jene, die ihr seit dem Vorabend schmerzlich vertraut geworden war. In den Händen hielt Maya ein kleines Büchlein und ein Tuch, beide ausgehändigt von Adrian, ehe sie seine Räume verlassen hatte. Sie presste die Gegenstände an sich und trat zaudernd näher.

»Da bist du ja«, sagte ihr Vater, als er sie an der Tür des Salons stehen sah.

Hester – Ella saß ihm gegenüber und wandte sich nun ebenfalls um. Sie war blass mit dunkel umschatteten Augen, aber nichtsdestotrotz in gewisser Weise strahlend schön, wie jemand, dem eine sehr schwere Last von den Schultern gefallen war und der nun darauf wartete, was das Leben für ihn bereithielt. Sie lächelte. »Guten Morgen, Maya.«

Maya ging zu ihr und reichte ihr das Büchlein und das schmutzig weiße Tuch. »Guten Morgen.«

Das Lächeln glitt von Ellas Gesicht, als sie die Gegenstände entgegennahm. Sie schlug das Buch auf. »Ich hätte mit vielem gerechnet, aber nicht damit, das hier jemals wiederzusehen.« Unwillkürlich blitzte das zaghafte Lächeln wieder auf, hielt sich, bis sie zur letzten Seite kam. Sie starrte darauf, dann riss sie die Seite mit einer entschiedenen Bewegung heraus, zerriss sie zu winzigen Fetzen und ließ sie auf einen silbernen Teller fallen. Danach breitete sie das Tuch aus.

»Maya«, las sie. »Illusion. Ich fand es passend, dass Henry dir diesen Namen gegeben hat.«

»Ach«, sagte Maya, »das also steht da? Und die Zahlen …«

»Sind dein Geburtsdatum. Dort unten war für mich ein Tag wie der andere und ich wollte mich erinnern.«

Maya stand unschlüssig neben ihrem Vater.

»Wir haben über dich gesprochen«, sagte er. »Wir möchten es dir leicht machen, Maya. Ich weiß, dass du fortmöchtest, und nun fürchtest du dich davor, weil du Sorge hast, dann erst recht kein Teil dieser Familie mehr zu sein.«

»Aber du kannst jederzeit hierher zurück«, fügte Ella hinzu. »Die Reise dauert nicht lange, und in der heutigen Zeit kann man an zwei Orten leben, wie es einem beliebt. Du bist jung und noch ungebunden und du wirst sowohl bei mir, meinem Mann und meinen vier Söhnen als auch bei meinem Bruder ein Zuhause haben.«

Unwillkürlich wallte Abneigung in Maya gegen diese Jungen auf, die das waren, was Edward nun nicht mehr für sie war. Aber dann schalt sie sich töricht. »Ich weiß nicht, was ich möchte«, gestand sie. Oder wusste sie es doch und hatte nur Angst, es sich einzugestehen? Wieder entstand vor ihr das Bild einer Welt, die sich ihr öffnete. Und was war mit all dem Hässlichen, mit dem ihr Dasein seinen Anfang genommen hatte? Was war mit Ella und ihren Eltern? Aber änderte die Vergangenheit etwas an ihrem Leben, allein dadurch, dass sie sie nun kannte? War sie jemandem etwas schuldig? Helen und ihr Vater waren entsetzt gewesen, sie hatten jedoch dasselbe gesagt wie Irene an diesem Morgen. *Aber du bist immer noch dieselbe wie zuvor. Du bist Maya.*

Offenbar bemerkte ihr Vater den Kampf, der in ihr tobte. Er sah sie liebevoll an. »Dir sind Flügel gewachsen, Maya. Und nun ist es an dir, sie auszubreiten.«

Epilog

London, Oktober 1895

Vieles war anders, als Maya es sich vorgestellt hatte. London war laut, dreckig, bei Regen nicht frisch und grün, sondern grau in grau mit dem Geruch von nassem Stein, Pferdemist und Abfällen in den Rinnsalen. Es war trubelig mit verstopften Straßen, schimpfenden Händlern, eleganten Damen, Dandys, Straßenkindern und jenen aus reichen Familien, die in Begleitung von Kindermädchen waren, Dienstmädchen, die mit erhobenem Kopf Besorgungen erledigten. Und es war wundervoll. Maya spürte an jeder Ecke das pulsierende Leben, und wenn es ihr zu laut wurde, flüchtete sie in Parks, atmete den Geruch regennasser Bäume und ging durch das Gras, um den federnden, leicht schmatzenden Untergrund zu spüren. Dann kam sie mit nassem Saum heim, und Ella bemerkte stets, dass diese Verwandtschaft nun wahrhaftig niemand verleugnen könne.

Maya nannte sie Ella, nicht Tante Ella, denn sie war nicht ihre Tante. Oliver wusste natürlich um ihre Herkunft, aber ihre Halbbrüder wollte man erst einweihen, wenn sie alt genug waren, um es zu verstehen. Maya mochte die vier Jungen, vor allem den ältesten, den zehnjährigen William, der sie an Edward erinnerte. Die Jungen wiederum fanden ihre neu gewonnene Verwandte großartig, die sich nicht zu fein war, mit ihnen durch den Garten zu robben, wenn sie eine Jungfrau brauchten, die von Piraten entführt und von ihrem Retter durch wildes Dickicht geführt wurde.

Offiziell galt Maya immer noch als Henry Camerons Tochter, auch wenn man munkelte, die Ähnlichkeit mit ihrer Tante sei nun doch unübersehbar, und es müsse ja einen Grund haben, dass Hester Cameron so plötzlich wieder aufgetaucht war und das Mädchen mitgenommen hatte. Aber die wahre Geschichte geriet nicht an die Öffentlichkeit, dies wollte man sowohl Ella als auch Maya ersparen. Und wem hätte es genützt? Derjenige, der das Übel verursacht hatte, war bereits verstorben, und die alte Margery McFarlane trug schwer an ihrer Schuld, nur mehr geduldet von ihrer Familie. Sie zeigte keinerlei Anzeichen von Reue und schien nicht bereit, Abbitte zu tun.

Man hielt die Lüge um Mayas Herkunft nicht am Leben, erfand jedoch auch keine neue dazu. Natürlich hätte man sagen können, Maya sei das Ergebnis einer Liaison, aber das wiederum hätte Ellas Ruf nachträglich geschadet, und das gänzlich zu Unrecht. Zudem hätte dies nicht nur sie getroffen, sondern ebenfalls ihren Mann und ihre Kinder.

Aber auch so dachten sich die Leute ihren Teil, obwohl für sie feststand, dass ein Oliver Chadwick niemals die Ehe mit einer Frau aufrechterhalten würde, die nicht über jeden

Zweifel erhaben war. Und dass er Maya bei sich duldete, umgab etwas Geheimnisvolles.

Zum Bedauern der Junggesellen wurde zudem recht schnell klar, dass Maya mit Adrian Frost so gut wie verlobt war, wenngleich der noch in Ceylon weilte und seine Angelegenheiten regelte. Er hatte sein Land verkauft, behielt aber seine Hälfte des Hauses, damit die Frosts immer wieder dorthin zurückkehren konnten.

In Absprache mit Henry Cameron hielt auch Ella die Frist von drei Jahren gerechtfertigt, ehe Maya und Adrian sich verloben durften. Sie war ebenfalls der Meinung, dass Adrian sich beweisen müsse. Da sie sich nun jedoch in England sehen konnten, war Maya dies recht. Wenn er nur endlich käme.

Morgens ritt sie mit der dunkelbraunen Vollblutstute, die Ella ihr gekauft hatte, auf der *Rotten Row* im Park. Bharati hatte Maya in Ceylon gelassen, sie gehörte dorthin und nicht in die lärmende Großstadt. Lizzi war überglücklich gewesen, dass sie sie nun reiten durfte, wenngleich Maya betonte, Bharati sei immer noch ihr Pferd. Nila war untröstlich über Mayas Weggehen, aber wegen Rakesh konnte sie nicht mitkommen. Da Lizzi nun bald auch eine Zofe brauchte, übernahm Nila diesen Dienst und musste immerhin das Haus nicht verlassen. Den Briefen nach zu urteilen, kamen beide gut miteinander aus. Und auch Irene war glücklich mit Ramon, wenngleich die Gesellschaft sie spüren ließ, was sie von diesem Abstieg hielt. Aber Maya hatte den Eindruck, dass dies ihrer Mutter deutlich mehr zu schaffen machte als ihrer Schwester, die genau gewusst hatte, worauf sie sich einließ.

Es war ein herrlicher Herbstmorgen, an dem sich ein blassblauer Himmel über der Stadt wölbte. Maya atmete die frische Luft in tiefen Zügen und genoss das Geräusch raschelnden Laubs unter den Hufen ihrer Stute. Wenn sie die Augen schloss, schmeckte sie darin gar Vertrautheit, die an daheim erinnerte. Ein Reiter näherte sich in raschem Tempo, und Maya ritt an den Wegesrand, um ihn vorbeizulassen.

»Ella sagte mir, dass du jeden Morgen hier bist«, hörte sie eine Männerstimme sagen.

Maya drehte sich um. »Adrian! Seit wann bist du in London?«

»Seit gestern.« Er wirkte zwar müde von der Reise, aber nicht mehr so gehetzt wie vor Mayas Aufbruch. Über vier Monate hatte sie ihn nicht gesehen.

»Du warst länger in Ceylon, als ich erwartet hatte.«

»Ich musste mir über vieles klar werden.« Er sah an ihr vorbei in die Ferne, dann kehrte sein Blick zu ihr zurück, bar jeder Düsternis, die vorher dahinter gelauert hatte. »Als ich hier angekommen bin, dachte ich, ich finde meine wilde Maya wieder. Und was sehe ich? Eine elegante Dame im Reitkostüm auf Parkwegen. Wirklich, Maya, ich bin enttäuscht.« Ein spöttisches Lächeln begleitete seine Worte.

Maya warf den Kopf zurück. »Nun, ich schlage dich immer noch um Längen, lass dich nur nicht täuschen!«

Auf Adrians Lippen trat ein übermütiges Lachen. »Das will ich sehen. Der Park hat es in sich, wenn man nur die profane Wildnis gewöhnt ist.«

Maya beantwortete seinen Spott, indem sie ihr Pferd antrieb. Sie hatte gerade zum Galopp angesetzt, da tat er es ihr gleich und Seite an Seite jagten sie durch den Park, vorbei an

Fußgängern und anderen Reitern. Der ein oder andere Tadel wurde ihnen nachgerufen, geschluckt vom Wind, der Maya in den Ohren rauschte.

Sie zog eine halbe Pferdelänge an Adrian vorbei, dann fiel er hinter ihr zurück. Mit einem Aufjuchzen ließ Maya die Zügel los und breitete die Arme aus. Sie konnte wahrhaftig fliegen.

Antje Szillat
Die Tiefen deines Herzens
304 Seiten. Hardcover mit
Schutzumschlag. Jugendbuch.
ISBN 978-3-649-61113-4

Marc und ich. Ich und Marc. Wie im Rausch. So stark, so mächtig, so dunkel. Alles andere um mich herum verblasst. Berlin. Meine Eltern. Und auch Felix, mein lieber, wunderbarer Felix, der zu Hause auf mich wartet … Während der Sommerferien am Meer begegnet die siebzehnjährige Leni Marc, einem Boxer aus England, der eine unbändige Anziehungskraft auf sie ausübt. Lenis Gefühle für Marc stellen selbst ihre gerade begonnene Liebebeziehung zu ihrem Kindheitsfreund Felix in den Schatten. Als ihre Eltern ihr den Umgang mit Marc verbieten wollen, flieht sie kurzerhand mit ihm nach London. Doch sie muss bald einsehen, dass sie damit einen großen Fehler begangen hat …

Ellen Alpsten
Sommernachtszauber
448 Seiten. Hardcover mit
Schutzumschlag. Jugendbuch.
ISBN 978-3-649-61056-4

Seit ihrer ersten Begegnung mit dem jungen Schauspieler Johannes ist das Leben für Caroline wie ein Rausch. Tagsüber gibt sie auf der Bühne alles, um ihre erste große Rolle als Julia perfekt zu spielen. Nachts trifft sie sich heimlich mit ihm für weitere Proben im dunklen Theater. Johannes holt aus ihr und der Rolle das Beste heraus und die beiden verlieben sich haltlos ineinander. Doch Caroline wagt nicht, irgendjemandem von ihrem Glück zu erzählen. Denn Johannes dürfte gar nicht existieren. Er wurde während einer »Romeo und Julia«-Inszenierung in den 30er-Jahren grausam auf der Bühne erstochen und mit einem Fluch belegt. Und langsam erkennt Caroline, dass ihre Liebe zu Johannes sie vor eine unmögliche Wahl stellt …